贵州省教育厅自然科学基金招标项目(黔教合KY字［2014］264)：
大数据驱动下信息生态系统的供应链网络协同机制研究

供应链价格与广告决策研究

谭建 著

Research on Price and Advertising Decision of Supply Chain

中国社会科学出版社

图书在版编目（CIP）数据

供应链价格与广告决策研究/谭建著．—北京：中国社会科学出版社，2016.6

ISBN 978-7-5161-8223-9

Ⅰ.①供… Ⅱ.①谭… Ⅲ.①供应链管理—研究 Ⅳ.①F252

中国版本图书馆 CIP 数据核字(2016)第 109508 号

出 版 人	赵剑英
责任编辑	刘晓红
责任校对	周晓东
责任印制	戴 宽
出 版	中国社会科学出版社
社 址	北京鼓楼西大街甲 158 号
邮 编	100720
网 址	http：//www.csspw.cn
发 行 部	010-84083685
门 市 部	010-84029450
经 销	新华书店及其他书店
印刷装订	三河市君旺印务有限公司
版 次	2016 年 6 月第 1 版
印 次	2016 年 6 月第 1 次印刷
开 本	710×1000 1/16
印 张	16
插 页	2
字 数	251 千字
定 价	59.00 元

前　　言

随着市场经济的不断发展，广告成为企业市场营销中的重要手段。企业就是用广告来描述产品的功能、价格、质量及服务等，向目标受众传达产品或服务所能提供的价值。它在市场细分、产品差异化和产品定位中发挥着重要的作用。企业通过广告可以促使消费者购买自己的产品和服务，提高竞争力，同时也可以树立良好的形象，为企业的经营创造良好的市场环境提供了保证。供应链中各企业也离不开广告协作，在供应链中任意一个主体对广告的投入选择都会影响到批发价制定、产品的零售价制定及整个供应链中各主体的利润，特别是在闭环供应链管理中，通过广告宣传手段不仅可以提高产品市场占有率，还可以增加产品回收率，从而降低产品成本与保护自然环境。因此，研究广告在供应链管理中的理论有着重要的意义。

本书试图从广告的角度研究供应链的最优决策等问题。本书综合运用博弈论、非线性规划理论、最优化理论、产业组织理论研究供应链系统中各主体在不同的市场环境中的最优广告投入与最优价格决策问题，为解决供应链中企业及供应链系统的产品定价和广告的决策优化及绿色产品等相关问题提供了一些理论和方法，为研究企业管理中的决策优化问题提供了一些新的研究思路。

本书的撰写首先要感谢我的博士生导师——武汉大学经济与管理学院资深教授王先甲先生对笔者科研工作的鼓励与支持。贵州财经大学的领导对于科研工作非常重视与支持，在此表示感谢。同时感谢武汉理工大学管理学院研究生导师喻小军教授对笔者工作的关心与支持。本书在写作过程中还得到了贵州财经大学工商管理学院肖小虹院长、管理科学学院徐筑燕院长、黄东兵院长、陆琳院长及同事们的大力支持，在此一并致以衷心的感谢。同时要感谢贵州省气象局高级审计师李生念、贵州省镇远县审计局高级工程师石运甲两位挚友在写作过程中的关心与支持。最后我要感谢我的家人——我的父亲、母亲、妻子，他们始终如一的关心与支持使我拥有无限的动力和勇气去克服前进道路上的一切困难。

目　　录

第一章　供应链管理与广告

第一节　供应链与广告的关系

广告是传递信息的一种方式，其目的在于推销商品、劳务，影响舆论，博得政治支持，推进一种事业，或引起刊登广告所希望的其他反应。广告是反映社会的一面镜子，中国广告业的发展是与中国经济的发展相伴随的。根据国家工商行政管理总局统计处公布的数据，2009 年中国广告经营额达 2041.0322 亿元，比 2008 年增长 141.4708 亿元，增长率为 7.45%，比 2008 年 9.11% 的增长率下降 1.66 个百分点。2009 年中国广告经营额在 335353 亿元的 GDP 中占 0.609%，比 2008 年的 0.631% 略有下降。广告经营单位与从业人员继续稳步增长，全国共有广告经营单位 20.50 万户，比 2008 年同期增加 1.92 万户，增长 10.34%；广告从业人员 133.31 万人，比上年同期增加 6.67 万人，增长 5.27%。经历了最初的高速增长之后，中国广告业近五年的增速分别是 12%、11.1%、10.68%、9.11%、7.45%，增长速度呈现出逐步放缓的趋势，尤以 2009 年下降的幅度最大（见表 1－1）。

金融危机对广告业的影响已经显现在各方面的数据中，但是 2009 年中国广告市场整体并未出现急刹车的状况，同时广告行业和媒体行业的格局也随之发生了深刻变革。应对危机的种种政策、新中国成立 60 周年的举行、3G 牌照的发放，无一不对广告业构成影响。而 7.45% 的成绩，也足以为困境中不断调整的广告行业注入一

表1-1　　2008—2009年全国广告经营额与经营单位

	2009年经营单位（户）	增长率（%）	2009年经营额（万元）	2008年经营额（万元）	增长率（%）
合计	204982	10.34	20410322	18995614	7.45
1. 广告公司	124886	6.49	8494297	7783289	9.14
其中：股份有限公司	2333	-3.95	369235	140566	162.68
有限责任公司	122553	6.71	8125062	7642724	6.31
2. 兼营广告企业	43766	20.17	891412	861964	3.42
3. 电视台	2719	3.03	5361903	5015037	6.92
4. 广播电台	697	4.50	718703	683409	5.16
5. 报社	1894	-8.81	3704633	3426737	-8.11
6. 期刊社	4266	-3.70	303792	310246	-2.08
7. 其他	26754	20.2	935582	914933	2.26

资料来源：《中国广告年鉴》（2009）。

针强心剂。作为一个发展中的市场，中国的市场空间依然巨大，因此金融危机对于中国市场来说只是暂时的，相比那些消费品市场趋于饱和与理性消费的国家，中国的消费市场还有很多成长空间，因此，短暂的危机可能会让一些企业面临冬天的煎熬，但是同时也会成为另一些企业的机会，全球经济动荡将是中国广告市场进行优化内部结构、创建新的营销理论、提升广告传播方法和规范媒介市场的机会，相信在经过这一轮危机之后，中国广告市场会更加成熟。

广告业的迅速发展，来源于企业的推动。随着市场经济的不断发展，广告成为企业市场营销中的重要手段。企业就是用广告来描述产品的功能、价格、质量及服务等，向目标受众传达产品或服务所能提供的价值。它在市场细分、产品差异化和产品定位中发挥着重要的作用。广告的根本任务是传递出一条独特的讯息，而这条讯息还必须与品牌发生正确的关系，这样才有助于在消费者心目中为某一种品牌创造出某种有别于竞争对手的差异。而作为广告业的广告主，即企业，在面对不同的市场环境时如何去选择广告策略，以便在市场中立于不败之地，是企业所面临的一个生死攸关的问题。

企业是供应链组成中的主要成员，企业在考虑优化供应链时往往考虑价格、渠道等主要因素，而忽略了广告在供应链中的作用。价格、渠道等因素虽然能影响需求与利润，但作为投入越来越大的广告，与价格、渠道等因素有着同等重要的作用。那么，如何平衡广告与价格、渠道等因素，是当前一个重要的问题，其研究意义对供应链中的企业有着极其重要的作用与意义。

为了获得市场利润，增加市场占有率，企业往往通过两种方法，一是价格手段。根据市场规律，产品价格越低，其市场需求率就越高。而且，面对竞争对手，如何制定本企业的产品价格是企业的一个重要决策。二是市场营销，而市场营销的主要方式是广告。那么，在企业向受众群体投放广告时，科学合理地利用和投放广告资金，防止资金的不足与浪费，是企业关注的焦点。而且，面对市场的竞争，广告资金的投放不仅要考虑企业自身的实际情况，同时也要考虑对手的广告水平。巨额的广告费投入具有两面性，它既可能给企业带来很高的市场份额和非常好的声誉，也可能毁掉一个原本实力雄厚的企业。许多无效广告造成广告费的浪费，广告投入往往成了吞噬企业资金的巨大黑洞。企业广告投资决策上的失误是当年央视“标王”秦池酒厂面临困境的重要原因。CMGI 公司（专门从事 Internet 的投资等业务）、TD 公司（从事在线代理商业务）和 CNET（News. com 的发行商）1999 年总共在广告业务中投入了 1 亿美元的巨资，其中 CNET 在 1999 年下半年就花了 6500 万美元，而当时营业总收入才不过 6670 万美元。而且，广告的投入要视市场环境而定，不同地方的广告投入大小不同，同样的地方做广告，投入也可大可小。比如同样上电视做广告，不同的频道、时段、代言人，费用多少不同。什么因素决定了广告投入费用多少呢？在价格与广告投入这两个因素共同的作用下，企业为了扩大市场需求，为了获得更高的利润，如何去决策最优产品价格与最优广告投入呢？这些都是本书所要研究的问题。

另外，企业的广告资金投入不是无限的，而是有限的，那么企业要做到合理配置有限广告资金以获取最大的经济效益，必须深刻认识到广告对销售影响效果的基本规律。面对不同的多个市场，企业如何选择有限广告资金在各个市场的分配？在竞争环境中，如何科学地决策以获得广告投资的最佳效益？目前中国的广告研究，主要侧重媒体的设计和制作以及媒体效果的评估，而媒体技术方面的研究的主要服务对象是广告公司，而企业所需要的，并对企业的影响具有指导意义的，是如何在既定的广告预算下，面对不同的市场环境，通过选择恰当的广告战略，来取得销售的最大收益。

此外，闭环供应链系统中，通过产品价格和广告宣传手段不仅可以提高市场占有率，同时，也可以增加产品回收率，从而降低产品成本。这就导致上游与下游企业之间的广告战略性合作越来越多，合作广告不但可以节约企业的广告费用，更重要的是能够起到“1 +1 >2”的作用。那么，面对回收闭环供应链系统，又该如何去决策产品价格与广告投入水平，使得系统中各主体的利润最大化呢？这也是本书所要研究的一个主题。

本书就是基于供应链系统，运用产业组织理论、最优控制理论、博弈论来研究供应链系统中各主体以获得利润最大化或市场占有率最大化为目标在不同的市场环境中的最优广告投入与最优价格决策，为企业在竞争环境中的广告运作实践提供启示和指导。

第二节　供应链与广告相关理论

一　供应链与供应链管理

（一）供应链的定义与特征

供应链是围绕着核心企业，通过对信息流、物流、资金流的控制，从采购原材料开始，到制成中间产品和最终产品，最后由销售网络把产品卖到消费者手中的将供应商、制造商、分销商、零售商最终用户连成一个整体的功能网链结构。供应链实际上是一条增值链，生产要素在供应链上因加工、包装、运输等过程而增加其价值，给供应链上的企业带来收益（如图 1 - 1 所示）。供应链的概念实际上是把企业的生产活动进行了前伸和后延。例如，日本丰田公司的精益协作方式就将供应商的活动视为生产活动的有机组成部分而加以控制和协调，这就是向前延伸。后延则是指将生产活动延伸到产品的销售和服务阶段。故供应链就是通过计划、获得、存储、分销、服务这样一系列的活动将顾客与供应商之间连接起来，从而达到使企业能满足内外部顾客的需求的目标。

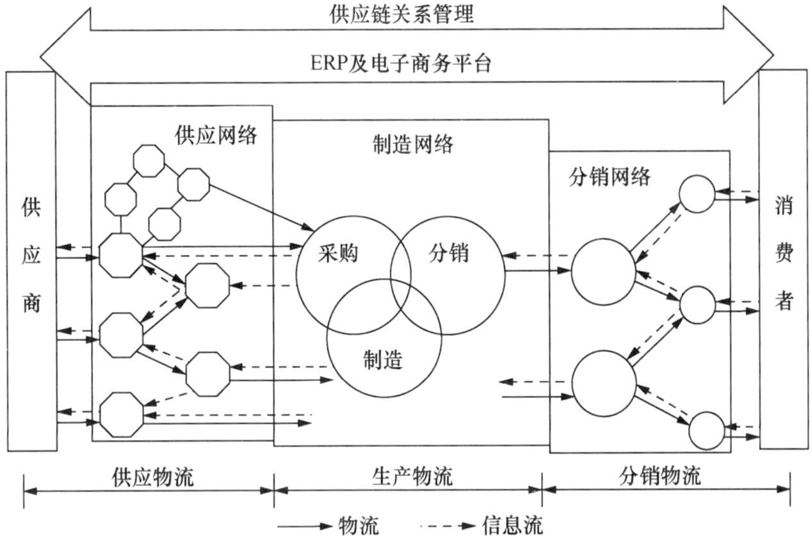

图1－1　供应链物流

（二）供应链管理及其意义

供应链管理（Supply Chain Management，SCM）是一种集成的管理方法和思想，它是执行供应链中从供应商到消费者的物流的计划和控制等职能。若从企业的角度来看，则是指企业通过改善上、下游供应链的关系，整合与优化供应链中的信息流、物流、资金流，以获得企业的竞争优势。

供应链优化的最终目标是最大限度地满足顾客需求，并降低成本，实现最优的利润，其具体表现为以下几个方面：

1. 增加客户满意度

这个目标是供应链管理与优化的最终目标，供应链管理和优化的一切方式方法，都是以这个目标为最终目标，同时，这个目标也是企业赖以生存的根本。

2. 提高企业管理效率

供应链管理与优化的一个主要内容就是对业务流程的再造和设计。同时随着企业供应链流程的推进、实施与应用，企业管理的系统化和标准化将会有极大的进步，这都能够提高企业的管理效率。

3. 节省交易成本

与电子商务相结合，整合供应链将会降低供应链内各环节的交易成本，并缩短交易时间。

4. 降低库存

通过供应链系统，供应商可以随时掌握存货信息来组织生产，能及时补充产品，这时企业就可以不需要保持较高的存货水平。

5. 减少循环周期

通过供应链的自动化，预测的精度会有很大程度的增加，这样不但能有效地生产产品而且会减少生产时间，从而提高顾客满意率。

二 广告的经济功能与广告策略

广告是商品经营者或者服务提供者承担费用，并通过一定媒介形式直接或者间接地介绍自己的商品或服务的信息活动。因此，它首先承担着一定的经济功能。

（一）广告的经济功能

广告的经济功能是指其在商品营销方面所发挥的作用。这种作用主要体现在以下几个方面：

1. 提供市场信息，有利于企业竞争

（1）帮助企业占领目标市场，能在竞争中生存。在商品经济迅速发展的今天，市场竞争日益加剧。广告作为企业了解市场、商品供需变化和竞争对手情况等信息的重要渠道之一，它能帮助企业参与市场竞争并占领目标市场。

（2）塑造品牌形象，创造企业品牌。目前经济快速发展，卖方市场开始向买方市场转化。在供大于求的今天，“酒香不怕巷子深”早已不适用于当今市场。在竞争激烈的市场中，广告是企业树立品牌形象、开辟和扩大商品市场、赢得潜在消费者和忠实消费者的重要手段，实现品牌效应，促进企业发展。

（3）树立企业形象，提高企业知名度。广告不仅能树立品牌形象，还能宣传、树立企业的形象，从而提高企业的知名度，加强企业与公众的联系，而这是企业生存与发展的重要保证。

2. 刺激需求，促进销售

广告不仅能使企业产生更高的效益，而且给消费者提供了品牌选择的机会。

（1）通过产品广告突出使用价值并刺激消费者的购买欲望。广告通过描述、展示、表演等各种表现形式来传递商品特点、性能、品牌等商品信息，能对消费者产生一种诱惑力，使消费者产生跃跃欲试的购买欲望，使得需求曲线向右上方移动。

（2）通过树立品牌形象培养受众对企业的好感。产品性能总是与品牌形象相关联的，若通过一系列广告使消费者确信该产品的某种功能特性，那么消费者一旦有需求，便会指牌购买。例如沃尔沃牌汽车通过广告多次重复其安全性能获消费者的信赖和好感。对于消费者而言，若购买汽车把安全放在第一位时，该品牌便会作为首选。

对于某些低介入程度类的产品也是这样。低介入程度类的产品是指那些低价位的普通商品，例如日常生活用品。由于商品是日常生活用品而价格较低，消费者不一定会精挑细选，那么，由于广告的羽毛效应及潜移默化的功能，消费者首先就会挑选知名度较高的企业的商品。

（3）指导消费，满足多层次需求。广告通过各种诉求方式、表现方式及产品定位所提供的商品信息，为消费者提供了认识商品、选择商品的好方式。广告提供的差异化的商品信息满足了消费者不同的消费心理，从而影响消费者的消费行为。

（二）广告策略与产品生命周期

广告必须结合产品生命周期的客观规律来实施其策略，在产品生命周期的不同阶段，需要有不同的广告策略，从策划、创意、设计、制作、媒介选择、发布直到广告的中止，都必须与产品生命周期相吻合。只有这样，才能提高广告效率。

1. 产品导入期的广告策略

产品导入期的主要特征是产品刚刚投放市场时消费者对新产品一无所知从而导致销售率非常低。这一时期的广告策略的主要目标往往是提高产品的知名度。通过广告诉求向消费者宣传产品的特性及差异化特征以及使用价值，从而使得潜在消费者能够了解产品，通过刺激需求引导消费者试用，逐步提高市场占有率。

2. 产品成长期的广告策略

产品成长期的特点是当需求得到满足，消费者利益得到有效保障的前提下，消费者对品牌产生了偏爱，且能够吸引更多的消费者。此时产品销售额迅速增长，企业的生产量不断增加，规模效应得以体现，产品成本降低，企业利润不断增加。同时由于利润的吸引，企业的追随者加入市场，导致市场竞争逐渐加剧。

此时，企业为了延长产品的成长期，并在竞争中占据有利的市场地位，在营销战略上多采取提高产品质量，强化承诺和增添新品种、新式样等措施，从而吸引更多的消费者进一步扩大市场。与此相适应的广告策略多以强化品牌形象为目标，提高品牌知名度和美誉度。而此时，广告形式、媒介类型及广告量都有相应的增加。

3. 产品成熟期的广告策略

当某一产品的销售增长率达到一定程度后，会放缓增长速度，从而使产品进入相对成熟时期。此时市场供需呈现饱和趋势，产品销售增长率开始下降，有些顾客的需求目标开始转向其他产品，从而导致整个行业的生产力过剩，竞争加剧。此时广告策略应以强化品牌的社会形象和巩固市场地位为目标，以维护公众的消费利益为主线。同时通过广告宣传，以提高服务质量、增加服务项目、降低价格等优惠政策来刺激需求。

4. 产品衰退期的广告策略

产品进入衰退期的标志是，消费者对产品的需求已经由本产品转向其他新一代产品，产品销售额由稳定逐渐下降，产品大量积压，利润逐渐减少，企业几乎无利可图，甚至亏损。此时的广告策略，将根据企业的经营决策，加以调整选择。如果企业决定放弃或结束此品牌，广告策略就应将广告资金的投放额降低到最低点，甚至零点。如果企业采取缓慢退出市场的决策，广告策略就应以降低价格或买一赠一等优惠销售方式为特征进行广告宣传。

三　广告竞争与市场竞争

广告竞争，就是指利用多种信息传播媒体，采用各种方式进行宣传企业及其产品和劳务的优势，从而提高企业及其产品和劳务的知名度来扩大企业对目标市场的占有率。

市场竞争包括买者之间、卖者之间、卖者与买者之间的三个方面的竞争。随着商品经济的发展，市场上供应的商品越来越充裕，供应量超过需求量的现象越来越普遍。顾客有着更大的挑选商品余地和更多的购买商品机会。在这种情况下，众多的企业为了促进商品或劳务的销售，彼此间就要展开激烈的竞争。在商品的性能、品种、价格、质量等方面相差不多的情况下，对顾客的宣传是竞争胜负的决定因素，即企业间的广告竞争。

广告竞争，是把企业及其商品和劳务的市场竞争，变为大众商业信息传播方面的竞争。市场竞争是其本质，信息传播竞争是其形式。而投入产出的竞争是广告竞争的主要内容。商业广告竞争目标与商业广告预算是互相影响、紧密相关的。商业广告竞争目标要受商业广告预算的限制和制约。商业广告预算规定了在商业广告实施阶段内从事商业广告活动所需经费的总额、使用范围及具体使用方法，是企业商业广告活动顺利进行的保证。为了保证商业广告投资获得最大的投资效果，就需要使商业广告费用使用得合理或适度。既要考虑自己的投入，又要考虑同类产品的竞争对手的商业广告投入量的大小；既要考虑商业广告投资是一种生产性投资，又要研究如何降低成本以取得最大经济效益。

在考虑上述因素进行促销组合决策的过程中，很多问题可以运用简化的定性方法得到解决。但是，如果考虑多种促销手段对消费者购买行为的影响以及多种促销手段相互配合所产生的营销迟滞效应对销售的影响，那么，在促销组合决策中就需要建立相应的促销组合决策模型，运用决策优化的理论和方法予以解决。这又为本书的研究提供了很好的研究内容。

第二章 供应链中制造商的价格与广告静态决策

企业在市场竞争中，广告是非价格竞争的重要手段。企业的广告费支出与其销售收入有着重要的关系。一般情况下，如果其他情况不变，广告费支出增加，会使得企业的销售收入增加。但随着企业广告费支出的增加，其边际效用会递减，这样又会影响到企业的利润，即企业的广告费支出不可能无限制地增加下去。因此，企业就面临广告决策问题，即要寻找一个最优广告水平使企业利润最大化。同时，产品的价格也影响着市场需求，这与需求价格弹性有关，因此企业在考虑制定其产品价格和广告策略时，往往联合决策最优价格与广告水平，使得企业利润最大化。

在静态条件下的广告与价格联合作用于市场的模型，国内外有很多学者进行研究。张伯伦（Chamberlin，1933）可能是最早对广告进行研究的经济学家，通过建立模型，他认为广告投入与销售收入的比例（广告投入规模）等于广告的价格弹性时企业达到最大利润。1954 年，R. Dorfman 和 Peter O. Steiner（1954）通过建立多夫曼—斯坦纳模型，在假设边际收益递减规律的前提下说明了最优的广告—销售比率取决于广告量和企业产品的需求价格弹性，由此表明了价格决定和非价格决定之间的相互依赖关系。研究结果表明，如果一个企业能控制其某项产品的价格、质量和广告支出，那么，当利润达到最大化时，需求价格弹性的绝对值、边际广告收益（销售反应）、产品质量弹性的绝对值这三者完全相等。鲍莫尔（W. Baumol，1967）提出了以销售收入最大化为目标的静态模型，并为霍金斯（C. J. Hawkins，1970）、凯夫格里斯和布什内尔

（M. Kafoglis and R. Bushnell，1970）发展。该模型认为，企业的最佳广告投入取得必须达到边际成本大于边际收入，此时总收入最大，但利润不是最大。Nerlove 和 Arrow 则在 Dorfman 和 Steiner 的模型中加入商誉（goodwill）积累和衰减因素，提出了 Nerlove - Arrow 模型（Nerlove and Arrow，1962）。静态条件下的广告与价格联合作用于市场的模型，国内研究的文献相对较少，任方旭（2001）等运用需求函数、价格需求弹性理论，分析广告投入不变时的最优产品价格策略，运用广告需求弹性理论，分析产品价格、广告水平同时变化时的最优策略。梁云（2005）等研究了在广告与价格联合模型中，分析在位企业与进入企业对广告与价格两种竞争手段的组合运用。在众多文献中，考虑单制造商或者单零售商在资金约束下的多市场广告文献较少，也为本书留下了一定的创新空间。

广告可以在生产企业与消费者之间起到桥梁作用，企业花费大量的经济资源等投入广告宣传，其主要目的是向本市场传递产品的信息与形成产品差异化，以提高市场竞争力。那么，作为供应链中的制造商，应该如何做出广告投入决策？如何联合产品定价与广告费用投入决策从而使得收益最大化？在制造商广告投入费用有限的情况下进行多市场广告分配，那么广告费用在各市场应如何分配才能使得收益最大化？对于竞争的市场，制造商又该如何决策产品价格与广告投入？这些问题涉及许多变量，如产品的需求量、产品的价格与成本、产品的竞争等。这就是本章所要解决的问题。

第一节　单制造商的价格与广告决策静态模型

一　问题分析

某企业在一定时期内提供一种产品来满足社会需求，由于企业与消费者之间在时间与空间上都存在一定的距离，那么广告作为一种传播手段，可以有效缩短制造商与消费者的距离。广告与其他促销方式相比，通过其接触面广及各种艺术表现手法，容易加深观众对企业产品的印象，因此，广告不但可以将已有的、消费者有所认识并意欲消费的产品介绍给消费者，还可以劝服和诱导消费者尝试未曾体验新的产品。同时，价格也影响着市场的需求。根据市场规律，产品价格与市场需求成反比，即随着价格的升高，需求量逐渐减少。本节就是要解决对于制造商而言，在产品成本固定的情况下，如何选择产品价格与广告投入量，从而使得其收益最大化。

二 模型假设

假设1：设 D 为市场需求量，为产品价格 p 和广告投入水平 m 的函数，且 $D_p(p, m)<0$，$D_m(p, m)>0$，即广告使需求曲线向远离原点的方向移动，如图 2－1 所示。

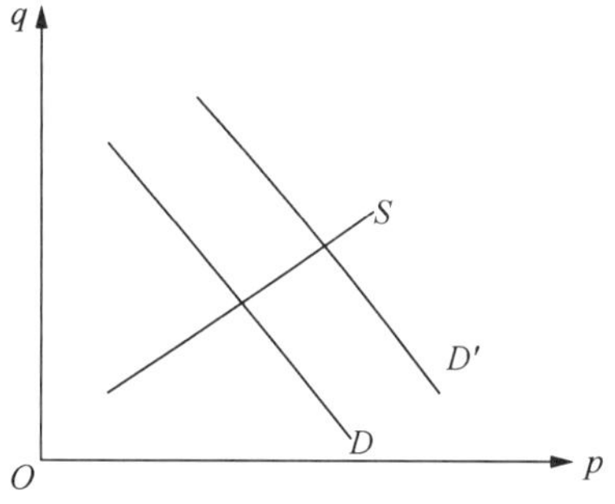

图 2－1 广告使得需求曲线向远离原点的方向移动

假设2：设在没有广告时，市场需求与价格是线性关系，即：

$$D=f(p)=\varphi-\beta p \qquad (2-1)$$

其中，ϕ 为产品市场基数（Sreekumar and Bhaskaran，2005）。

假设3：设 c 为制造商单位产品成本，其中 $p\geq c$。当产品的销售价格 $p=c$ 时，此时需求量应达到最大值，即此时需求量 $\phi-\beta c>0$ 是恒成立的。

假设4：制造商进行广告投入，使得需求曲线向右上方移动，即需求量增加，产品需求量为产品价格及广告费用的函数（Spremann，1985）：

$$D=f(p,m)=\phi-\beta p+\gamma m \qquad (2-2)$$

其中，$\beta\geqslant 0$ 为常数，为需求关于价格的敏感因子，表示价格每增加一个单位，需求量则减少 β 单位。$\gamma>0$ 表示需求关于广告的效率因子。广告效率因子不仅与广告本身制作有关，也与市场环境相关，例如越分散的广大消费者，则广告效率就越低。对于投入水平 m 的广告，其费用为 $m^2\kappa/2$，其中 κ 为广告成本因子。f 是关于价格 p 和广告投入水平 m 连续可微的。

三　模型建立与求解

（一）无广告时的最优价格

若没有广告投入时，设产品的价格为$\bar{p}$，则单位产品的利润为 $\bar{p}-c$，产品的市场需求量为 $\phi-\beta\bar{p}$，则制造商所面临的问题是确定最优价格$\bar{p}^*$使得其利润最大，即：

$$\max_{\bar{p}>0}\prod(\bar{p})=(\bar{p}-c)(\phi-\beta\bar{p}) \qquad (2-3)$$

因为 $\partial^2\prod/\partial\bar{p}^2=-2<0$，因此利润是关于价格 m 的凹函数，故存在最优价格 $m^2\kappa/2$ 满足式（2－3）的一阶条件使得$\prod$达到最大值：

$$\partial\prod/\partial\bar{p}=-2\beta\bar{p}+\phi+\beta c=0 \qquad (2-4)$$

解得：

$$\bar{p}^*=(\beta c+\phi)/(2\beta) \qquad (2-5)$$

代入式（2－3）得到最优销售量与最优利润为：

$$\bar{D}^*=\phi-\beta\bar{p}^*=(\phi-\beta c)/2,\ \bar{\prod}^*=(\phi-\beta c)^2/(4\beta) \qquad (2-6)$$

（二）有广告时的最优价格与最优广告投入

当制造商在目标市场投入水平为 m 的广告进行宣传后，使得市场需求量增加到 $\phi-\beta p+\gamma m$，此时的广告成本为 $m^2\kappa/2$，那么制造商的利润可以表示为：

$$\max_{p,m>0}\prod(p,m)=(p-c)(\phi-\beta p+\gamma m)-m^2\kappa/2 \qquad (2-7)$$

关于式（2－7）对 p 求导，有：

$$\partial\prod/\partial p = f(p,\ m) + (p-c)f_p(p,\ m) = -2\beta p + \beta c + \phi + m\gamma \tag{2-8}$$

其二阶导数为：$\partial^2\prod/\partial p^2 = -2\beta < 0$

关于式（2－7）对 m 求导，有：

$$\partial\prod/\partial m = (p-c)f_m - m\kappa = \gamma(p-c) - m\kappa \tag{2-9}$$

其二阶导数为：$\partial^2\prod/\partial m^2 = -\kappa$，$\partial^2\prod/\partial m\partial p = \gamma$

故海赛矩阵为：$\begin{vmatrix} \dfrac{\partial^2\prod}{\partial p^2} & \dfrac{\partial^2\prod}{\partial p\partial m} \\ \dfrac{\partial^2\prod}{\partial m\partial p} & \dfrac{\partial^2\prod}{\partial m^2} \end{vmatrix} = -\gamma^2 + 2\beta\kappa$

因此，当 $\gamma^2/(2\kappa) < \beta$ 海赛矩阵负定，$\prod$ 为关于 m 和 p 的严格凹函数。存在 m^*、p^* 使得制造商的利润达到最大值，令：

$$\partial\prod/\partial p = f(p,\ m) + (p-c)f_p(p,\ m) = -2\beta p + \beta c + \phi + m\gamma = 0$$

$$\partial\prod/\partial m = (p-c)f_m - m\kappa = \gamma(p-c) - m\kappa = 0$$

解得：

$$m^* = \frac{\gamma(c\beta - \phi)}{\gamma^2 - 2\beta\kappa},\ p^* = \frac{\gamma^2 c - c\beta\kappa - \kappa\phi}{\gamma^2 - 2\beta\kappa} \tag{2-10}$$

将 m^*、p^* 代入式（2－7）得到制造商的最优销售量与最优利润为：

$$D^* = \frac{\beta\kappa(\phi - \beta c)}{-\gamma^2 + 2\beta\kappa},\ \prod^* = \frac{(\phi - \beta c)^2\kappa}{-2\gamma^2 + 4\beta\kappa} \tag{2-11}$$

四　模型分析

根据式（2－2），假设产品价格改变 dp，广告投入改变 dm，则需求改变为：

$$\mathrm{d}D = \frac{\partial f}{\partial p}\mathrm{d}p + \frac{\partial f}{\partial m}\mathrm{d}m \tag{2-12}$$

在此处我们假定制造商在决策前没有对产品进行广告投入。现在分析式（2－12），如何使制造商的利润达到最大化？

前面已经分析了，价格的增长使得需求量减少，广告投入的增长使得需求量增加，因此两者的作用可以相互抵消，使得当产品价格与广告投入量同时发生变化时需求未发生改变。

命题 2-1： 当需求的价格弹性系数 $\eta=-\frac{p}{D}\frac{\partial f}{\partial p}$大于广告的边际利润 $\mu=p\frac{\partial f}{\partial m}$时，制造商的利润才会增长。

证明： 依据式（2-8），当价格与广告对需求的影响相互抵消时，即 $\mathrm{d}D=0$ 时，有下式成立：

$$\mathrm{d}p=-\frac{\frac{\partial f}{\partial m}}{\frac{\partial f}{\partial p}}\mathrm{d}m\text{，假设}\frac{\mathrm{d}m}{\mathrm{d}p}\neq 0 \tag{2-13}$$

若制造商的销售额增加为 $D\mathrm{d}p$，此时增加的广告量为 $\mathrm{d}m$，因此，制造商的利润增长额为：

$$D\mathrm{d}p-\mathrm{d}m=-\left(D\frac{\frac{\partial f}{\partial m}}{\frac{\partial f}{\partial p}}+1\right)\mathrm{d}m \tag{2-14}$$

要使得利润达到最大值，即利润不能够再增长，则必须有：

$$D\mathrm{d}p-\mathrm{d}m=-\left(D\frac{\frac{\partial f}{\partial m}}{\frac{\partial f}{\partial p}}+1\right)\mathrm{d}m\leqslant 0 \tag{2-15}$$

成立。

由于制造商在决策前未进行广告投入，因此有 $dm>0$ 成立，要使得式（2-15）成立，则必须满足：

$$D\frac{\frac{\partial f}{\partial m}}{\frac{\partial f}{\partial p}}+1\geqslant 0 \tag{2-16}$$

令需求的弹性系数 $\eta=-\frac{p}{D}\cdot\frac{\partial f}{\partial p}$，广告的边际利润为：$\mu=p\frac{\partial f}{\partial m}$。

则式（2-16）可以表示为：$-\mu/\eta+1\geqslant 0$，即当 $\mu\leqslant\eta$ 时，制造商所投入的广告量及价格决策的变化才会对收入有正的影响。即当增加很少的广告投入所增加的产品销售量带来的利润大于由于价格的增长所减少的产品销售量而引起的利润减少，此时才会使得总的利润增加。

命题 2-2： 最优广告投入、最优产品价格及最优利润随着市场基数 ϕ 的增加而增加。

证明： 关于式（2-10）、式（2-11）两边对 ϕ 求导得：

$\partial m^*/\partial\phi = -\phi/(\gamma^2-2\beta\kappa)>0$

$\partial p^*/\partial\phi = -\kappa/(\gamma^2-2\beta\kappa)>0$

$\partial\prod^*/\partial\phi = (\phi-\beta c)\kappa/(-\gamma^2+2\beta\kappa)>0$

即 m^*、p^*、$\prod^*$ 均为 ϕ 的增函数。

命题 2-2 说明，对于较大的消费者市场，制造商可制定较高的市场价格，并投入更多的广告费用，从而获得更多的利润。

命题 2-3： 最优价格、最优广告水平及最优利润随着广告效率因子 γ 的增加而增加，随着广告成本因子 κ 的增加而减少，随着价格敏感系数 β 的增加而减少。

证明： 根据式（2-15），有：

$\partial p^*/\partial\gamma = 2\gamma\kappa(\phi-\beta c)/(\gamma^2-2\beta\kappa)^2>0$

$\partial m^*/\partial\gamma = (\gamma^2+2\beta\kappa)(\phi-\beta c)/(\gamma^2-2\beta\kappa)^2>0$

$\partial\prod^*/\partial\gamma = \gamma\kappa(\phi-\beta c)^2/(\gamma^2-2\beta\kappa)^2>0$

可以看出 m^*、p^*、$\prod^*$ 均为 γ 的增函数。又：

$\partial p^*/\partial\kappa = -\gamma^2(\phi-\beta c)/(\gamma^2-2\beta\kappa)^2<0$

$\partial m^*/\partial\kappa = -2\beta\gamma(\phi-\beta c)/(\gamma^2-2\beta\kappa)^2<0$

$\partial\prod^*/\partial\kappa = -\gamma^2(\phi-\beta c)^2/2(\gamma^2-2\beta\kappa)^2<0$

可以得出 m^*、p^*、$\prod^*$ 均为 κ 的减函数。由于：

$$\begin{aligned}\partial p^*/\partial\beta &= \kappa(c\gamma^2-2\kappa\phi)/(\gamma^2-2\beta\kappa)^2\\ &= \kappa[c(\gamma^2-2\beta\kappa)+2\kappa(\beta c-\phi)]/(\gamma^2-2\beta\kappa)^2<0\end{aligned}$$

$$\begin{aligned}\partial m^*/\partial\beta &= \gamma(c\gamma^2-2\kappa\phi)/(\gamma^2-2\beta\kappa)^2\\ &= \gamma[c(\gamma^2-2\beta\kappa)+2\kappa(\beta c-\phi)]/(\gamma^2-2\beta\kappa)^2<0\end{aligned}$$

$\partial\prod^*/\partial\beta = \kappa(c\beta-\phi)(-c\gamma^2+c\beta\kappa+\kappa\phi)/(\gamma^2-2\beta\kappa)^2<0$

由以上可以看出 m^*、p^*、$\prod^*$ 均为 β 的减函数。

命题 2-3 反映了产品价格与广告投入之间的平衡。对于广告效率越高的市场，可以制定更高的产品价格，并投入更多的广告费用，而广告效率低的市场，由于广告宣传难以提高市场需求量，则应该制定较低的市场价格来获得市场需求量，减少广告投资，从而提高利润。广告成本也具有同样的作用。由于广告成本较高，那么此时应减少广告投资，以产品低价来提高市场需求量从而获得较高的利润。而对于越高的价格敏感系数，则应该以低价格来获得市场需求量，并减少广告投资达到提高利润的目的。

根据以上无广告时的最优价格决策与有广告时的最优价格与最优广告决策模型分析，可以得到表 2－1。

表 2－1　　　　制造商的价格与广告联合最优决策

	最优价格	最优广告	最优需求量	最优利润
无广告	$\frac{\beta c+\phi}{2\beta}$	—	$\frac{\phi-\beta c}{2}$	$\frac{(\phi-\beta c)^2}{4\beta}$
有广告	$\frac{\gamma^2 c-c\beta\kappa-\kappa\phi}{\gamma^2-2\beta\kappa}$	$\frac{\gamma(c\beta-\phi)}{\gamma^2-2\beta\kappa}$	$\frac{\beta\kappa(\phi-\beta c)}{-\gamma^2+2\beta\kappa}$	$\frac{(\phi-\beta c)^2\kappa}{-2\gamma^2+4\beta\kappa}$

命题 2－4：相对于无广告投入，在制造商进行广告投入时，广告使得产品的价格、需求量和利润均增加。

证明：根据表 2－1，有：

$$p^*-\bar{p}^*=\frac{\gamma^2 c-c\beta\kappa-\kappa\phi}{\gamma^2-2\beta\kappa}-\frac{\beta c+\phi}{2\beta}=\frac{\gamma^2(\phi-\beta c)}{2\beta(2\beta\kappa-\gamma^2)}>0$$

$$D^*-\bar{D}^*=\frac{\beta\kappa(\phi-\beta c)}{-\gamma^2+2\beta\kappa}-\frac{(\phi-\beta c)}{2}>0$$

$$\Pi^*-\bar{\Pi}^*=\frac{(\phi-\beta c)^2\kappa}{-2\gamma^2+4\beta\kappa}-\frac{(\phi-\beta c)^2}{4\beta}$$

$$=(\phi-\beta c)^2\left(\frac{1}{4\beta-2\gamma^2/\kappa}-\frac{1}{4\beta}\right)>0$$

因此，有 $p^*>\bar{p}^*$，$D^*>\bar{D}^*$，$\Pi^*>\bar{\Pi}^*$。

命题 2－4 说明，制造商的广告投入虽然使得广告成本附加到产品价格中，但对制造商是有利的，可以使得制造商获得更多的利润。

五　模型仿真

为验证上述结论，通过数值实验来分析广告成本因子 κ、广告效率因子 γ、价格敏感系数 β 对供应链成员的最优决策及收益的影响，并以此揭示一些理论结果中不明显的结论。设 $\phi=10000$，$\kappa=2$，$\beta=100$，$\gamma=10$，计算结果如表 2－2 和表 2－3 所示。

表 2－2　　无广告与有广告时的结果比较

	无广告	有广告
价格（p）	55	70
需求量（D）	4500	60000
利润（Π）	202500	270000
广告水平（m）		300

表 2－3　有广告时的广告成本因子与广告效率因子的敏感性分析

	广告成本因子 $\kappa(\gamma=10)$				广告效率因子 $\gamma(\kappa=2)$			
	2	2.5	3	3.5	10	11	12	13
价格（p）	70	66.3	64	62.5	70	74.5	80.31	87.9
需求量（D）	6000	5625	5400	5250	6000	6541.6	7031.25	7792.2
利润（Π）	270000	253125	243000	236250	270000	290323	326406	350649
广告水平（m）	300	225	180	150	300	354.8	421.8	506.5

由表 2－2 可以看出，广告虽然使得制造商的成本及产品价格增加，但需求量、利润也在增加。这说明，广告所产生的成本比其增加的产品需求量所带来的增长的利润要小，广告对制造商而言是有利可图的。

由表 2－3 可以看出，产品价格、需求量、利润、广告水平均随着广告成本因子的增加而减小，均随着广告效率因子的增加而增加。其主要原因是广告成本的增加，使得广告投入减少，从而使得需求量减少，产品价格降低，而广告效率因子的效果则相反。

通过以上分析，可以得出，广告使得产品价格、需求量、利润均增加，而广告成本因子与效率因子对价格、需求量、利润却起着完全相反的作用。

本节分析了单个制造商静态的价格与广告联合决策问题。通过非线性规划理论，构建了单个制造商静态的价格与广告联合决策，得出了最优产品价格与最优广告水平，并通过与无广告投入的静态模型比较，得出广告使得产品价格升高，利润增加。最后进行了比较静态分析。

第二节　单制造商预算约束下多市场广告投入决策模型

一　问题分析

制造商总是追求以最少的广告费用投入产生最大的广告效果这个目标，而合理、科学地进行广告预算的分配，是广告活动能顺利进行的重要保证。广告预算是制造商为了获得更多利润，根据一定时期内从事广告活动的具体计划，对广告活动所需经费总额、使用范围和分配方法等进行的预先估算和筹备。因此，科学、合理地使用广告经费，使有限的广告经费达到最好的广告效果，使得广告经费的使用范围和分配方法更为明确，是广告预算的主要目标。

二　模型假设

一个制造商要在多个区域投放区域性广告，由于各区域的外生因素不同，因此，对于同样的广告其效率 $\gamma_i(i=1, \cdots, n)$ 也不一样，且各地的市场基数不一样，设为 $\phi_i(i=1, \cdots, n)$。假设没有价格歧视，即各区域的市场价格一样，以避免套利。同时还假设广告成本因子相同，均为 κ。设 n 为制造商广告的市场数，其中 n 为奇数。

三　模型建立与求解

根据上述模型假设，那么对于区域 i，制造商可获得的利润为：

$$\Pi_i(m_i)=(p-c)(\phi_i-\beta p+\gamma_i m_i)-m_i^2\kappa/2 \qquad (2-17)$$

则制造商的问题是如何选择各地的广告投入水平 m_i 及广告预算资金 K，使得所有区域的利润之和最大。

根据以上分析，我们分两步来讨论利润最大化问题。首先确定各地最优广告水平 m_i，推导出最优总利润关于广告预算资金 K 的函数，然后在此基础之上确定最优广告预算资金 K。制造商的总利润函数为：

$$\max_{m_i\geqslant 0}\Pi=(p-c)\left(\sum_{i=1}^{n}\phi_i-n\beta p+\sum_{i=1}^{n}\gamma_i m_i\right)-\frac{\kappa}{2}\sum_{i}^{n}m_i^2 \qquad (2-18)$$

$$s.t.\ \frac{\kappa}{2}\sum_{i}^{n}m_i^2\leqslant K$$

这是一个非线性规划问题，定义 Lagrange 函数为：

$$L=(p-c)\left(\sum_{i=1}^{n}\phi_i-n\beta p+\sum_{i=1}^{n}\gamma_i m_i\right)-\frac{\kappa}{2}\sum_{i}^{n}m_i^2-\lambda\left(\frac{\kappa}{2}\sum_{i}^{n}m_i^2-K\right)$$

其最优性条件为：

$$\partial L/\partial m_i=(p-c)\gamma_i-\kappa m_i-\lambda\kappa m_i=0,\ i=1,\ \cdots,\ n$$

$$\partial L/\partial\lambda=-\left(\kappa\sum_{i}^{n}m_i^2/2-K\right)=0$$

联合以上 $n+1$ 个方程，可以求得最优点：

$$m_i^*=\sqrt{\frac{2K}{\kappa\sum_{i=1}^{n}\gamma_i^2}}\gamma_i,\lambda^*=\frac{(p-c)\sum_{i=1}^{n}\gamma_i^2}{\sqrt{2K\kappa\sum_{i=1}^{n}\gamma_i^2}}+1 \qquad (2-19)$$

将 m_i^* 代入式（2-18），得到最优利润为：

$$\Pi^*=(p-c)\left(\sum_{i=1}^{n}\phi_i-n\beta p+\sum_{i=1}^{n}\gamma_i\sqrt{\frac{2K}{\kappa\sum_{i=1}^{n}\gamma_i^2}}\gamma_i\right)-\frac{\kappa}{2}\sum_{i}^{n}\left(\sqrt{\frac{2K}{\kappa\sum_{i=1}^{n}\gamma_i^2}}\gamma_i\right)^2$$

$$=(p-c)\left(\sum_{i=1}^{n}\phi_i-n\beta p+\sqrt{\frac{2K}{\kappa}}\sqrt{\sum_{i=1}^{n}\gamma_i^2}\right)-\frac{K}{\sqrt{2\kappa}}$$

命题 2-5：预算约束下多市场广告投入，最优广告水平为

$m_i^*=\sqrt{2/\kappa}\ (p-c)\ \gamma_i$，最大利润为 $\Pi^*=(p-c)\left(\sum_{i=1}^{n}\phi_i-n\beta p+(p-c)\right.$

$\sum_{i=1}^{n}\gamma_i^2/\sqrt{2\kappa})$，总的资金投入为 $K^* = (p-c)^2\sum_{i=1}^{n}\gamma_i^2$。

证明： 为了选择 K 使得制造商利润最大，令：

$$\frac{\partial\Pi^*}{\partial K} = (p-c)\sqrt{\frac{\sum_{i=1}^{n}\gamma_i^2}{2\kappa}}\frac{1}{\sqrt{K}} - \frac{1}{\sqrt{2\kappa}} = 0$$

得到 $K^* = (p-c)^2\sum_{i=1}^{n}\gamma_i^2$，代入式（2－19）可得：

$$m_i^* = \sqrt{\frac{2(p-c)^2\sum_{i=1}^{n}\gamma_i^2}{\kappa\sum_{i=1}^{n}\gamma_i^2}}\gamma_i = \sqrt{\frac{2}{\kappa}}(p-c)\gamma_i$$

此时 $\Pi^* = (p-c)\left(\sum_{i=1}^{n}\phi_i - n\beta p + (p-c)\sum_{i=1}^{n}\gamma_i^2/\sqrt{2\kappa}\right)$。

命题2－5说明，各地的广告投入水平只与当地的广告效率因子有关，效率因子越高，投入的广告就应该越多。即在有限的广告费用约束下，广告资源应投入到效率高的地区。

四　模型仿真

设制造商需在三个地区进行广告宣传，其中 $\gamma_1=1$，$\gamma_2=2$，$\gamma_3=3$，$\beta=6$，$\phi_1=100$，$\phi_2=200$，$\phi_3=300$，$p=5$，$c=1$，$\kappa=1/2$。此时解得最优广告预算为 $K=224$，广告投入分别为 $m_1=8$，$m_2=16$，$m_3=24$，最大利润为2264。当 K 取不同值时，结果如表2－4所示。

表2－4　　当 K 取不同值时各地区的广告分配及利润

K	m_1	m_2	m_3	Π
100	5.34	10.69	16.03	2239
150	6.55	13.09	19.64	2257
200	7.56	15.12	22.68	2263
224	8	16	24	2264
250	8.45	16.90	25.35	2263
300	9.26	18.52	27.77	2258
350	10	20	30	2250

由表2－4可以看到，当广告预算 $K=224$ 时，制造商的利润达到最大，当 K 取不同的值时，利润变化趋势如图2－2所示。虽然当广告预算 $K>224$ 时，各地的广告投入水平也在相应地增加，总的需求量也在增加，但此时由于需求量增加而带来的利润小于广告预算增加的费用，因此导致最终的利润减少。当广告预算 $K<224$ 时，各地的广告投入水平相应减少，总的需求量也在减少，但此时由于需求量减少而带来的利润减少部分大于广告预算减少的费用，因此也导致最终利润的减少。同时，表2－4也表明各地广告投入水平与广告需求因子成正比。

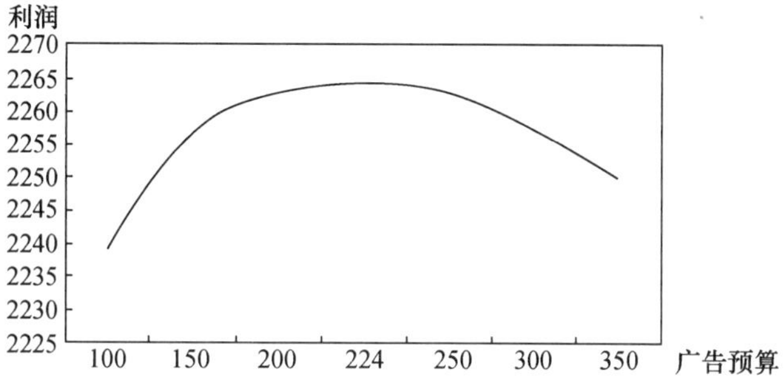

图2－2　利润变化趋势

广告费用的投入不一定越大越好，它与产品生产成本、售价、广告效率及广告成本因子相关，且存在一个最优的广告投入量，当超过这个值后，可能会取得适得其反的效果。本节构建了单个制造商在预算约束下多个市场广告投入模型，通过定义Lagrange函数，运用kuhn－tucker条件，得出各市场最优广告投入与最优预算。

第三节　两个制造商的价格与广告决策竞争静态模型

虽然本章第一节考虑了单制造商的价格与广告联合决策问题，

但在实际市场中，较常见的是多个制造商往往同时存在于同一个市场，构成一种竞争关系，因此本节考虑两个制造商的静态竞争问题。

一 问题分析

假设某时期，有两个制造商 i 和 j 制造相同的产品。制造商 i 选择销售价格 p_i 和广告投入 m_i。由于制造商 i 和 j 是竞争关系，因此根据市场一般规律，每个制造商的产品市场需求量随其销售价格的升高而减少，随其广告投入的增加而增加。同时，一个制造商销售价格的增加，由于替代关系就会导致消费者对另一个制造商的需求增加。一个制造商广告投入的增加，就会吸引更多的消费者，这样就减少另一个制造商的需求。为了分析广告对制造商利润的影响，仍首先分析无广告投入时制造商间的竞争问题。假设两个制造商生产的产品相同，且生产成本相同，广告效率因子相同。

二 模型建立与求解

（一）无广告投入时的制造商竞争静态模型

没有广告投入时，根据以上分析，设制造商 i 的市场需求量与自身的价格 p_i 有关，自身产品的价格越低，其需求量越高；另外，与竞争对手的产品价格 p_j 也相关，p_j 越高，则消费者会转向购买制造商 i 的产品，从而使其需求量增加。因此设制造商 i 的市场需求量为 $D_i(p_i, p_j)$。

$$D_i(p_i, p_j) = \phi_i - \beta p_i + \tau_p(p_j - p_i) \qquad (2-20)$$

其中，$\tau_p > 0$ 反映的是两个制造商价格的竞争程度，若制造商 j 的销售价格 $p_j > p_i$，则会增加制造商 i 的产品需求。

式（2－20）对制造商 i 的需求量关于其产品价格 p_i 求导得到：

$$\partial D_i / \partial p_i = -\beta - \tau_p \qquad (2-21)$$

由式（2－21）可以看出，制造商 i 的价格每提高一单位，会导致需求量减少 $\beta + \tau_p$。而减少的量由两部分组成。$-\beta$ 表示由于价格提高一单位，导致其原本的市场拥有量减少的一部分。而 $-\tau_p$ 则是由于价格提高一单位，导致转移了 τ_p 个消费者至制造商 j。

制造商 i 的问题是选择 p_i 使得其利润函数最大化，即：

$$\max_{p_i>0}\prod_i(p_i,\ p_j)=(p_i-c)D_i=(p_i-c)[\phi_i-\beta p_i+\tau_p(p_j-p_i)] \tag{2-22}$$

关于式（2-22）对 p_i 的一阶导数有：

$$\partial\prod_i/\partial p_i=-\beta p_i+(p_i-c)(-\beta-\tau_p)+(p_j-p_i)\tau_p+\phi_i \tag{2-23}$$

关于式（2-22）对 p_i 的二阶导数有 $\partial^2\prod_i/\partial p_i^2=2(-\beta-\tau_p)<0$，因此，制造商的利润存在最大值，令 $\partial\prod_i/\partial p_i=0$，$\partial\prod_j/\partial p_j=0$。

解上述方程组，得到最优价格$\tilde{p}_i^*$：

$$\tilde{p}_i^*=\tilde{M}_i+c \tag{2-24}$$

将$\tilde{p}_i^*$代入式（2-22），得到最大利润 $\tilde{\prod}_i^*=\tilde{W}\tilde{M}_i^2/2$，其中：$Q_i=\phi_i-\beta c$，$\tilde{W}=2(\beta+\tau_p)$，$\tilde{V}_i=\tau_p$，$\tilde{M}_i=(\tilde{W}Q_i+\tilde{V}Q_j)/(\tilde{W}^2-\tilde{V}^2)$。

命题 2-6：价格竞争使得制造商的产品价格降低，利润减少。

证明：根据本章第一节可以知道，若对于市场只有制造商 i 而言，此时的产品价格为$\bar{p}^*=\dfrac{\beta c+\phi}{2\beta}$，当有制造商 j 参与市场竞争后，其市场价格为$\tilde{p}_i^*=\tilde{M}_i+c$，则$\tilde{p}^*-\bar{p}^*=\dfrac{\tau_p(\beta c-\phi)}{2\beta(2\beta+\tau_p)}<0$，$\tilde{\prod}^*-\bar{\prod}^*=-\dfrac{\tau_p^2(\beta c-\phi)^2}{4\beta(2\beta+\tau_p)^2}<0$，因此有$\tilde{p}^*<\bar{p}^*$，$\tilde{\prod}^*<\bar{\prod}^*$。

命题 2-6 说明，制造商间单纯的价格竞争导致各自的产品价格不断降低，从而使得利润也在减少。

（二）竞争的制造商投入广告时的最优决策模型

竞争的制造商有广告投入时，一方面是价格的竞争，即设制造商 i 的市场需求量随着自身的价格 p_i 降低，其需求量增加，随着竞争对手的产品价格 p_j 升高而使其需求量增加。另一方面是广告水平的竞争，即设制造商 i 的市场需求量随着自身的广告水平 m_i 升高而增加，随着竞争对手的广告水平 m_j 升高而降低。设市场需求量为 $D_i(p_i,\ p_j,\ m_i,\ m_j)$。

$$D_i(p_i,\ p_j,\ m_i,\ m_j)=\phi_i-\beta p_i+\gamma m_i+\tau_p(p_j-p_i)-\tau_m(m_j-m_i) \tag{2-25}$$

其中$\tau_p>0$反映的是两个制造商价格的竞争程度，若制造商j的销售价格$p_j>p_i$，则会增加制造商i的产品需求。$\tau_m>0$则反映的是两个制造商广告的竞争程度，若制造商j的广告投入$m_j>m_i$，则会减少制造商i的产品需求。

对制造商i的需求量关于其产品价格p_i求导得到：

$$\partial D_i/\partial p_i=-\beta-\tau_p \tag{2-26}$$

由式（2-26）我们可以看出，价格每提高一单位，会导致需求量减少$-\beta-\tau_p$。而减少的量由两部分组成。$-\beta$表示由于价格提高一单位，导致其原本的市场拥有量减少的一部分。而$-\tau_p$则是由于价格提高一单位，导致转移了τ_p个消费者至制造商j。

$$\partial D_i/\partial m_i=\gamma+\tau_m \tag{2-27}$$

式（2-27）则表示，广告投入每增加一个单位，会使得总的需求量增加$\gamma+\tau_m$。其中γ表示广告投入每增加一个单位，制造商i的原来市场人数增加了γ。τ_m则表示广告投入每增加一个单位，就有τ_m个消费者从制造商j中转移到制造商i的市场中。

根据以上分析，制造商i、制造商j所面临的问题为：

$$\begin{cases}\max\limits_{p_j,m_j>0}\prod_j(p_i,\ p_j,\ m_i,\ m_j)=(p_j-c)D_j-m_j^2\kappa_j/2\\ \qquad=(p_j-c)[\phi_j-\beta p_j+\gamma m_j+\tau_p(p_i-p_j)-\\ \qquad\tau_m(m_i-m_j)]-m_j^2\kappa_j/2\\ \max\limits_{p_i,m_i>0}\prod_i(p_i,\ p_j,\ m_i,\ m_j)=(p_i-c)D_i-m_i^2\kappa_i/2\\ \qquad=(p_i-c)(\phi_i-\beta p_i+\gamma m_i+\tau_p(p_j-p_i)-\\ \qquad\tau_m(m_j-m_i))-m_i^2\kappa_i/2\end{cases} \tag{2-28}$$

其中，$\kappa_i>0$是制造商i的广告成本因子。

命题2-7：当$-(\gamma+\tau_m)^2+2\kappa_i(\beta+\tau_p)>0$时，式（2-28）存在均衡解。

证明：关于式（2-28）有：

$$\partial\prod_i/\partial p_i=\gamma m_i-\beta p_i+(m_i-m_j)\tau_m+(p_i-c)(-\beta-\tau_p)+(p_j-p_i)\tau_p+\phi_i \tag{2-29}$$

关于Π_i对p_i的二阶导数$\frac{\partial^2 \Pi_i}{\partial p_i^2} = 2(-\beta - \tau_p) < 0$，关于式(2-28)对$m_i$的一阶导数$\frac{\partial \Pi_i}{\partial m_i} = -m_i\kappa_i + (p_i - c)(\gamma + \tau_m)$，关于式(2-28)对$m_i$的二阶导数$\frac{\partial^2 \Pi_i}{\partial m_i^2} = -\kappa_i < 0$，而$\frac{\partial^2 \Pi_i}{\partial m_i \partial p_i} = \frac{\partial^2 \Pi_i}{\partial p_i \partial m_i} = \gamma + \tau_m$，得到其海赛矩阵为：$\begin{vmatrix} \frac{\partial^2 \Pi_i}{\partial p_i^2} & \frac{\partial^2 \Pi_i}{\partial p_i \partial m_i} \\ \frac{\partial^2 \Pi_i}{\partial m_i \partial p_i} & \frac{\partial^2 \Pi_i}{\partial m_i^2} \end{vmatrix} = -(\gamma + \tau_m)^2 + 2\kappa_i(\beta + \tau_p)$。

因此，当$-(\gamma + \tau_m)^2 + 2\kappa_i(\beta + \tau_p) > 0$时，存在均衡解$\widehat{p}_i^*$、$\widehat{m}_i^*$使得制造商利润达到最大值。

根据其一阶条件，令：$\frac{\partial \Pi_i}{\partial p_i} = 0$，$\frac{\partial \Pi_j}{\partial p_j} = 0$，$\frac{\partial \Pi_i}{\partial m_i} = 0$，$\frac{\partial \Pi_j}{\partial m_j} = 0$。

解上述方程组，得到：

$$\widehat{p}_i^* = M_i + c,\quad \widehat{m}_i^* = (\gamma + \tau_m) M_i / \kappa_i \tag{2-30}$$

将$\widehat{p}_i^*$、$\widehat{m}_i^*$代入式(2-28)，得到：$\widehat{\Pi}_i^* = W_i M_i^2 / 2$。其中$W_i = 2(\beta + \tau_p) - (\gamma + \tau_m)^2 / \kappa_i$，$Q_i = \phi_i - \beta c_i$，$V_i = \tau_p - \tau_m(\gamma + \tau_m)/\kappa_i$，$M_i = (W_j Q_i + V_j Q_j)/(W_i W_j - V_i V_j)$。

由式（2-30）可以看出，产品的价格水平主要受三个方面因素的影响：成本因素、需求因素、竞争因素。这三者实际上又形成了相互制约的回路系统。

三　模型分析

命题2-8：两个价格与广告竞争的制造商，在广告成本因子相同时，市场基数越大的制造商，其产品价格就越小；市场基数越大的制造商，广告投入量与市场需求就越大。

证明：当$\kappa_i = \kappa_j = \kappa$时，

$$\widehat{p}_i^* - \widehat{p}_j^* = \frac{\kappa(\phi_i - \phi_j)}{(\gamma^2 - 2\beta\kappa + 3\gamma\tau_m + 2\tau_m^2 - 3\kappa\tau_p)} = -\frac{\phi_i - \phi_j}{W_i + V_i}$$

$$\widehat{m}_i^* - \widehat{m}_j^* = \frac{(\phi_i - \phi_j)(\gamma + \tau_m)}{(W_i + V_i)\kappa}$$

$$\widehat{D}_i^* - \widehat{D}_j^* = \frac{(\phi_i - \phi_j)(\beta + \tau_p)}{W_i + V_i}$$

命题2-8说明，企业在竞争中处于劣势时要主动进攻，需要投入更多的广告费用及降低市场价格来扩大市场占有率，而在竞争中占优势的企业，则可采取防御策略，广告费用的投入只需有的放矢即可。

命题2-9：两个价格与广告竞争的制造商，在市场基数相同时，广告成本因子越小的制造商，其产品价格、广告投入量与市场需求就越大。

证明：当 $\phi_i = \phi_j = \phi$，$c_i = c_j = c$ 时，

$$\widehat{p}_i^* - \widehat{p}_j^* = (\phi - \beta c)\frac{(\gamma + \tau_m)(\gamma + 2\tau_m)}{W_i W_j - V_i V_j}\left(\frac{1}{\kappa_i} - \frac{1}{\kappa_j}\right)$$

$$\widehat{m}_i^* - \widehat{m}_j^* = (\phi - \beta c)\frac{(\gamma + \tau_m)(2\beta + 3\tau_p)}{W_i W_j - V_i V_j}\left(\frac{1}{\kappa_i} - \frac{1}{\kappa_j}\right)$$

$$D_i^* - D_j^* = (\phi - \beta c)\frac{(\beta + \tau_p)(\gamma + \tau_m)(\gamma + 2\tau_m)}{W_i W_j - V_i V_j}\left(\frac{1}{\kappa_i} - \frac{1}{\kappa_j}\right)$$

命题2-8和命题2-9说明，对于竞争的制造商而言，市场基数越大的制造商其优势越大，广告成本因子越小的制造商其优势越大。因此，对于准备进入市场的企业而言，要想在市场中获得利润，必须有较小的广告成本因子。

命题2-10：当市场基数与广告成本因子相同时，竞争的制造商获得正的利润的条件是：$\gamma^2 - 2\beta\kappa + \gamma\tau_m - \kappa\tau_p < 0$。在此条件下，制造商的广告费用与产品的价格随着广告竞争程度的加剧而增加，随着价格竞争的程度加剧而减少。

证明：当 $\phi_i = \phi_j = \phi$，$\kappa_i = \kappa_j = \kappa$，$c_i = c_j = c$ 时，解得：

$$p_i^* = c - \frac{\phi - \beta c}{\gamma^2 - 2\beta\kappa + \gamma\tau_m - \kappa\tau_p},\quad m_i^* = \frac{-(\phi - \beta c)(\gamma + \tau_m)}{\gamma^2 - 2\beta\kappa + \gamma\tau_m - \kappa\tau_p}$$

要使得此时制造商获得正的利润，则必须满足 $p_i^* > c$，而 $\phi - \beta c > 0$，因此必须有：

$$\gamma^2 - 2\beta\kappa + \gamma\tau_m - \kappa\tau_p < 0$$

$$\partial m_i^* / \partial \tau_m = \frac{\kappa(\phi - \beta c)(2\beta + \tau_p)}{(\gamma^2 - 2\beta\kappa + \gamma\tau_m - \kappa\tau_p)^2} > 0$$

$$\partial m_i^* / \partial \tau_p = \frac{-\kappa(\phi - \beta c)(\gamma + \tau_m)}{(\gamma^2 - 2\beta\kappa + \gamma\tau_m - \kappa\tau_p)^2} < 0$$

$$\partial p_i^* / \partial \tau_m = \frac{(\phi - \beta c)\gamma\kappa}{(\gamma^2 - 2\beta\kappa + \gamma\tau_m - \kappa\tau_p)^2} > 0$$

$$\partial p_i^* / \partial \tau_p = \frac{-(\phi - \beta c)\kappa^2}{(\gamma^2 - 2\beta\kappa + \gamma\tau_m - \kappa\tau_p)^2} < 0$$

命题 2－10 说明，对于竞争的制造商，特别是已处于市场中的企业，要想获得正的利润，在价格竞争τ_p、广告竞争τ_m上要有合理的配置（满足 $\gamma^2 - 2\beta\kappa + \gamma\tau_m - \kappa\tau_p < 0$），这比产品的价格更为重要。同时，竞争的加剧导致广告费用的增加和产品价格的下降。

命题 2－11：当市场基数相同时，制造商获得正的利润的条件下，广告竞争导致产品的价格增加。

证明：$\widehat{p}^* - \widetilde{p}^* = \dfrac{\gamma(c\beta - \phi)(\gamma + \tau_m)}{(2\beta + \tau_p)(\gamma^2 - 2\beta\kappa + \gamma\tau_m - \kappa\tau_p)} > 0$，即 $\widehat{p}^* > \widetilde{p}^*$。

通过命题 2－8 和命题 2－11 可以看出，价格竞争与广告竞争相对于产品价格而言是两个性质完全相反的竞争，价格竞争导致产品价格降低，而广告竞争则导致产品价格增加。这就要求制造商在参与市场竞争时要注意产品价格与广告投入之间的平衡。

四　模型仿真

为了验证上述模型结论，分析市场基数、广告成本因子、价格竞争激烈程度、广告竞争激烈程度等对竞争制造商的产品价格、广告投入、市场需求及利润的影响，作如下数值仿真。结果如表 2－5 和表 2－6 所示。

由表 2－5 可以看出，相对于市场上只有单个制造商，在都没有广告的情况下，价格竞争使得产品价格降低，需求量增加，利润也相对减少。而对于有广告的竞争制造商，在市场基数与广告效率因子均相等的情况下，广告成本因子小的制造商其广告投入量较大，其产品价格较大，需求量与利润也较大。若广告成本因子也相同，则制造商的广告费用、产品价格、需求量随着广告竞争程度的加剧而增加，随着价格竞争程度的加剧而减少，而利润均随着广告竞争程度与价格竞争程度的加剧而减少。

表 2－5　$\gamma=10$，$\phi_i=\phi_j=10000$，$c=10$，$\beta=100$ 时模型仿真

	无广告的单制造商	无广告的竞争制造商	有广告的竞争制造商							
			$\tau_m=100$，$\tau_p=10$		$\kappa_i=\kappa_j=2$，$\tau_m=10$			$\kappa_i=\kappa_j=2$，$\tau_p=100$		
		$\tau_p=10$	$\kappa_i=2$	$\kappa_j=3$	$\tau_p=100$	$\tau_p=110$	$\tau_p=120$		$\tau_m=11$	$\tau_m=12$
p	55	40	61	44	55	56	57	55	53	51
D	4500	6000	10125	6750	9000	9231	9474	9000	8721	8519
Π	202500	180000	256289	151875	202500	191183	177258	202500	202041	100826
m			506	225	450	485	521	450	429	409

表 2－6　$\gamma=10$，$\phi_i=10000$，$\phi_j=15000$，$c=10$，$\beta=100$ 时模型仿真

	$\kappa_i=\kappa_j=2$，$\tau_p=100$			$\kappa_i=\kappa_j=2$，$\tau_m=10$		
	$\tau_m=10$	$\tau_m=11$	$\tau_m=12$	$\tau_p=100$	$\tau_p=110$	$\tau_p=120$
p_i	55	53.7	50.7	55	53.9	52.7
p_j	80	84.2	90.4	80	75.6	71.9
D_i	9000	8746.1	8137	9000	9217.4	9384.6
D_j	14000	14843.7	16074	14000	13783	13615
Π_i	202500	171634	130767	202500	211919	218358
Π_j	490000	494374	510257	490000	473824	459617
m_i	450	459.2	447.5	450	438.9	426.6
m_j	700	779.3	884	700	656.3	618.9

由表 2－6 可以看出，市场基数越大的制造商，其产品价格、广告投入量、市场需求及利润都大。市场基数较大的制造商，其利润

随着广告竞争程度的加剧而增加，随着价格竞争程度的加剧而减少。市场基数较小的制造商，其利润随着广告竞争程度的加剧而减少，随着价格竞争程度的加剧而增加。

第四节　两个制造商的价格与广告决策合作静态模型

两个制造商间在争夺市场时，一般是一种竞争关系，但竞争的关系可能导致各自的利润均减少，因此制造商或许会采用合作的关系，以争取总体利润最大化。

一　问题分析

竞争的制造商若采用合作方式，有两种方式：一是统一决策，统一核算，即此时统一决策广告投入与产品价格，其目标是总体利润最大化。二是统一决策，各自单独核算，即各自决策各自己的广告投入与产品价格，其目标仍是总体利润最大化。第一种方式类似于单个制造商时的情况，与本章第一节类似。因此，本节重点讨论第二种方式。假设两个制造商生产的产品相同，且生产成本与广告效率因子相同。

二　模型建立与求解

此问题实际上是总体合作，但内部仍存在价格与广告间的竞争，因此，根据本章第三节，我们可以得到目标函数为：

$$\max_{p_i,p_j,m_i,m_j>0} \Pi = \Pi_i + \Pi_j \tag{2-31}$$

其中，

$$\begin{aligned}\Pi_i(p_i,\ p_j,\ m_i,\ m_j) &= (p_i - c_i) D_i - m_i^2 \kappa_i/2 \\ &= (p_i - c_i)[\phi_i - \beta p_i + \gamma m_i + \tau_p(p_j - p_i) - \\ &\quad \tau_m(m_j - m_i)] - m_i^2 \kappa_i/2\end{aligned}$$

命题 2-12： 当 $-(\gamma+\tau_m)^2 + 2\kappa_i(\beta+\tau_p) > 0$，式(2-31)存在均衡解。

证明： 由于$\frac{\partial^2 \prod}{\partial m_i^2} = -\kappa_i < 0$，$\frac{\partial^2 \prod}{\partial p_i^2} = -2(\beta + \tau_p) < 0$，$\frac{\partial^2 \prod}{\partial m_i^2}\frac{\partial^2 \prod}{\partial p_i^2} - \frac{\partial^2 \prod}{\partial m_i \partial p_i} = -(\gamma + \tau_m)^2 + 2\kappa_i(\beta + \tau_p)$，故当$-(\gamma + \tau_m)^2 + 2\kappa_i(\beta + \tau_p) > 0$时存在均衡解。根据其一阶条件解下列方程组：

$$\partial \prod / \partial p_i = \gamma m_i - \beta p_i + (m_i - m_j)\tau_m - (p_i - c)(\beta + \tau_p) + (p_j - c)\tau_p + (p_j - p_i)\tau_p + \phi_i = 0$$

$$\partial \prod / \partial m_i = -m_i \kappa_i - (p_j - c)\tau_m + (p_i - c)(\gamma + \tau_m) = 0$$

解得：$\hat{p}_i^* = N_i + c$，$\hat{m}_i^* = (\gamma N_i + \tau_m(N_i - N_j))/\kappa_i$

$$D_i^* = \beta N_i + \tau_p(N_i - N_j) \tag{2-32}$$

从而得到各制造商 i 的利润为：

$$\hat{\prod}_i^* = (\beta N_i + \tau_p(N_i - N_j))N_i - (\gamma N_i + \tau_m(N_i - N_j)^2)/(2\kappa_i)$$

其中，$A_i = W_j - \tau_m^2/\kappa_i$，$B = W_i + V_j$，$N_i = (A_i Q_i + BQ_j)/(A_i A_j - B^2)$。

三 模型分析

命题 2-13： 合作的制造商，在广告成本因子相同时，市场基数越大的制造商，其产品价格、广告投入量、市场需求就越大。

证明： 当 $\kappa_i = \kappa_j = \kappa$ 时，有：

$$\hat{p}_i^* - \hat{p}_j^* = \frac{\phi_i - \phi_j}{A_i + B},\quad \hat{m}_i^* - \hat{m}_j^* = \frac{(\phi_i - \phi_j)(\gamma + 2\tau_m)}{(A_i + B)\kappa}$$

$$\hat{D}_i^* - \hat{D}_j^* = \frac{(\phi_i - \phi_j)(\beta + 2\tau_p)}{A_i + B}$$

命题 2-13 说明对于合作的制造商，市场基数越大则越占有优势，同时也说明了先进入市场的制造商具有优势。

命题 2-14： 合作的制造商，在市场基数相同时，广告成本因子越小的制造商，其产品价格、广告投入量、市场需求就越大。

证明：

$$\hat{p}_i^* - \hat{p}_j^* = (\phi - \beta c)\frac{\gamma(\gamma + 2\tau_m)}{A_i A_j - B^2}\left(\frac{1}{\kappa_i} - \frac{1}{\kappa_j}\right)$$

$$\hat{m}_i^* - \hat{m}_j^* = (\phi - \beta c)\frac{2\gamma(\gamma + 2\tau_m)}{A_i A_j - B^2}\left(\frac{1}{\kappa_i} - \frac{1}{\kappa_j}\right)$$

$$\hat{D}_i^* - \hat{D}_j^* = (\phi - \beta c)\frac{\gamma(\gamma + 2\tau_m)(\beta + 2\tau_p)}{A_iA_j - B^2}\left(\frac{1}{\kappa_i} - \frac{1}{\kappa_j}\right)$$

命题 2－15： 当市场基数与广告成本因子相同时，制造商的最优广告费用与最优产品的价格与单制造商时的情形相同。

证明： 当 $\phi_i = \phi_j = \phi$，$\kappa_i = \kappa_j = \kappa$ 时，由式（2－32）可以得到：

$$p_i = c + \frac{\kappa(\phi - \beta c)}{-\gamma^2 + 2\beta\kappa} = \frac{\gamma^2 c - c\beta\kappa - k\phi}{\gamma^2 - 2\beta\kappa}$$

$$m_i = \frac{\gamma(\phi - \beta c)}{-\gamma^2 + 2\beta\kappa} = \frac{\gamma(c\beta - \phi)}{\gamma^2 - 2\beta\kappa}$$

与式（2－10）相同。

四　模型仿真

为了验证上述模型结论，分析市场基数、广告成本因子、价格竞争激烈程度、广告竞争激烈程度等对总体合作的制造商的产品价格、广告投入、市场需求及利润的影响，与竞争的制造商情形进行比较，作如下数值仿真，其中 $c = 10$，$\beta = 100$，$\gamma = 10$，$\tau_m = 100$，$\tau_p = 10$。结果如表 2－7 至表 2－9 所示。

表 2－7　$\phi_i = 10000$，$\phi_j = 15000$，$\kappa_i = \kappa_j = 2$ 时仿真结果

	p	D	Π	m
i	70	2667	142222	133
j	103	126667	781111	633

表 2－8　$\phi_i = 10000$，$\phi_j = 15000$，$\kappa_i = 2$，$\kappa_j = 3$ 时仿真结果

	p	D	Π	m
i	74	7724	347143	386
j	62	3857	173571	129

表 2－9　$\phi_i = 10000$，$\phi_j = 15000$，$\kappa_i = \kappa_j = 2$ 时仿真结果

	p	D	Π	m
合作模式一	137	12667	1203330	633
合作模式二	70	12000	540000	600
竞争	55	18000	405000	900

由表 2 - 7 可以看出，合作的制造商，在广告成本因子相同时，市场基数越大的制造商，其产品价格、广告投入量、市场需求就越大，其利润也较大。由表 2 - 8 可以看出，在市场基数相同时，广告成本因子越小的制造商，其产品价格、广告投入量、市场需求就越大。由表 2 - 8 与表 2 - 9 可以看出，当制造商为对称情况时，制造商的最优广告费用与最优产品的价格与单制造商决策时的结果一样。但对于两种不同的合作模式，两个制造商统一核算的情形时的产品价格、需求量、利润及广告投入量明显要比独立核算时的情形要大。而无论是哪种合作模式，其总体需求量与广告投入量均较制造商竞争时小，价格与利润均较制造商竞争时大。

因此，对于竞争的制造商而言，通过竞争的方式可以最大化各自的市场占有率，不断地扩展消费者数量，而通过合作的方式则可以最大化利润，但此时消费者将受到损失。这也解释了现实企业为什么在进入期往往是竞争的关系（主要是获得一定的消费者），但在后期有一定的消费者后，往往采用兼并或者合作的形式来最大化自己的利润。

本节运用博弈理论，针对两个竞争关系的制造商的最优广告与价格联合决策问题，研究了两个制造商静态的价格与广告联合决策的竞争与合作问题，分别得出了各制造商在竞争与合作的最优广告水平与产品价格，并将制造商价格和广告联合决策竞争与制造商的价格竞争结果进行了比较静态分析，最后通过模型仿真来进一步证实结论。

第三章 供应链中制造商的广告动态决策

广告作用于消费者，促成其购买行为，大多数情况下并不是一次、一时或一种信息和媒体作用的结果，而是广告信息多次重复的累积效果的体现。在尚未发生购买行动之前，都是广告效果的累积时期，通过连续、多次的广告，强化影响，使量的积累转化为质的飞跃，促成消费者购买。实际中，企业也很少有只发布一次或几次广告的。这也很难评估某一次广告的单一效果。若从长远来看，从动态的角度，制造商应如何决策广告投入。

在消费者市场中，不同制造企业生产的具有功用相同或相近的产品存在着竞争关系，即产品之间存在着替代关系，可以满足消费者的同一需要。如肥皂和洗衣粉、牛肉和猪肉等。例如去广州，火车和飞机就是替代品，如果机票降到足够低，在这种情况下，原本打算坐火车的人就会改乘飞机。

产品之间也可以存在互补关系，互补品是指消费者同时使用两种商品时获得的效用大于单独使用这两种产品获得的效用之和的产品，如汽车和汽油、照相机和胶卷、旅游业与旅游指南等。

然而无论是互补还是替代关系，一种产品的价格的变动不仅会影响到本产品的市场需求，而且也会影响到替代品或者互补品的市场需求。对于替代关系的产品，一种产品价格的上涨会直接导致其替代品市场的增加，而互补品也具有较强的相互关联效应，在互补品的销售过程中；另一种产品的价格的增加会减少其互补产品的市场需求。

替代关系的产品实质上是一种竞争关系，这种竞争不仅包括价格、质量竞争，还有广告之间的竞争。广告能及时传播各种信息，有效扩大商品销售市场。在其他条件一定的情况下，广告效率相同，哪种产品的广告投入多，该产品就会有更大的市场占有率，而另一种产品的市场占有率就会减少。互补关系的产品的广告投入则与竞争关系的广告投入效果不同，两种产品的广告投入都有利于彼此的市场占有率的提高。

当产品的价格与质量一定，无市场营销时，产品的市场扩散就遵循固有的市场规律，即在产品价格与质量既定的情况下，产品有其固定的自然增长率。本章就是在产品价格与质量既定的情况下其固有的市场增长率的前提下，从产品替代与互补关系两个方面来研究广告媒介下的产品扩散模型，主要目的是研究两种关系下的产品是如何进行市场扩张的，以及扩张的最后结果如何。

第一节　单制造商广告决策动态模型

事实上，制造商做广告的目的就是为在消费者中形成良好的商誉。在第 t 期做的广告，对该期之后的产品销售也有一定的影响，即所谓的商誉存量。当期广告对未来需求的效应无疑要小于当期广告对当期需求的效应。但当期广告对未来需求的效应并不为零。在此动态模型中，制造商的主要目标是所有未来时间的收益贴现值最大化，即制造商在后面所有时间里所得到的收益通过一定的利率折算为现值的金额最大化。

一般情况下，商誉与广告投入成正比例，在此处用 M 来表示商誉，m 表示制造商的广告投入。

一　广告决策离散模型

根据以上分析，市场的第 t 期的需求函数 D_t 不仅受价格与当期广告的影响，还受到过去广告的累积商誉存量的影响，即：

$D_t = D(p_t,\ M_t)$

其中，p_t 是第 t 期时的产品价格，M_t 是第 t 期的商誉积累，而广告与商誉积累之间的关系是：

$$M_t = m_t + (1-\delta)m_{t-1} = \sum_{i=1}^{t}(1-\delta)^{t-i}m_i + (1-\delta)^t m_0 \quad (3-1)$$

其中，δ 为商誉折旧。

t 期期初的商誉存量是当期的广告量 m_t 加上过去留存下来的商誉中没有折旧的那部分。

故制造商在第 t 期的收益为：

$$\Pi_t(p_t, M_t) = (p_t - c)D(p_t, M_t) - p_t^m m_t \quad (3-2)$$

其中，p_t^m 表示第 t 期的广告价格。

因此，对于制造商所有未来时间的收益贴现值为：

$$\begin{aligned}\Pi &= \sum_{t=0}^{\infty}(1+k)^{-t}[(p_t - c)D(p_t, M_t) - p_t^m m_t] \\ &= \sum_{t=0}^{\infty}(1+k)^{-t}\{(p_t - c)D(p_t, M_t) - p_t^m[M_t - (1-\delta)M_{t-1}]\}\end{aligned} \quad (3-3)$$

其中，k 表示利率。要使得制造商所有未来时间的收益贴现值最大化，在每期需选择两个变量，即 p_t 和 M_t。由于 M_t 与 m_t 满足式（3－3）。故制造商在每期实际上是选择变量 p_t 和 m_t。

命题 3－1：制造商的收益贴现值最大化的条件是：制造商当期广告的边际成本等于由当期广告的增加所致的在所有未来时期内产生的边际利润的贴现值。

证明：关于式（3－3）对 p_t 的一阶导数为：

$$\frac{p_t - c}{p_t} = \frac{1}{\varepsilon_{D_{p,t}}} \quad (3-4)$$

关于式（3－3）对 m_t 的一阶导数为：

$$p_t^m = (p_t - c)\frac{\partial D_t}{\partial m_t} + \frac{1-\delta}{1+\delta}p_{t+1}^m \quad (3-5)$$

对式（3－5）进行从 t 期到 ∞ 的递归代入,可得到：

$$p_t^m = \sum_{i=0}^{\infty}\left(\frac{1-\delta}{1+\delta}\right)^i (p_{t+i} - c)\frac{\partial D_{t+i}}{\partial m_{t+i}}$$

为了使制造商的收益贴现值最大化，制造商应购买广告直至当期广告的边际成本等于由当期广告的增加所致的在所有未来时期内产生的边际利润的贴现值。

二 广告决策连续模型

动态广告投资策略问题是最优控制问题，其实质上就是找到一种能使经营企业的目标函数达到极大值的广告投资策略（Ringbeck，1985）。而制造商的投资不可能无穷大，设制造商的广告投资为 m，且 $0 \leqslant m \leqslant \bar{m}$，仍用 M 表示商誉积累。由于考虑到商誉积累，因此当期的市场需求只与当期的商誉积累有关。

令 $\zeta = \gamma\sqrt{2/\kappa}$，则制造商的需求函数可表示为商誉积累的关系式：$D(M) = \phi - \beta p + \zeta\sqrt{M}$，则其利润函数为：$\prod(M) = (p-c)(\phi - \beta p + \zeta\sqrt{M}) - m$。

事实上，广告的作用虽然能扩大商品的销路，但是随着时间的推移，如果没有做任何关于产品的广告，那么人们对该商品将逐渐忘却。因此，广告商誉也会减少。那么此时制造商就必须进行广告投资，一部分是弥补过去商誉的折损，另一部分是增加未来的产品商誉。设 δ 为商誉折旧，则商誉的增加与广告投资满足如下关系式：

$$\dot{M}(t) = m(t) - \delta M(t) \tag{3-6}$$

假设在初期即 $t=0$ 时，$M(0) = m_0$。

根据以上分析，制造商的利润极大化问题可以表示为：

$$\max_{m>0}\int_0^{\infty} e^{-rt}\left[\prod(M)\right]\mathrm{d}t = \int_0^{\infty} e^{-rt}\left[(p-c)(\phi - \beta p + \zeta\sqrt{M}) - m\right]\mathrm{d}t \tag{3-7}$$

$$s.t.\quad \dot{M}(t) = m(t) - \delta M(t) M(0) = m_0$$

其中，r 表示时间贴现因子。

命题 3－2：当 $\bar{m}$ 足够大，式（3－7）有最优解：

$$M(t) = \begin{cases} \dfrac{\bar{m}}{\delta} + \left(m_0 - \dfrac{\bar{m}}{\delta}\right)e^{-\delta t} & t \leqslant t_s \\ \left[\dfrac{(p-c)\xi}{2(r+\delta)}\right]^2 & t > t_s \end{cases}$$

证明：根据变分法原理，得到 Euler 方程为：$\dfrac{(p-c)\xi}{2\sqrt{M}}-\delta=r$。

因此，得到 $M_s=\left(\dfrac{(p-c)\xi}{2\ (r+\delta)}\right)^2$ 而 $M(0)=m_0$。因此，该商誉存量的调整不具有动态特征。但由于受到广告投资的约束，会出现最快到达的问题。

当 $M_0<M_s$ 时，因为有约束条件 $-\delta M\leqslant\dot{M}\leqslant\bar{m}-\delta M$，方程的解会以最快的路径到达 M_s，故方程的解将沿路径 $\dot{M}=\bar{m}-\delta M$ 移动，此时，商誉存量满足关系式 $M(t)=\bar{m}/\delta+(m_0-\bar{m}/\delta)e^{-\delta t}$。

随着时间推移，$M(t)$ 沿着路径 $\dot{M}=\bar{m}-\delta M$，一直到达 M_s，然后沿着 M_s 移动。

而当 $M\ (t)\ =\dfrac{\bar{m}}{\delta}+\left(m_0-\dfrac{\bar{m}}{\delta}\right)e^{-\delta t}=\left[\dfrac{(p-c)\xi}{2\ (r+\delta)}\right]^2$ 时，解得：

$$t_s=-\frac{1}{\delta}\ln\frac{\left[\dfrac{(p-c)\xi}{2\ (r+\delta)}\right]^2-\dfrac{\bar{m}}{\delta}}{m_0-\dfrac{\bar{m}}{\delta}}$$

考察 t_s，假设$\bar{m}$足够大。如果$\bar{m}$不是足够大，那么 $M(t)$ 沿着路径 $M(t)=\bar{m}/\delta+(m_0-\bar{m}/\delta)e^{-\delta t}$ 不能到达 M_s，而是会沿这条路径一直增长。如果$\bar{m}$足够大，使得沿路径 $M(t)=\bar{m}/\delta+(m_0-\bar{m}/\delta)e^{-\delta t}$ 可以到达 M_s，因此，有 $m_0<\bar{m}/\delta$ 和 $M_s<\bar{m}/\delta$，从而能保证 $t_s>0$。

因此，最优解为：

$$M(t)=\begin{cases}\dfrac{\bar{m}}{\delta}+\left(m_0-\dfrac{\bar{m}}{\delta}\right)e^{-\delta t} & t\leqslant t_s\\[2ex] \left[\dfrac{(p-c)\xi}{2(r+\delta)}\right]^2 & t>t_s\end{cases}\qquad(3-8)$$

命题 3－3：存在一个时间点，在此时间点后的区间上，广告的支出为一常数 $m_s=\left[\dfrac{(p-c)\xi}{2(r+\delta)}\right]^2\delta$。

证明：随着时间推移，当 $t>t_s$ 时，由式（3－6）、式（3－7）

得到 $m(t)=\left[\frac{(p-c)\xi}{2(r+\delta)}\right]^2\delta$。其变化如图 3－1 所示。

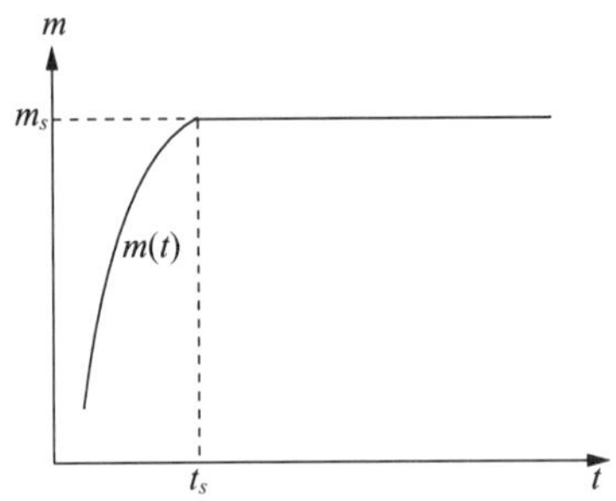

图 3－1　随时间变化的最优广告投资水平示意图

从以上模型可以看出，该模型反映了产品的生命周期中不同阶段投入广告的策略。例如在产品生命周期之初，应投放开拓型广告，主要为推广新的产品、观念或者服务而发布广告，其目的是为吸引消费者的注意，进而了解和购买。随着产品逐步被消费者购买使用，产品进入成长期与成熟期，就会有更多的企业加入市场。那么，在初期、成长期、成熟期广告费用都会逐渐增加，最后在产品衰退期广告费用维持一个固定的值，一般此时广告宣传侧重用商标、企业形象来提醒消费者，使他们继续购买。

本节首先从离散与连续两个角度构建了单个制造商的广告决策动态模型。从离散的角度得出制造商的收益贴现值最大化的条件是，制造商应购买广告直至当期广告的边际成本等于由当期广告的增加所致的在所有未来时期内产生的边际利润的贴现值。从连续的角度，运用最优控制理论，得出了广告投入在不同时间的投入水平。

第二节　广告媒介下具有替代关系的产品扩散动态模型

一　问题分析

当两家企业生产的产品具有替代性时，各企业为了在同一市场争夺消费者获得市场占有率，最常见的结果是竞争力较弱的企业最终倒闭，竞争力较强的企业达到其市场最大的占有率，或者两家实力相当的企业最后共存，都有各自的消费者市场。

记企业 $i(i=1, 2)$ 在 t 时刻的消费者数量为 $\mathrm{d}_i(t)$，r_i 是在市场规律下，在产品价格与质量既定下其自身的固有增长率，例如可以看作是消费者之间信息的传播导致的市场增长。N_i 表示企业 i 无广告投入时产品 i 的最大的市场消费者容量，m_i 表示投入的广告费用。由于广告投入使得更多的消费者知道该产品，从而有可能导致广告投入时消费者数量超过 N_i。

因此，根据 BASS 扩散模型（Bass，1969），对于该企业的消费者有：

$$\dot{\mathrm{d}}_i(t)=(r_i\mathrm{d}_i+\gamma_i\sqrt{m_i})(1-\mathrm{d}_i/N_i) \quad (3-9)$$

其中，γ_i 表示广告的效率，因子（$1-\mathrm{d}_i/N_i$）反映的是由于市场上有限的消费者的占有而导致的对它本身增长的阻滞作用。

由于两个生产具有替代性产品的企业在同一市场，企业 2 对企业 1 的消费者增长也会起到一定的阻滞作用。第一，企业 2 的消费者越多，在市场一定的情况下，企业 1 的消费者增长速度也就越慢。第二，企业 2 所做的广告会说服企业 1 的消费者购买其产品，因此，企业 2 的广告投入对企业 1 的消费市场的增长也起到一定的阻滞作用。同理，企业 1 对企业 2 也从这两个方面起到一定的阻滞作用。综合这两个因素，设阻滞因子为 δ_i，$0<\delta_i<1$ 表示在属于企业 i 的产品市场竞争中企业 j 的竞争能力没有企业 i 的竞争能力强。$\delta_i>1$ 则表示在属于企业 i 的产品市场竞争中企业 j 的竞争能力强于企业 i

的竞争能力。企业 j 投入的广告量越大，δ_i 就越大。

根据式（3-9），在其中添加由于企业 2 的进入而导致阻滞因子改变的一项 $-\delta_1 d_2/N_2$。另外，由于企业进行广告投入，也使得消费者数量的增长率提高。

二　模型建立

根据以上对问题的分析，得到企业 1、企业 2 的消费者增长方程为：

$$\dot{d}_1(t)=f(d_1,\ d_2)=(r_1 d_1+\gamma_1\sqrt{m_1})(1-d_1/N_1-\delta_1 d_2/N_2) \tag{3-10}$$

$$\dot{d}_2(t)=g(d_1,\ d_2)=(r_2 d_2+\gamma_2\sqrt{m_2})(1-d_2/N_2-\delta_2 d_1/N_1) \tag{3-11}$$

其中，γ_i 为企业 i 的广告效率。δ_i 为单位 j 产品吸引 i 产品顾客的能力，即企业 j 对企业 i 的阻滞系数。对于两家企业之间的竞争，阻滞系数 δ_i 是非常关键的指标。

由于是研究两家企业广告与产品本身竞争的结果，即当 $t\to\infty$ 时 $d_1(t)$、$d_2(t)$ 的趋向，因此本书只对其平衡点进行稳定性分析。

根据微分方程式（3-10）和式（3-11），并求解方程组，得到四个平衡点：

$$P_1\left(-\frac{\gamma_1\sqrt{m_1}}{r_1},\ -\frac{\gamma_2\sqrt{m_2}}{r_2}\right),\ P_2\left(N_1+\frac{\gamma_2 N_1\delta_1\sqrt{m_2}}{N_2 r_2},\ -\frac{\gamma_2\sqrt{m_2}}{r_2}\right),$$

$$P_3\left(N_1\frac{1-\delta_1}{1-\delta_1\delta_2},\ N_2\frac{1-\delta_2}{1-\delta_1\delta_2}\right),\ P_4\left(-\frac{\gamma_1\sqrt{m_1}}{r_1},\ N_2+\frac{\gamma_1 N_2\delta_2\sqrt{m_1}}{N_1 r_1}\right)$$

其对应的系数矩阵为：

$$A=\begin{bmatrix} f_{d_1} & f_{d_2} \\ g_{d_1} & g_{d_2} \end{bmatrix}$$

$$=\begin{bmatrix} -\dfrac{r_1 d_1+\sqrt{m_1}\gamma_1}{N_1}+r_1\left(1-\dfrac{d_1}{N_1}-\dfrac{d_2\delta_1}{N_2}\right) & -\dfrac{(r_1 d_1+\sqrt{m_1}\gamma_1)\delta_1}{N_2} \\ -\dfrac{(r_2 d_2+\sqrt{m_2}\gamma_2)\delta_2}{N_1} & -\dfrac{r_2 d_2+\sqrt{m_2}\gamma_2}{N_2}+r_2\left(1-\dfrac{d_2}{N_2}-\dfrac{d_1\delta_2}{N_1}\right) \end{bmatrix}$$

$p=-(f_{d_1}+g_{d_2})\mid_{P_i}$，$i=1$，2，3，4，$q=\det A\mid_{P_i}$，$i=1$，2，3，4。

δ_1、δ_2 的取值范围不同，直线 $f(d_1, d_2)=0$ 和直线 $g(d_1, d_2)=0$ 在相平面上的位置也有所不同。

三　模型分析

由于是研究两家企业广告与产品本身的竞争的结果，即当 $t\to\infty$ 时 $d_1(t)$、$d_2(t)$ 的趋向，因此本书只对其平衡点进行稳定性分析。

命题 3-4： 平衡点 $P_1(-\gamma_1\sqrt{m_1}/r_1, -\gamma_2\sqrt{m_2}/r_2)$ 为不稳定点。

证明： 由于

$$p=-\frac{N_1r_1[\sqrt{m_2}\gamma_2(r_1\delta_1+r_2)+N_2r_2(r_1+r_2)]+\sqrt{m_1}N_2\gamma_1r_2(r_1+r_2\delta_2)}{N_1N_2r_1r_2}<0$$

因此 P_1 点为不稳定点。

命题 3-4 说明，对于企业的纯广告竞争，最后两家竞争的企业都倒闭是不可能的。

命题 3-5： 当 $\delta_2>1$，$\delta_1<1$，$\delta_1\delta_2>1$ 时，式（3-10）和式（3-11）存在稳定点 $P_2\left(N_1+\frac{\gamma_2N_1\delta_1\sqrt{m_2}}{N_2r_2}, -\frac{\gamma_2\sqrt{m_2}}{r_2}\right)$。

证明： 对于平衡点 $P_2\left(N_1+\frac{\gamma_2N_1\delta_1\sqrt{m_2}}{N_2r_2}, -\frac{\gamma_2\sqrt{m_2}}{r_2}\right)$，由于：

$$p=\frac{\sqrt{m_1}N_2\gamma_1r_2+N_1\{N_2r_2[r_1+r_2(\delta_2-1)]+\sqrt{m_2}\gamma_2[r_1\delta_1+r_2(\delta_1\delta_2-1)]\}}{N_1N_2r_1},$$

$$q=\frac{\sqrt{m_1}N_2\gamma_1r_2+N_1r_1(N_2r_2+\sqrt{m_2}\gamma_2\delta_1)[N_2r_2(\delta_2-1)+\sqrt{m_2}\gamma_2(\delta_1\delta_2-1)]}{N_1N_2^2r_1}。$$

要使 P_2 为稳定点，则必须满足：$\delta_2>1$，$\delta_1\delta_2>1$。此情况下分为以下两种情况：

（一）$\delta_2>1$，$\delta_1<1$，$\delta_1\delta_2>1$

如图 3-2 所示，$f=0$，$g=0$ 共四条直线，其中两条直线将第一象限分为三个区域：

s_1：$\dot{d}_1>0$，$\dot{d}_2>0$：此时轨线从 s_1 出发，则随着时间 t 的增加轨

线向右上方运动，从而进入 s_2，最终到达点 P_2。

s_2：$\dot{d}_1>0$，$\dot{d}_2<0$：此时轨线从 s_2 出发，则随着时间 t 的增加轨线向右下方运动，从而进入 s_2，最终到达点 P_2。

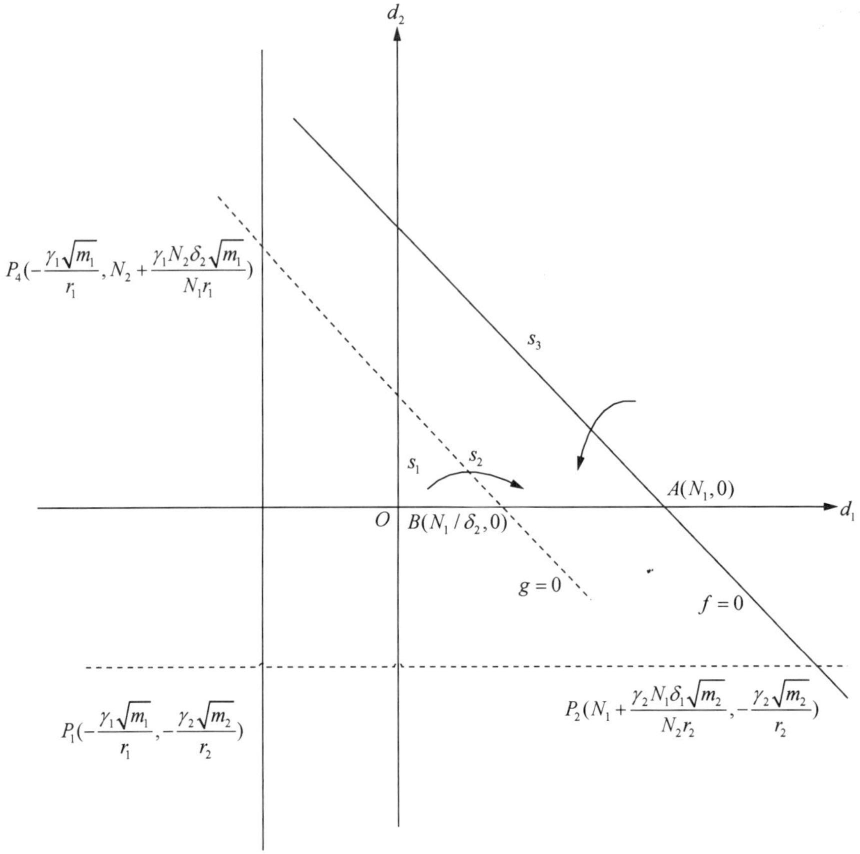

图 3－2　$\delta_2>1$，$\delta_1<1$，$\delta_1\delta_2>1$ 点 p_2 的稳定性的相轨线

s_3：$\dot{d}_1<0$，$\dot{d}_2<0$：此时轨线从 s_3 出发，则随着时间 t 的增加轨线向左下方运动，从而进入 s_2，最终到达点 P_2。

因此 P_2 为稳定点。

由于点 P_2 在第四象限，因此，此时最终的竞争结果为：企业 1

的消费者数量处于点 B 与点 A 之间，即在$(N_1/\delta_2,\ N_1)$之间，而此时企业 2 已经倒闭。而且我们还可以看到，由于 $\delta_2>1$ 意味着在企业 2 的产品市场竞争中企业 1 强于企业 2，当 $\delta_2\to1$ 时，企业 1 在最后所获得的消费者数量可能就越大。

（二） $\delta_2>1$，$\delta_1>1$，$\delta_1\delta_2>1$

如图 3－3 所示，$f=0$，$g=0$ 共四条直线，其中两条直线将第一象限分为四个区域：

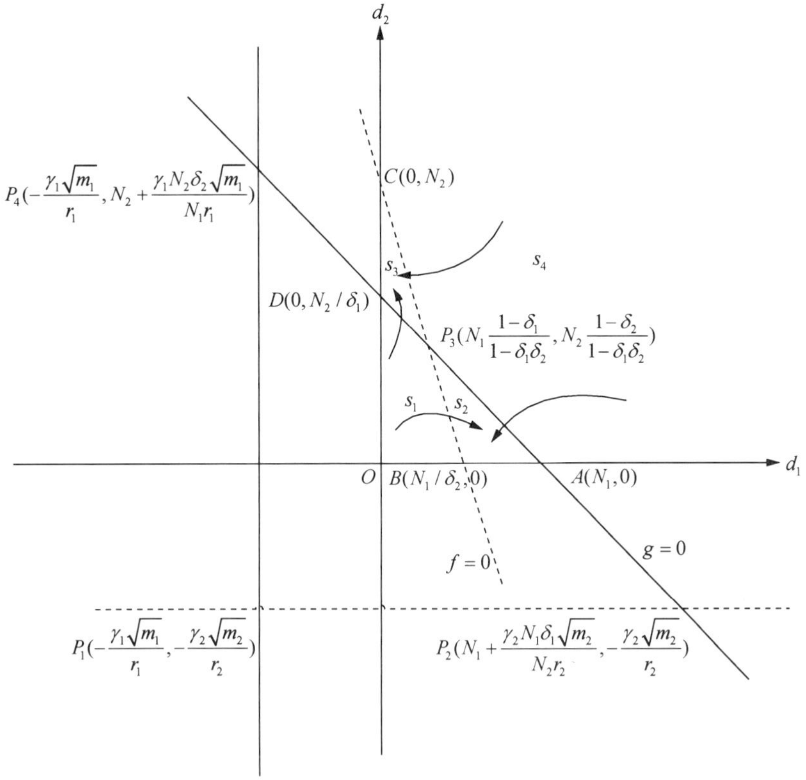

图 3－3　$\delta_2>1$，$\delta_1>1$，$\delta_1\delta_2>1$ 点 P_2 的稳定性的相轨线

s_1：$\dot{d}_1>0$，$\dot{d}_2>0$：此时轨线从 s_1 出发，则随着时间 t 的增加轨线向右上方运动，从而进入 s_2，或者 s_3。

s_2：$\dot{d}_1>0$，$\dot{d}_2<0$：此时轨线从 s_2 出发，则随时间 t 的增加轨线向右下方运动。

s_3：$\dot{d}_1<0$，$\dot{d}_2>0$：此时轨线从 s_3 出发，则随时间 t 的增加轨线向左上方运动。

s_4：$\dot{d}_1<0$，$\dot{d}_2<0$：此时轨线从 s_4 出发，则随时间 t 的增加轨线向左下方运动，从而进入 s_2，或者 s_3，如图 3－3 所示。故此时不存在稳定点。

由于 $\delta_1<1$ 表示在属于企业 1 的产品市场竞争中企业 2 的竞争能力没有企业 1 的竞争能力强。$\delta_2>1$ 则表示在属于企业 2 的产品市场竞争中企业 1 的竞争能力强于企业 2，即企业 1 所投入的广告量也越大。因此命题 3－5 说明当 $\delta_1<1$，$\delta_2>1$ 时企业 2 没有竞争力争夺企业 1 的市场的同时，又不能保住自己本来的市场，最终导致企业 2 的倒闭，企业 1 获得其原本市场 N_1 以及从企业 2 争夺过来的市场 $\gamma_2 N_1\delta_1\sqrt{m_2}/(N_2 r_2)$，其中该市场与企业 2 的广告费用投入呈同方向增长。

命题 3－6：当 $\delta_1<1$，$\delta_2<1$ 时，式（3－10）和式（3－11）存在稳定点 $P_3\left(N_1\dfrac{1-\delta_1}{1-\delta_1\delta_2},\ N_2\dfrac{1-\delta_2}{1-\delta_1\delta_2}\right)$。

证明：对于平衡点 $P_3\left(N_1\dfrac{1-\delta_1}{1-\delta_1\delta_2},\ N_2\dfrac{1-\delta_2}{1-\delta_1\delta_2}\right)$，根据稳定性判定条件有：

$$p=\frac{\sqrt{m_1}N_2\gamma_1(\delta_1\delta_2-1)+N_1\{N_2[r_1(\delta_1-1)+r_2(\delta_2-1)]+\sqrt{m_2}\gamma_2(\delta_1\delta_2-1)\}}{N_1N_2(\delta_1\delta_2-1)}$$

$$q=-\frac{[N_1r_1(\delta_1-1)+\sqrt{m_1}\gamma_1(\delta_1\delta_2-1)][N_2r_2(\delta_2-1)+\sqrt{m_2}\gamma_2(\delta_1\delta_2-1)]}{N_1N_2(\delta_1\delta_2-1)}$$

因此，要使得 P_3 为稳定点，则必须满足：$\delta_1<1$，$\delta_2<1$。

如图 3－4 所示，$f=0$，$g=0$ 共四条直线，其中两条直线将第一象限分为四个区域：

s_1：$\dot{d}_1>0$，$\dot{d}_2>0$：此时轨线从 s_1 出发，则随着时间 t 的增加轨

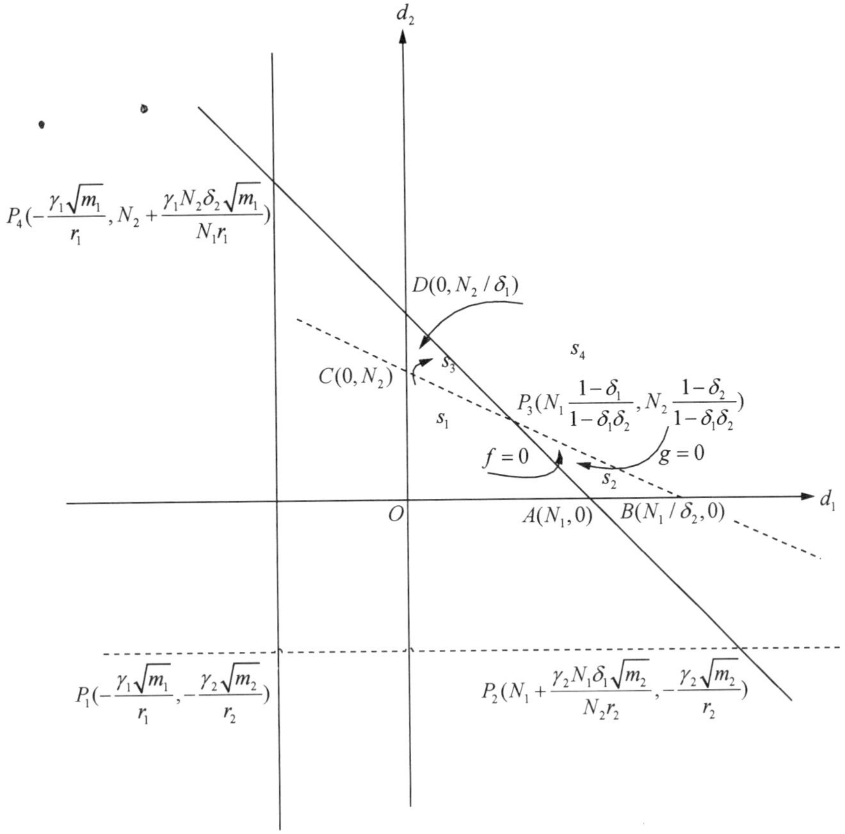

图 3-4　P_3 稳定的相轨线

线向右上方运动，从而进入 s_2，或者 s_3。

s_2：$\dot{d}_1<0$，$\dot{d}_2>0$：此时轨线从 s_2 出发，则随着时间 t 的增加轨线向左上方运动，从而进入 s_2，到达点 P_3。

s_3：$\dot{d}_1>0$，$\dot{d}_2<0$：此时轨线从 s_3 出发，则随着时间 t 的增加轨线向右下方运动，到达点 P_3。

s_4：$\dot{d}_1<0$，$\dot{d}_2<0$：此时轨线从 s_4 出发，则随着时间 t 的增加轨线向左下方运动，从而进入 s_2，或者 s_3。如图 3-4 所示。故此时 P_3 为稳定点。

命题3-6说明，当$\delta_1<1$，$\delta_2<1$时，两企业在市场中势均力敌，各自投入的广告几乎相等，从而达到一个均衡状态$P_3(N_1(1-\delta_1)/(1-\delta_1\delta_2), N_2(1-\delta_2)/(1-\delta_1\delta_2))$，而各自市场的大小既取决于自己的竞争力，又取决于对方的竞争力。由于当前的市场竞争手段在产品质量与广告营销方面信息比较对称，所以此种情况在市场较为多见。此时两种替代品都做广告，无论谁是早期市场占领者，由于产品1打入产品2市场困难，产品2打入产品1市场也不容易，最后双方共同瓜分市场，形成稳定共存局面。

命题3-7：当$\delta_1>1$，$\delta_2<1$时，式（3-10）和式（3-11）存在稳定点$P_4\left(-\frac{\gamma_1\sqrt{m_1}}{r_1}, N_2+\frac{\gamma_1 N_2\delta_2\sqrt{m_1}}{N_1 r_1}\right)$。

证明：对于平衡点$P_4\left(-\frac{\gamma_1\sqrt{m_1}}{r_1}, N_2+\frac{\gamma_1 N_2\delta_2\sqrt{m_1}}{N_1 r_1}\right)$，根据稳定性判定条件：

$$p=\frac{N_1 r_1\{\sqrt{m_2}\gamma_2+N_2[r_2+r_1(\delta_1-1)]\}+\sqrt{m_1}N_2\gamma_1[r_2\delta_2+r_1(-1+\delta_1\delta_2)]}{N_1 N_2 r_1},$$

$$q=\frac{[N_1 r_1(\sqrt{m_2}\gamma_2+N_2 r_2)+\sqrt{m_1}N_2 r_2\gamma_1\delta_2][N_1 r_1(\delta_1-1)+\sqrt{m_1}\gamma_1(-1+\delta_1\delta_2)]}{N_1^2 N_2 r_1}$$

因此，要使P_4为稳定点，则必须满足：$\delta_1>1$，$\delta_2<1$。

由于$\delta_2<1$表示在属于企业2的产品市场竞争中企业1的竞争能力没有企业2的竞争能力强。$\delta_1>1$则表示在属于企业1的产品市场竞争中企业2的竞争能力强于企业1，即企业2所投入的广告量也越大。因此，命题3-7说明当$\delta_1>1$，$\delta_2<1$时企业1没有竞争力争夺企业2的市场的同时，又不能保住自己本来的市场，最终导致企业1的倒闭，企业2获得其原本市场N_2以及从企业1争夺过来的市场$\gamma_1 N_2\delta_2\sqrt{m_1}/(N_1 r_1)$，其中该市场与企业1的广告费用投入呈同方向增长。

综合以上分析，对各平衡点及稳定性条件进行归纳，如表3-1所示。

表 3－1　　企业间的竞争平衡点及稳定条件

平衡点	稳定条件
$P_1\left(-\frac{\gamma_1\sqrt{m_1}}{r_1}, -\frac{\gamma_2\sqrt{m_2}}{r_2}\right)$	不稳定
$P_2\left(N_1+\frac{\gamma_2 N_1\delta_1\sqrt{m_2}}{N_2 r_2}, -\frac{\gamma_2\sqrt{m_2}}{r_2}\right)$	$\delta_1<1$，$\delta_2>1$
$P_3\left(N_1\frac{1-\delta_1}{1-\delta_1\delta_2}, N_2\frac{1-\delta_2}{1-\delta_1\delta_2}\right)$	$\delta_1<1$，$\delta_2<1$
$P_4\left(-\frac{\gamma_1\sqrt{m_1}}{r_1}, N_2+\frac{\gamma_1 N_2\delta_2\sqrt{m_1}}{N_1 r_1}\right)$	$\delta_1>1$，$\delta_2<1$

四　模型仿真

由于本模型主要考虑广告对产品扩散的影响，因此，为验证上述模型，我们取两家企业的自然增长率与最大的潜在市场消费者容量相同，即 $\gamma_1=\gamma_2=1.5$，$N_1=N_2=10000$。由于广告投入量与广告效率对扩散的作用是可以互补的，即要达到同样的扩散效果，在广告效率低时可以增加广告投入，在效率高时可以减少广告投入。故对于两家企业，我们取其广告投入量相同 $m_1=m_2=10000$，但广告效率分别为 $\gamma_1=1.5$，$\gamma_2=1.6$。根据以上数据，得到如图 3－5 至图3－7 所示的仿真图，其中横轴表示企业 1 的市场大小，纵轴表示企业 2 的市场大小。

如图 3－5 所示，当 $\delta_1=1/3$，$\delta_2=4$ 时，此时企业 2 对企业 1 的阻滞作用远远小于企业 1 对企业 2 的作用，虽然企业 2 的广告效率较企业 1 高，但这仍不能抵消企业 1 对企业 2 的阻滞作用，因此，最后企业 2 倒闭。图 3－7 说明的情况与图 3－5 正好相反。而图3－6 则是当 $\delta_1=1/3$，$\delta_2=1/4$，即两家企业的相互阻滞作用小且相差也很小，因此，两家企业最后实现共存。

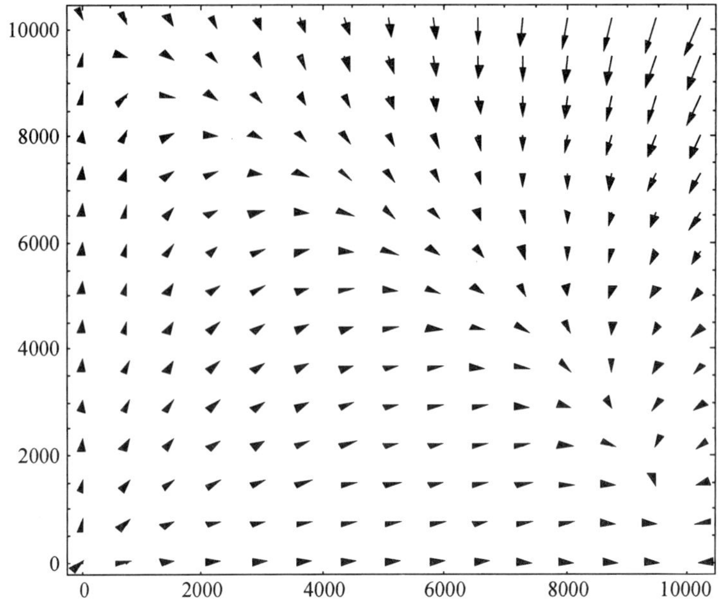

图 3-5　替代关系下 $\delta_1<1$，$\delta_2>1$ 时的轨线

通过以上分析可以看出，对于生产具有替代性产品的两家企业，追随者为了在市场上立足，前期可以采用两种策略：一是模仿领先者，这种方式的演变类似于图 3-6，使得模仿者争夺到领先者部分市场，最后实现共存。二是最大差异化，这种方式的演化类似于图 3-5 或者图 3-7，其主要目的是获得领先者的市场并完全占领，但其风险比较大，可能最终完全倒闭。同时，这也解释了为什么很多企业在进入市场时往往采用模仿策略，而在其占有一定的市场份额时，不断加大创新，采用差异化战略。

本节主要讨论对于广告媒介下具有替代关系的产品扩散动态模型，通过微分方程建立数学模型，运用向量场与相轨线图，讨论了具有不同竞争力的企业所生产的产品具有替代性时他们之间竞争的稳定状态，并进行了模型仿真，为模拟和预测动态市场结构演变及企业决策提供了理论依据。

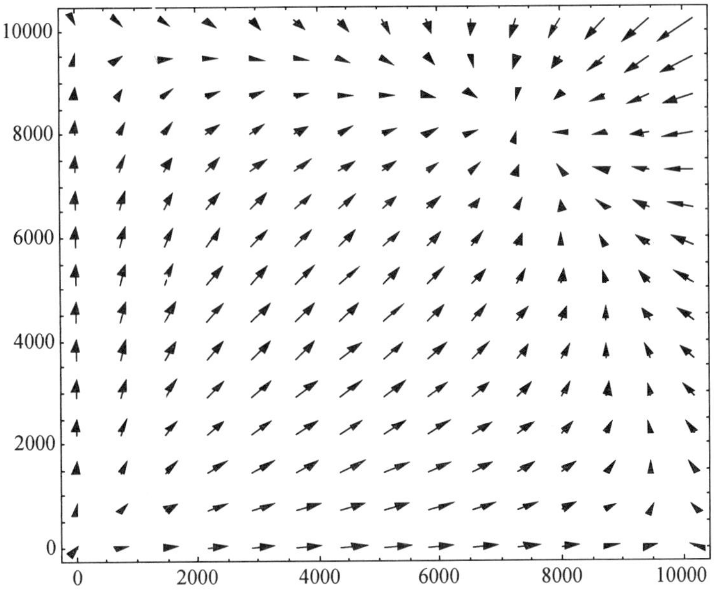

图 3-6　替代关系下 $\delta_1<1$，$\delta_2<1$ 时的轨线

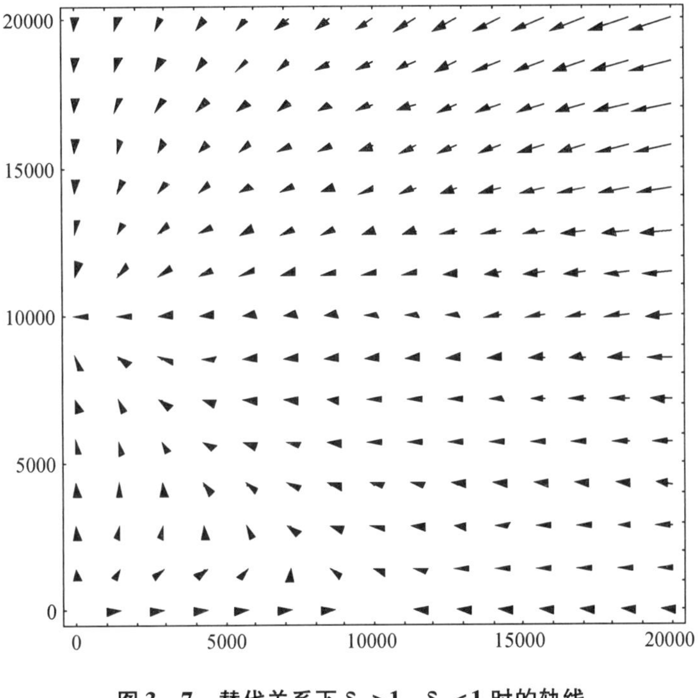

图 3-7　替代关系下 $\delta_1>1$，$\delta_2<1$ 时的轨线

第三节　广告媒介下具有互补关系的产品扩散动态模型

一　问题分析

上一节我们分析的是两家企业生产同样功能的产品，产品之间可以相互替代。而实际上，在市场中还存在着互补产品，例如照相机与胶卷、刀架与刀片等。生产互补产品的企业可以实现品牌等无形资产的共享和价值链中的一些活动的共享，这不仅能够通过优势互补、牢牢锁定共同的目标消费群来提高产品的销量，而且也能够激发顾客的新鲜感，形成更好的品牌联想，刺激消费者的需求。当两家企业生产互补的产品时，则他们的关系是一种相互共存的关系。实际上产品之间的这种互补关系可以分为三类：

（1）两种产品均有独立的市场，两者之间也可以互补，例如旅游业与旅游指南。

（2）两种产品均没有独立的市场，只有互补才有消费者市场，例如通信服务与手机。

（3）两种产品一种有独立市场，另一种没有独立市场，没有独立市场的产品必须依靠有独立市场的产品才可以生存，例如汽油与汽车。

针对以上三类互补关系，本书分别建立模型进行讨论。

二　模型建立

（一）两种产品均有独立的市场，两者之间也可以互补

由于两家生产互补产品时，企业 i 对企业 j 的消费者增长起到一定的促进作用，主要从两个方面来考虑，第一，企业 i 的固有的消费者越多，企业 j 的消费者增长速度也就越快；第二，企业 i 投入的市场广告量越大，企业 i 的消费者增加，从而促进企业 j 的消费者增加。同理，企业 1 对企业 2 也起到类似的作用。因此，此处根据式

(3-9)，添加促进因子 δ_i，表示在属于企业 i 的产品市场竞争中企业 j 的消费者及广告投入对企业 i 的市场贡献，即单位企业 j 的消费者购买企业 i 的 δ_i 个产品。

根据以上分析，得到企业 1、企业 2 的消费者增长的微分方程为：

$$\dot{d}_1(t)=f(d_1,\ d_2)=(r_1 d_1+\gamma_1\sqrt{m_1})(1-d_1/N_1+\delta_1 d_2/N_2) \tag{3-12}$$

$$\dot{d}_2(t)=g(d_1,\ d_2)=(r_2 d_2+\gamma_2\sqrt{m_2})(1-d_2/N_2+\delta_2 d_1/N_1) \tag{3-13}$$

（二）两家企业均不能独立生存

由于企业 1 和企业 2 不能独立生存，即企业 1 没有企业 2 会倒闭，企业 2 没有企业 1 也会倒闭。此处设企业 1 没有企业 2 时其顾客自然流失率为 r_1，设企业 2 没有企业 1 时其顾客流失率为 r_2。

则企业 1 单独存在时有：

$$\dot{d}_1(t)=-r_1 d_1 \tag{3-14}$$

企业 2 的市场扩张及广告促销能够为企业 1 扩张市场，因此在式（3-14）的右边加上企业 2 对企业 1 的促进作用，得到：

$$\dot{d}_1(t)=r_1 d_1(-1+\delta_1 d_2/N_2) \tag{3-15}$$

而此时企业 1 的消费者的增长又会受到自身的阻滞作用，因此式（3-14）还需添加阻滞因子一项，得到：

$$\dot{d}_1(t)=(r_1 d_1+\gamma_1\sqrt{m_1})(-1-d_1/N_1+\delta_1 d_2/N_2) \tag{3-16}$$

同时可以得到企业 2 的消费者增长微分方程：

$$\dot{d}_2(t)=(r_2 d_2+\gamma_2\sqrt{m_2})(-1-d_2/N_2+\delta_2 d_1/N_1) \tag{3-17}$$

（三）只有一家企业可以独立生存，另一家不能独立生存

当企业 1 可以独立生存，而企业 2 则依靠企业 1 来生存时，根据以上两种情况，可以得到如下微分方程组：

$$\dot{d}_1(t)=(r_1 d_1+\gamma_1\sqrt{m_1})(1-d_1/N_1+\delta_1 d_2/N_2) \tag{3-18}$$

$$\dot{d}_2(t)=(r_2 d_2+\gamma_2\sqrt{m_2})(-1-d_2/N_2+\delta_2 d_1/N_1) \tag{3-19}$$

三　模型分析

（一）两种产品均有独立的市场且互补

由于是研究两家企业广告与产品本身的共存的关系，即当 $t\to\infty$ 时 $d_1(t)$、$d_2(t)$ 的趋向，因此本书只对其平衡点进行稳定性分析。

根据微分方程式（3-12）和式（3-13），并求解方程组，我们得到四个平衡点：

$$P_1\left(-\frac{\gamma_1\sqrt{m_1}}{r_1},\ -\frac{\gamma_2\sqrt{m_2}}{r_2}\right),\ P_2\left(N_1-\frac{\gamma_2N_1\delta_1\sqrt{m_2}}{N_2r_2},\ -\frac{\gamma_2\sqrt{m_2}}{r_2}\right)$$

$$P_3\left(N_1\frac{1+\delta_1}{1-\delta_1\delta_2},\ N_2\frac{1+\delta_2}{1-\delta_1\delta_2}\right),\ P_4\left(-\frac{\gamma_1\sqrt{m_1}}{r_1},\ N_2-\frac{\gamma_1N_2\delta_2\sqrt{m_1}}{N_1r_1}\right)$$

由于两家企业生产的产品是一种互补关系，故平衡点 P_1、P_2、P_4 不是互补所产生的结果，因此重点分析平衡点 P_3。其对应的系数矩阵为：

$$A=\begin{bmatrix} f_{d_1} & f_{d_2}\\ g_{d_1} & g_{d_2}\end{bmatrix}$$

$$=\begin{bmatrix} -\dfrac{r_1d_1+\sqrt{m_1}\gamma_1}{N_1}+r_1\left(1-\dfrac{d_1}{N_1}+\dfrac{d_2\delta_1}{N_2}\right) & \dfrac{(r_1d_1+\sqrt{m_1}\gamma_1)\delta_1}{N_2}\\ \dfrac{(r_2d_2+\sqrt{m_2}\gamma_2)\delta_2}{N_1} & -\dfrac{r_2d_2+\sqrt{m_2}\gamma_2}{N_2}+r_2\left(1-\dfrac{d_2}{N_2}+\dfrac{d_1\delta_2}{N_1}\right)\end{bmatrix}$$

$$p=-(f_{d_1}+g_{d_2})\big|_{P_3},\ q=\det A\big|_{P_3}$$

$$p=\frac{-N_1\{N_2[r_1(\delta_1+1)+r_2(\delta_2+1)]+\sqrt{m_2}\gamma_2(1-\delta_1\delta_2)\}+\sqrt{m_1}N_2\gamma_1(-1+\delta_1\delta_2)}{N_1N_2(-1+\delta_1\delta_2)}$$

$$q=-\frac{[N_1r_1(\delta_1+1)+\sqrt{m_1}\gamma_1(1-\delta_1\delta_2)][N_2r_2(\delta_2+1)+\sqrt{m_2}\gamma_2(1-\delta_1\delta_2)]}{N_1N_2(-1+\delta_1\delta_2)}$$

命题 3-8：两种产品均有独立的市场，若 $\delta_1\delta_2<1$，则 $P_3[N_1(1+\delta_1)/(1-\delta_1\delta_2),\ N_2(1+\delta_2)/(1-\delta_1\delta_2)]$ 为稳定点。

证明：要使得平衡点 P_3 为稳定点，则必须满足 $p>0$，$q>0$，即有 $\delta_1\delta_2<1$。其相平面图如图 3-8 所示，$f=0$，$g=0$ 共四条直线，其中两条直线将第一象限分为四个区域：

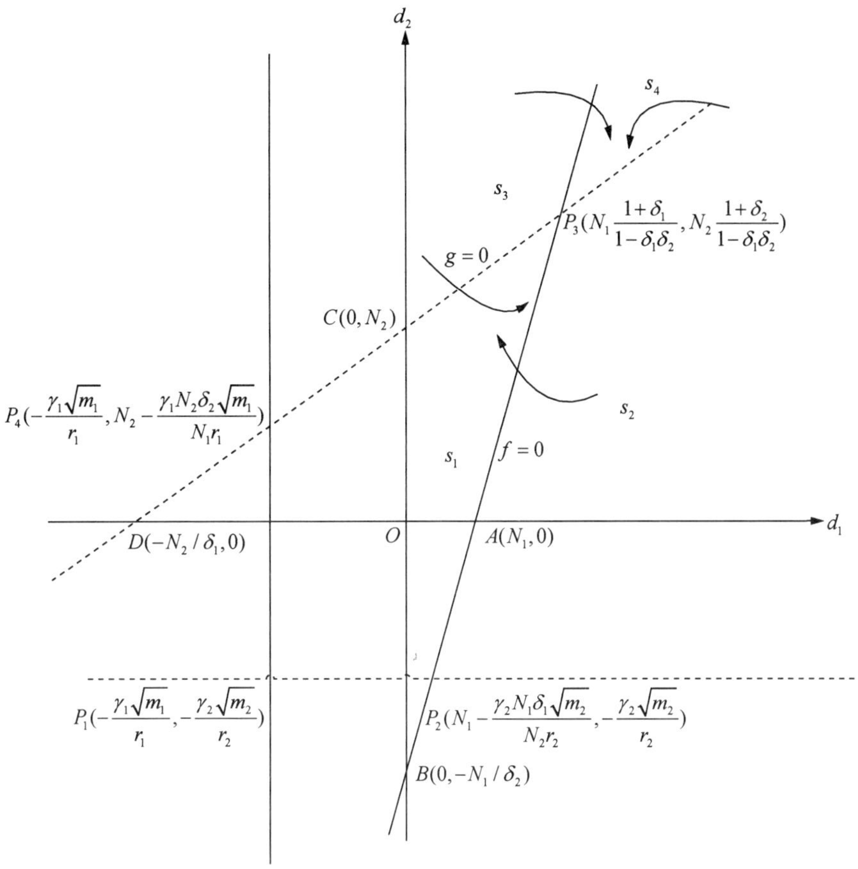

图 3－8　均有独立的市场两种产品时 P_3 稳定的相轨线

s_1：$\dot{d}_1>0$，$\dot{d}_2>0$：此时轨线从 s_1 出发，则随着时间 t 的增加轨线向右上方运动。

s_2：$\dot{d}_1<0$，$\dot{d}_2>0$：此时轨线从 s_2 出发，则随着时间 t 的增加轨线向左上方运动，从而进入 s_2，到达点 P_3。

s_3：$\dot{d}_1>0$，$\dot{d}_2<0$：此时轨线从 s_3 出发，则随着时间 t 的增加轨线向右下方运动，到达点 P_3。

s_4：$\dot{d}_1<0$，$\dot{d}_2<0$：此时轨线从 s_4 出发，则随着时间 t 的增加轨

线向左下方运动，从而进入 s_2，或者 s_3。

因此只有当 $\delta_1\delta_2<1$ 时，P_3 才稳定。

命题 3-8 说明，当两家企业中至少有一家企业对对方的消费市场的促进起到一定的限制作用，以防止对方的消费市场过分增长时，两家企业产品的消费者才会趋向于非零的有限值。

（二）两种产品均无独立的市场互补

根据微分方程式（3-16）、式（3-17），同理可得到平衡点为：

$$P_1\left(-\frac{\gamma_1\sqrt{m_1}}{r_1},\ -\frac{\gamma_2\sqrt{m_2}}{r_2}\right),\ P_2\left(-N_1-\frac{\gamma_2 N_1\delta_1\sqrt{m_2}}{N_2 r_2},\ -\frac{\gamma_2\sqrt{m_2}}{r_2}\right),$$

$$P_3\left(N_1\frac{1+\delta_1}{1-\delta_1\delta_2},\ N_2\frac{1+\delta_2}{1-\delta_1\delta_2}\right),\ P_4\left(-\frac{\gamma_1\sqrt{m_1}}{r_1},\ -N_2-\frac{\gamma_1 N_2\delta_2\sqrt{m_1}}{N_1 r_1}\right)$$

由于两家企业生产的产品是一种互补关系，故平衡点 P_1、P_2、P_4 不是互补所产生的结果，因此我们重点分析平衡点 P_3。

其对应的系数矩阵为：

$$A=\begin{bmatrix} f_{d_1} & f_{d_2} \\ g_{d_1} & g_{d_2} \end{bmatrix}$$

$$=\begin{bmatrix} -\frac{r_1 d_1+\sqrt{m_1}\gamma_1}{N_1}+r_1\left(-1-\frac{d_1}{N_1}+\frac{d_2\delta_1}{N_2}\right) & \frac{(r_1 d_1+\sqrt{m_1}\gamma_1)\delta_1}{N_2} \\ \frac{(r_2 d_2+\sqrt{m_2}\gamma_2)\delta_2}{N_1} & -\frac{r_2 d_2+\sqrt{m_2}\gamma_2}{N_2}+r_2\left(-1-\frac{d_2}{N_2}+\frac{d_1\delta_2}{N_1}\right) \end{bmatrix}$$

$p=-(f_{d_1}+g_{d_2})\mid_{P_i}$，$q=\det A\mid_{P_i}$。

对于点 $P_3\left(N_1\frac{1+\delta_1}{1-\delta_1\delta_2},\ N_2\frac{1+\delta_2}{1-\delta_1\delta_2}\right)$，有：

$$p=\frac{N_1\{N_2[r_1(\delta_1+1)+r_2(\delta_2+1)]+\sqrt{m_2}\gamma_2(-1+\delta_1\delta_2)\}+\sqrt{m_1}N_2\gamma_1(-1+\delta_1\delta_2)}{N_1N_2(-1+\delta_1\delta_2)}$$

$$q=-\frac{[N_1r_1(\delta_1+1)+\sqrt{m_1}\gamma_1(-1+\delta_1\delta_2)][N_2r_2(\delta_2+1)+\sqrt{m_2}\gamma_2(-1+\delta_1\delta_2)]}{N_1N_2(-1+\delta_1\delta_2)}$$

命题 3-9：两种产品均无独立的市场且互补时，$P_1(-\gamma_1\sqrt{m_1}/$

r_1，$-\gamma_2\sqrt{m_2}/r_2$）为平衡点。

证明：当 $\delta_1\delta_2<1$ 时，$p>0$，$q<0$，当 $\delta_1\delta_2>1$ 时，$p<0$，$q>0$。故此时平衡点 P_3 不为稳定点。通过同样的分析，可以得到无论 δ_i 取什么值，$P_1(-\gamma_1\sqrt{m_1}/r_1,\ -\gamma_2\sqrt{m_2}/r_2)$ 为平衡点。

命题 3-9 说明，对于两家不能相互独立生存的企业其产品互补的情况下，其最终的结果是两家企业最终走向倒闭。这也是两种不能相互独立生存的互补品其生产厂家通常为一家企业的原因。例如柯达公司既生产相机又生产胶卷，吉利既生产刀架又生产刀片。

（三）只有一种产品可以独立生存，另一种产品不能独立生存，两种产品互补

根据微分方程式（3-18）、式（3-19），同理可得到平衡点为：

$$P_1\left(-\frac{\gamma_1\sqrt{m_1}}{r_1},\ -\frac{\gamma_2\sqrt{m_2}}{r_2}\right),\ P_2\left(N_1-\frac{\gamma_2N_1\delta_1\sqrt{m_2}}{N_2r_2},\ -\frac{\gamma_2\sqrt{m_2}}{r_2}\right),$$

$$P_3\left(N_1\frac{1-\delta_1}{1-\delta_1\delta_2},\ N_2\frac{\delta_2-1}{1-\delta_1\delta_2}\right),\ P_4\left(-\frac{\gamma_1\sqrt{m_1}}{r_1},\ -N_2-\frac{\gamma_1N_2\delta_2\sqrt{m_1}}{N_1r_1}\right)$$

根据其稳定性条件，知点 $P_2(\delta_2<1,\ \delta_1\delta_2<1)$ 和 $P_3(\delta_1<1,\ \delta_2>1,\ \delta_1\delta_2<1)$ 为稳定点。显然，P_3 点稳定才表明两家企业的相互依存的关系。因此，我们在此重点分析点 P_3。

命题 3-10：只有一家企业可以独立生存，另一家不能独立生存，两产品互补时，若 $\delta_1<1$，$\delta_2>1$，$\delta_1\delta_2<1$，则 $P_3(N_1(1-\delta_1)/(1-\delta_1\delta_2),\ N_2(\delta_2-1)/(1-\delta_1\delta_2))$ 为稳定点。

证明：对于点 P_3，由于：

$$p=\frac{N_1\{N_2[r_1(\delta_1-1)-r_2(\delta_2-1)]+\sqrt{m_2}\gamma_2(-1+\delta_1\delta_2)\}+\sqrt{m_1}N_2\gamma_1(-1+\delta_1\delta_2)}{N_1N_2(-1+\delta_1\delta_2)}$$

$$q=\frac{[N_2r_2(\delta_2-1)+\sqrt{m_2}\gamma_2(1-\delta_1\delta_2)][N_1r_1(\delta_1-1)+\sqrt{m_1}\gamma_1(-1+\delta_1\delta_2)]}{N_1N_2(-1+\delta_1\delta_2)}$$

又 P_3 在第一象限，因此 δ_i 必须满足以下两个条件中的一个：

第一，$\delta_1<1$，$\delta_2>1$，$\delta_1\delta_2<1$

此时 $p>0$，$q>0$，相轨线如图 3－9 所示，故在此条件下 P_3 为稳定点。

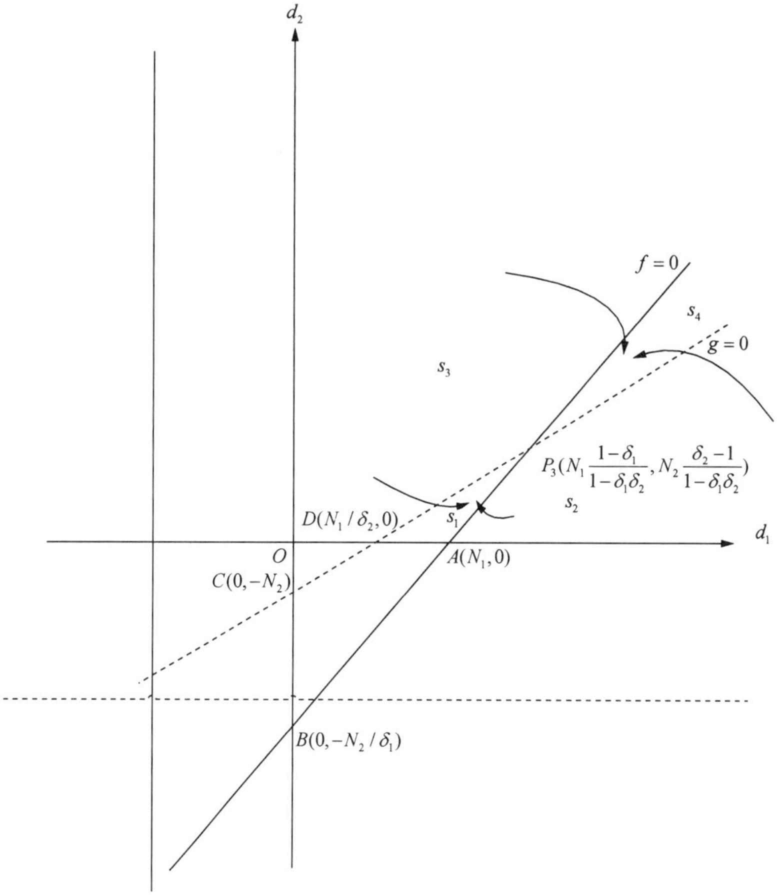

图 3－9　只有一家企业有独立的市场 $\delta_1<1$，$\delta_2>1$，$\delta_1\delta_2<1$ 时 P_3 稳定的相轨线

第二，$\delta_1>1$，$\delta_2<1$，$\delta_1\delta_2>1$

此时 $p>0$，$q<0$，相轨线如图 3－10 所示，故在此条件下 P_3 为鞍点，不稳定。

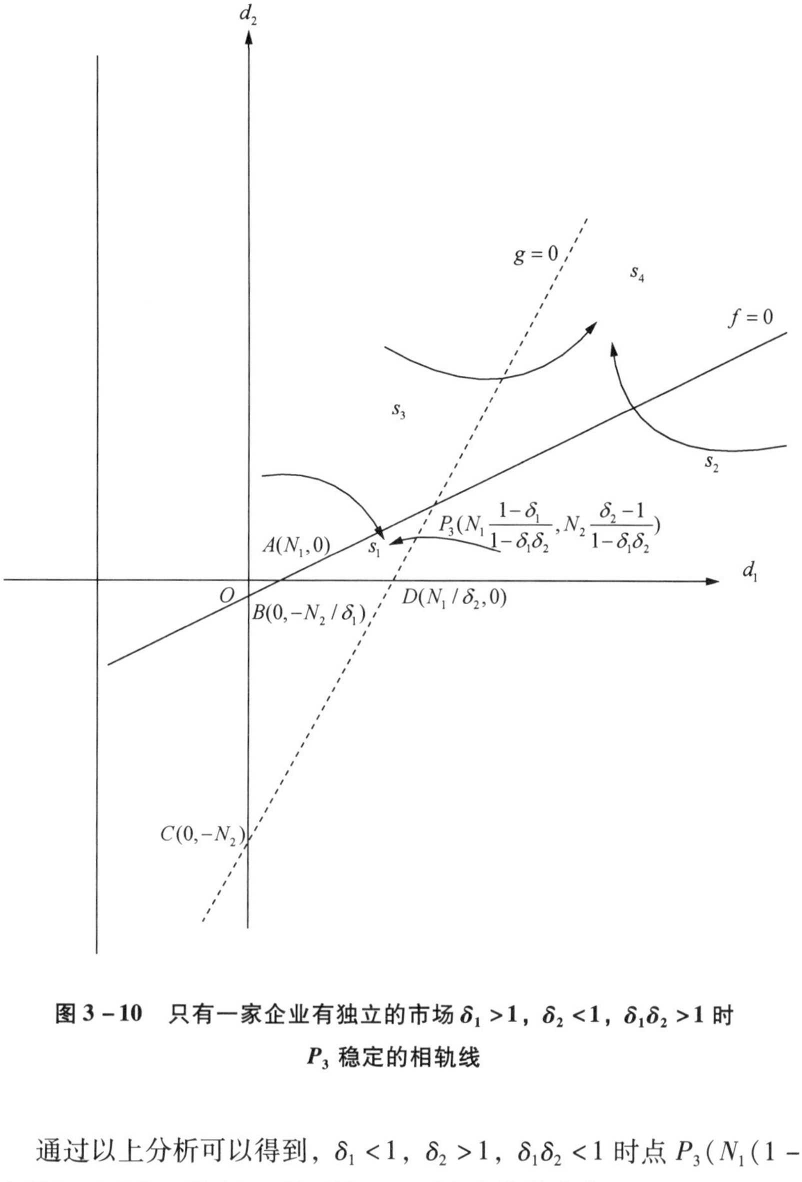

图 3-10　只有一家企业有独立的市场 $\delta_1>1$，$\delta_2<1$，$\delta_1\delta_2>1$ 时 P_3 稳定的相轨线

通过以上分析可以得到，$\delta_1<1$，$\delta_2>1$，$\delta_1\delta_2<1$ 时点 $P_3(N_1(1-\delta_1)/(1-\delta_1\delta_2)$，$N_2(\delta_2-1)/(1-\delta_1\delta_2))$ 才为稳定点。

$\delta_2>1$ 表明由于企业 2 是依靠企业 1 的发展而发展，企业 1 要为企业 2 提供足够的市场机会企业 2 才能够生存。而 $\delta_1<1$ 表明两家企业要想共存，企业 2 对企业 1 提供的资源要加以限制，以防止企业 1 的市场过分增长。

四　模型仿真

由于本模型主要考虑广告对产品扩散的影响，因此，为验证上述模型，我们取两家企业的自然增长率与最大的潜在市场消费者容量相同，即 $r_1 = r_2 = 1.5$，$N_1 = N_2 = 10000$。由于广告投入量与广告效率对扩散的作用是可以互补的，即要达到同样的扩散效果，在广告效率低时可以增加广告投入，在效率高时可以减少广告投入。故对于两家企业，我们取其广告投入量相同 $m_1 = m_2 = 10000$，但广告效率分别为 $\gamma_1 = 1.5$，$\gamma_2 = 1.6$。根据以上数据，得到如图 3－11 至图 3－13 所示的仿真图，其中横轴表示企业 1 的市场大小，纵轴表示企业 2 的市场大小。

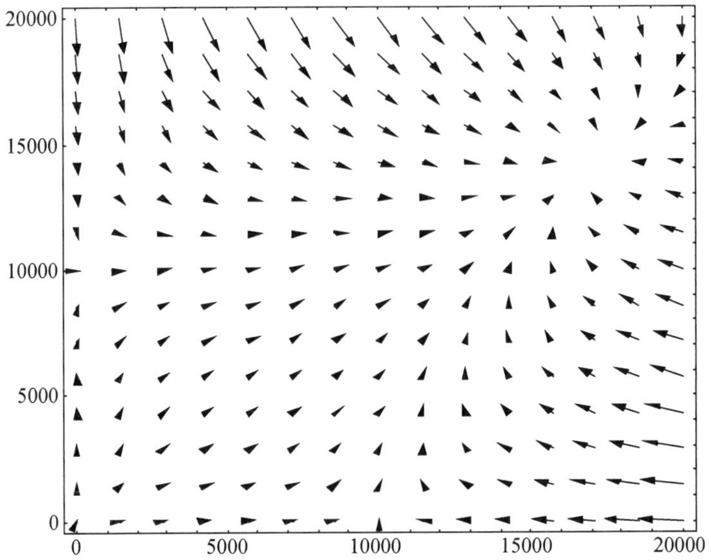

图 3－11　互补关系 1 下 $\delta_1 = 1/2$，$\delta_2 = 1/4$ 时的轨线

在互补关系 1 下，两家企业既可独立生存，也能够相互促进，最后两家企业共存于市场中，如图 3－11 所示，两家企业不仅占有了原有的市场，还获得了更大的市场。故对于两个可以相互独立于市场的企业，在其产品可以互补（相互兼容）时，两家企业均可以获

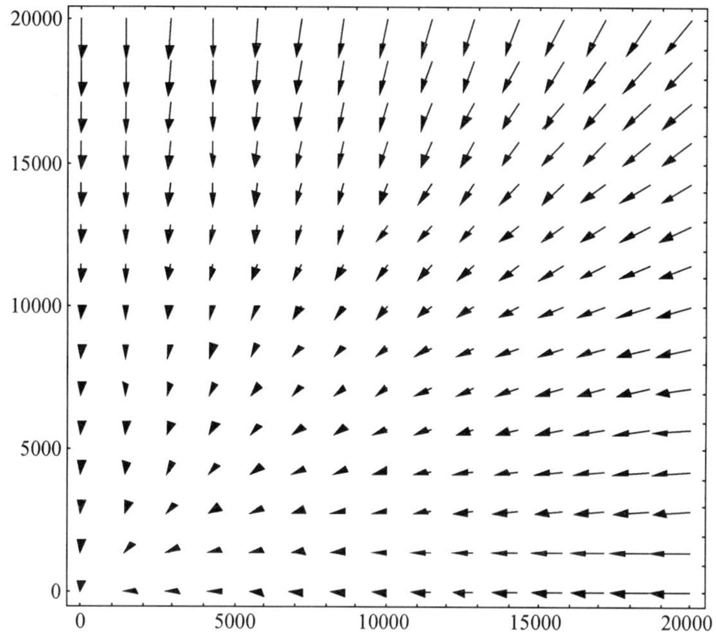

图 3－12 互补关系 2 下 $\delta_1=1/2$，$\delta_2=1/4$ 时的轨线

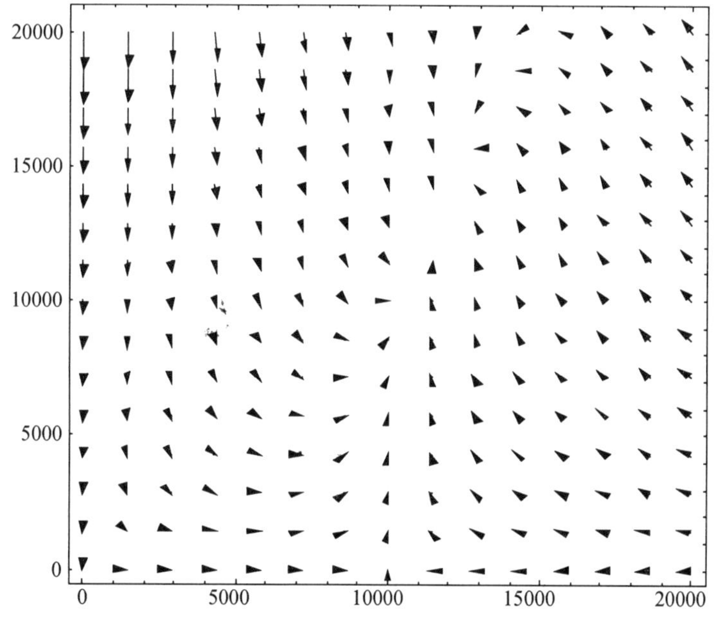

图 3－13 互补关系 3 下 $\delta_1=1/9$，$\delta_2=2$ 时的轨线

得更大的市场，因此这类企业应在同一生产标准上尽量完全兼容。在互补关系2下，两家企业必须得靠对方才能生存，两家企业此时均有“搭便车”的动机，最后的结果是两家企业均倒闭，如图3－12所示，而解决此类问题的最好办法是两家企业合并为一家企业。图3－13则反映了企业2是依靠企业1的发展而发展，只要企业1对企业2的市场贡献足够大，系统就会趋向两家企业共存的稳定状态，在这种情形下，类似于企业2的企业应与实力很强的企业合作才能生存与发展，这也解释了一些小型软件公司总是寻求与微软、苹果这样的大型IT企业合作的原因。

本节分析了在广告媒介下具有互补关系下的种产品的扩散模型，特别地将互补关系分成三种情况，即两种产品均有独立的市场，两者之间也可以互补；两种产品均没有独立的市场，只有互补才有消费者市场；两种产品一种有独立市场，另一种没有独立市场，没有独立市场的产品必须依靠有独立市场的产品才可以生存。分别就竞争及三种互补关系通过微分方程建立了产品扩散模型，运用向量场与相轨线图，讨论了各种情况下的稳定状态，并进行了模型仿真，为模拟和预测动态市场结构演变及企业决策提供了理论依据。

第四章　供应链中零售商的广告与订购量决策

供应链管理实际上是一种有效性管理，通过管理能表现出企业在战略和战术上对企业整个作业流程的整体优化。它整合并优化供应商、制造商、零售商的工作效率，能够使得商品以正确的数量、正确的品质、在正确的地点、以正确的时间、以最优的成本进行生产与销售。

作为供应链中的零售商主要是通过制造商批量购进产品并销售获得利润。由于市场的需求是不确定的，具有随机性，那么对于固定的产品成本及销售价格，零售商的最优订购量是多少才能使得其利润达到最大化？若零售商进行广告宣传，其最优广告与最优订购量又如何确定？在不同的需求分布下最优广告与最优订购量又会如何变化？这都是本章所要解决的问题。

第一节　供应链中零售商最优订购量决策模型

供应链中零售商最优订购量决策问题实质上是报童问题。经典报童问题是在不考虑缺货惩罚、风险中性的条件下求得的最优解。实际上，企业的订货往往要考虑缺货惩罚，同时，大多数决策者为损失厌恶者。报童问题在企业管理中随处可见，商业企业的订购量问题、生产企业的产出量问题都与报童问题类似，因此对报童问题的研究非常重要。

本书引进两个新的概念：①单位机会期望缺货惩罚。它是指缺货引起的单位产品的机会成本与缺货所引起收益为负的概率的乘积。②单位机会期望超量损失。它是指由于订购量大于需求量所引起的单位产品的机会成本与订购量大于需求量所引起收益为负的概率的乘积。利用这两个概念能更好地解释报童模型。

一　问题分析

报童早晨购入报纸，晚上将没有卖掉的报纸退回。单位产品的成本为 b，零售价为 a，折价处理为 c，p 为单位缺货惩罚。根据假设有：$a>b>c$。则每份报纸赚 $a-b$，退一份赔 $b-c$。设市场需求量 r 是一个非负的随机变量，其密度函数为 $f(r)$，累积密度函数为 $F(r)$。并设 $F(r)$ 在区间 I 是连续且单调递增，且存在上下界 $\inf I=0$ 与 $\sup I$。报童每天购进报纸为 θ 份，相对于需求量 r，订购量 θ 既可大于需求量 r，也可小于需求量 r。报童问题的目标是如何确定最优订购量使得报童的期望效用最大。

设报童的效用函数为：$v(x)=\begin{cases} x^{\alpha} & x\geqslant 0 \\ -\lambda(-x)^{\beta} & x<0 \end{cases}$

当 $\alpha=\beta=1$ 时，此时 $v(x)$ 被称为纯粹的损失厌恶效用函数。在本书中，报童的效用函数为纯粹的损失厌恶效用函数，且 $\lambda>1$。

二　不考虑缺货惩罚的损失厌恶报童模型

这里不考虑缺货惩罚即 $p=0$，报童为损失厌恶。则报童的收益函数为：

$$\Pi_{-}(r,\ \theta)=(a-c)r-(b-c)\theta,\ r\leqslant\theta \tag{4-1}$$

$$\Pi_{+}(r,\ \theta)=(a-b)\theta,\ r>\theta \tag{4-2}$$

令 $\Pi_{-}(r,\ \theta)=(a-c)r-(b-c)\theta=0$，得 $r_1=\dfrac{b-c}{a-c}\theta$，由于 $a>b>c$，故 $r_1>0$。由于 $b<a$，故 $r_1<\theta$。即需求量 r 在区间 $[0,\ r_1]$ 时，报童收益为负；在区间 $[r_1,\ \theta]$ 时，报童收益为正。此时报童的期望效用为：

$$E[U(\Pi(r,\ \theta))]=E[\Pi(r,\ \theta)]+(\lambda-1)\int_0^{r_1}\Pi_{-}(r,\ \theta)f(r)\mathrm{d}r \tag{4-3}$$

$$\frac{\partial E[U(\prod(r,\ \theta))]}{\partial\theta}=(a-b)(1-F(\theta))-(b-c)F(\theta)-(\lambda-1)(b-c)F(r_1) \tag{4-4}$$

$$\frac{\partial^2 E[U(\prod(r,\ \theta))]}{\partial\theta^2}=-(a-c)f(\theta)\ -(\lambda-1)\frac{(b-c)^2}{a-c}f(r_1)<0 \tag{4-5}$$

故，$E[U(\prod(r,\ \theta))]$为凹函数，因此存在 $\theta=\theta_\lambda$ 使得当报童的期望效用的一阶导数为0时，即$(a-b)(1-F(\theta_\lambda))-(b-c)F(\theta_\lambda)-(\lambda-1)(b-c)F(\frac{b-c}{a-c}\theta_\lambda)=0$ 时，$E[U(\prod(r,\ \theta))]$达到最大值。

命题 4-1：不考虑缺货惩罚的报童问题，θ_λ 为损失厌恶报童最优订购量，θ_1 为风险中性报童最优订购量，有 $\lim\limits_{(a-b)\to+\infty}\theta_\lambda=\sup I$，$\lim\limits_{(a-b)\to 0}\theta_\lambda=\inf I$，$\lim\limits_{(b-c)\to+\infty}\theta_\lambda=\inf I$，$\lim\limits_{(b-c)\to 0}\theta_\lambda=\sup I$，且 $\partial\theta_\lambda/\partial\lambda<0$。

证明：当报童为风险中性时，即 $\lambda=1$，其最优订购量 θ_1 满足：

$$(a-b)(1-F(\theta_1))-(b-c)F(\theta_1)=0 \tag{4-6}$$

当报童为损失厌恶时，由于 $\lambda>1$，故$(\lambda-1)(b-c)F\left(\frac{b-c}{a-c}\theta_\lambda\right)>0$ 恒成立，因此有 $F(\theta_\lambda)<F(\theta_1)$，而 $F(x)$为单调递增函数，故有 $\theta_\lambda<\theta_1$，即在不考虑缺货惩罚时，损失厌恶的报童的最优订购量小于风险中性的报童订购量。

当批发价与退货费用的差价$(b-c)\to 0$ 时，$F(\theta_\lambda)\to 1$，即报童趋向于订购 $\theta_\lambda\to\sup I$。

当批发价与退货费用的差价$(b-c)\to+\infty$ 时，$F(\theta_\lambda)\to 0$，即报童趋向于订购 $\theta_\lambda\to\inf I$。

当零售价与批发价的差价$(a-b)\to 0$ 时，$F(\theta_\lambda)\to 0$，即报童趋向于订购 $\theta_\lambda\to\inf I$。

当零售价与批发价的差价$(a-b)\to+\infty$ 时，$F(\theta_\lambda)\to+\infty$，即报童趋向于订购 $\theta_\lambda\to\sup I$。

两边关于 λ 对 θ_λ 求导：

$\frac{\partial\theta_\lambda}{\partial\lambda}=-\frac{(b-c)F(r_1)}{f(\theta^*)(a-c)+(\lambda-1)\frac{(b-c)^2}{a-c}f(r_1)}<0$，即最优订购

量随着风险系数的增加而减少。

三 考虑缺货惩罚的损失厌恶报童模型

现实生活中经常会有因为失去销售机会、停工待料而造成损失以及不能履行合同而交纳的罚款等，这些都是缺货惩罚，因此由于缺货而引起的损失不可忽略。在上述模型的基础上，本节考虑缺货惩罚。

报童的收益函数为：

$$\prod_{-}(r,\ \theta)=(a-c)r-(b-c)\theta,\ r\leqslant\theta \tag{4-7}$$

$$\prod_{+}(r,\ \theta)=(a-b+p)\theta-pr,\ r>\theta \tag{4-8}$$

对于式（4-7），令$\prod_{-}(r,\ \theta)=(a-c)r-(b-c)\theta=0$时，得$r_1(\theta)=(b-c)\theta/(a-c)$，由于$a>b>c$，故$r_1(\theta)>0$。由于$b<a$，故$r_1(\theta)<\theta$。即需求量$r$在区间$[0,\ r_1(\theta)]$时，报童收益为负；在区间$[r_1(\theta),\ \theta]$时，报童收益为正。

对于式(4-8)，令$\prod_{+}(r,\ \theta)=(a-b+p)\theta-pr=0$，即$r_2(\theta)=(a-b+p)\theta/p$，即当$r>\theta$时，盈亏平衡点为$r_2(\theta)$。

假设a，b，c，p满足不等式$a-b+p-(a-c+p)F[(b-c)\sup I/(a-c)]>0$，且常数$k=\{a-b+p-(a-c+p)F[(b-c)\sup I/(a-c)]\}/(b-c)F[(b-c)p\sup I/(a-c)(a-b+p)]$，很明显$k>0$。

命题4-2：当$1<\lambda\leqslant k+1$时，存在$\theta'_\lambda\in(p\sup I/(a-b+p),\ \sup I)$，使得报童期望效益最大化；当$\lambda>k+1$时，存在$\theta'_\lambda\in(0,\ p\sup I/(a-b+p))$，使得报童期望效益最大化；$\partial\theta'_\lambda/\partial p>0$。

证明：当$r_2(\theta)=(a-b+p)\theta/p<\sup I$时，即当$\theta\leqslant p\sup I/(a-b+p)$时报童收益在需求区间$(\theta,\ r_2(\theta)]$为正，在区间$(r_2(\theta),\ \sup I)$为负，如图4-1所示。此时期望效益为：

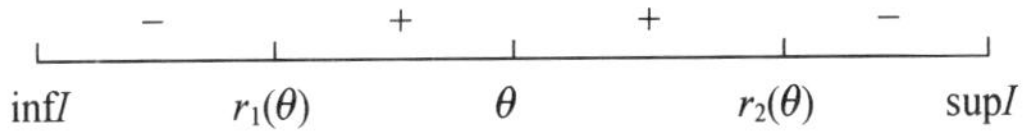

图4-1 报童在不同需求区间的收益

$$E[U(\prod(r,\ \theta))] = E[\prod(r,\ \theta)] + (\lambda - 1)\Big[\int_0^{r_1} \prod_-(r,\ \theta)f(r)\mathrm{d}r + \int_{r_2}^{\sup I} \prod_+(r,\ \theta)f(r)\mathrm{d}r\Big] \tag{4-9}$$

$$\partial E[U(\pi(r,\ \theta))]/\partial\theta = (a-b+p)(1-F(\theta)) - (b-c)F(\theta) + (\lambda-1)[(a-b+p)(1-F(r_2)) - (b-c)F(r_1)] \tag{4-10}$$

由以上式子可以得到：

$\partial E[U(\prod(r,\ 0))]/\partial\theta = \lambda(a-b+p) > 0$，

$$\partial^2 E[U(\prod(r,\ \theta))]/\partial\theta^2 = -(a+p-c)f(\theta) - (\lambda-1)[(a+p-b)^2 f(r_2)/p + (b-c)^2 f(r_1)/(a-c)] < 0$$

当 $r_2(\theta) = (a-b+p)\theta/p \geqslant \sup I$ 时，即当 $\theta \geqslant p\sup I/(a-b+p)$ 时报童收益在需求量区间$(p\sup I/(a-b+p),\ \sup I)$均为正，在此情况下，式(4-9)中 $\int_{r_2}^{\sup I} \prod_+(r,\ \theta)f(r)\mathrm{d}r$ 不存在。若 $\sup I = +\infty$，则$r_2(\theta) = (a-b+p)\theta/p \geqslant \sup I$ 时的情况不存在。此时期望效益为：

$$E[U(\prod(r,\ \theta))] = E[\prod(r,\ \theta)] + (\lambda-1)\int_0^{r_1} \prod_-(r,\ \theta)f(r)\mathrm{d}r \tag{4-11}$$

$$\partial E[U(\prod(r,\ \theta))]/\partial\theta = (a-b+p)(1-F(\theta)) - (b-c)F(\theta) + (\lambda-1)[(a-b+p)(1-F(r_2)) - (b-c)F(r_1)] \tag{4-12}$$

$$\partial E[U(\prod(r,\ \sup I))]/\partial\theta = -(b-c) - (\lambda-1)(b-c)F(r_1) < 0$$

$$\partial^2 E[U(\prod(r,\ \theta))]/\partial\theta^2 = -(a+p-c)f(\theta) - (\lambda-1)[(a+p-b)^2 f(r_2)/p + (b-c)^2 f(r_1)/(a-c)] < 0$$

由以上可以看出，在两种情况下 $E[U(\prod(r,\ \theta))]$始终为凹函数。

当 $\lambda = 1$ 时，即报童为风险中性时，其最优订购量 θ_1 满足：

$$(a-b+p)(1-F(\theta_1)) - (b-c)F(\theta_1) = 0 \tag{4-13}$$

1. 当 $1 < \lambda \leqslant k+1$ 时

对于式（4-10），由于

$k=[a-b+p-(a-c+p)F((b-c)\sup I/(a-c))]/(b-c)F[(b-c)p\sup I/(a-c)(a-b+p)]>0$，因此有 $\partial E[U(\prod(r,\ p\sup I/(a-b+p)))]/\partial\theta\geqslant 0$，且 $\partial E[U(\prod(r,\ 0))]/\partial\theta>0$，

故此时最优订购量 $\theta'_\lambda=p\sup I/(a-b+p)$，$\partial\theta'_\lambda/\partial p=(a-b)\sup I/(a-b+p)^2>0$

对于式(4－12)，有 $\partial E[U(\prod(r,\ p\sup I/(a-b+p)))]/\partial\theta\geqslant 0$，且 $\partial E[U(\prod(r,\ \sup I))]/\partial\theta<0$，因此存在 $\theta'_\lambda\in[p\sup I/(a-b+p),\ \sup I]$ 使得当

$$(a-b+p)-(a-c+p)F(\theta'_\lambda)-(\lambda-1)(b-c)F(r_1)=0 \tag{4-14}$$

时，$E[U(\prod(r,\ \theta'_\lambda))]$ 达到最大值。

对于式(4－14)两边关于 p 求导,有

$$\partial\theta'_\lambda/\partial p=(1-F(\theta'_\lambda))/(f(\theta'_\lambda)(a+p-c)+(\lambda-1)(b-c)^2f(r_1)/(a-c))>0$$

2. 当 $\lambda>k+1$ 时

对于式(4－10)，有 $\partial E[U(\prod(r,\ p\sup I/(a-b+p)))]/\partial\theta\leqslant 0$，且 $\partial E[U(\prod(r,\ 0))]/\partial\theta>0$，因此存在 $\theta'_\lambda\in(0,\ p\sup I/(a-b+p)]$ 使得当

$$(a-b+p)(1-F(\theta'_\lambda))-(b-c)F(\theta'_\lambda)+(\lambda-1)[(a-b+p)(1-F(r_2))-(b-c)F(r_1)]=0 \tag{4-15}$$

成立时，$E[U(\prod(r,\ \theta))]$ 最大。

两边关于式（4－15）求导，有

$$\partial\theta'_\lambda/\partial p=(1-F(\theta_\lambda')+(\lambda-1)((1-F(r_2))+(a-b+p)(a-b)\theta'_\lambda f(r_2)/p^2))/f(\theta_\lambda')(a+p-c)+(\lambda-1)[f(r_2)(a-b+p)^2/p+f(r_1)(b-c)^2/(a-c)]>0$$

对于式(4－12)，有 $\partial E[U(\prod(r,\ p\sup I/(a-b+p)))]/\partial\theta<0$，且 $\partial E[U(\prod(r,\ \sup I))]/\partial\theta<0$。故此时：$\theta'_\lambda=p\sup I/(a-b+p)$，$\partial\theta'_\lambda/\partial p=(a-b)\sup I/(a-b+p)^2>0$。

命题4－3：当$\theta \geqslant p\sup I/(a-b+p)$时：若$\lambda<k+1$，$\partial\theta'_{\lambda}/\partial\lambda<0$，$\theta'_{\lambda}<\theta_1$；若$\lambda>k+1$，$\partial\theta'_{\lambda}/\partial\lambda=0$。当$\theta\leqslant p\sup I/(a-b+p)$时：若$\lambda>k+1$，则当$(a-b+p)(1-F(r_2))>(b-c)F(r_1)$时，有$\partial\theta'_{\lambda}/\partial\lambda>0$且$\theta'_{\lambda}>\theta_1$，当$(a-b+p)(1-F(r_2))=(b-c)F(r_1)$时，有$\partial\theta'_{\lambda}/\partial\lambda=0$且$\theta'_{\lambda}=\theta_1$，当$(a-b+p)(1-F(r_2))<(b-c)F(r_1)$时，有$\partial\theta'_{\lambda}/\partial\lambda<0$且$\theta'_{\lambda}<\theta_1$；若$\lambda<k+1$，$\partial\theta'_{\lambda}/\partial\lambda=0$。

证明：(1)当$\theta\geqslant p\sup I/(a-b+p)$时，若$\lambda<k+1$，对于式(4－14)两边关于$\lambda$对$\theta'_{\lambda}$求导：$\partial\theta'_{\lambda}/\partial\lambda=-(b-c)F(r_1)/(f(\theta^*)(a+p-c)+(\lambda-1)(b-c)^2f(r_1)/(a-c))<0$，若$\lambda>k+1$，$\theta'_{\lambda}=p\sup I/(a-b+p)$，$\partial\theta'_{\lambda}/\partial\lambda=0$。(2)当$\theta\leqslant p\sup I/(a-b+p)$时，若$\lambda<k+1$，$\theta'_{\lambda}=p\sup I/(a-b+p)$，$\partial\theta'_{\lambda}/\partial\lambda=0$；若$\lambda>1+k$。对于式(4－15)两边关于$\lambda$对$\theta'_{\lambda}$求导：

$$\partial\theta'_{\lambda}/\partial\lambda=((a-b+p)(1-F(r_2))-(b-c)F(r_1))/f(\theta^*)(a+p-c)+(\lambda-1)[f(r_2)(a-b+p)^2/p+f(r_1)(b-c)^2/(a-c)]$$

在此定义单位机会期望缺货惩罚$(a-b+p)(1-F(r_2))$，它是指当需求量超过订购量时所引起的单位缺货产品的期望效用损失，是缺货引起的单位产品的机会成本与缺货时收益为负的概率的乘积；单位机会期望超量损失$(b-c)F(r_1)$，它是指当订购量超过需求量的单位产品所引起的期望效用损失，是当需求量小于订购量所引起的单位产品的机会成本与需求量小于订购量时收益为负的概率的乘积。

①当$(a-b+p)(1-F(r_2))>(b-c)F(r_1)$时，$\partial\theta'_{\lambda}/\partial\lambda>0$。由式(4－13)、式(4－15)得$F(\theta'_{\lambda})>F(\theta_1)$，由于$F$单调递增，故有$\theta'_{\lambda}>\theta_1$。在此情况下，单位机会期望缺货惩罚大于单位机会期望超量损失，损失厌恶风险系数越大，缺货惩罚比超量损失引起的期望效用损失就越大，因此最优订购量就应该相应地增大。

②当$(a-b+p)(1-F(r_2))=(b-c)F(r_1)$时，$\partial\theta'_{\lambda}/\partial\lambda=0$，$F(\theta'_{\lambda})=F(\theta_1)$，此时$\theta'_{\lambda}=\theta_1$。此时单位机会期望缺货惩罚等于单位机会期望超量损失，最优订购量与风险系数大小无关，与风险中性时的最优订购量相同。

③当$(a-b+p)(1-F(r_2))<(b-c)F(r_1)$时，$\partial\theta'_\lambda/\partial\lambda<0$。$F(\theta'_\lambda)<F(\theta_1)$，由于 F 单调递增，故有 $\theta'_\lambda<\theta_1$。在此情况下，单位机会期望缺货惩罚小于单位机会期望超量损失，损失厌恶风险系数越大，超量损失比缺货惩罚引起的期望效用损失就越大，因此最优订购量就应该相应地减少，避免订购量超过需求量。

假设市场需求在区间$[a_0, b_0]$呈均匀分布，且报童为风险中性，那么根据式（4-13）得到：

$$\theta_1^* = \frac{(a-b+p)(b_0-a_0)}{a-c+p} + a_0 \qquad (4-16)$$

将式（4-16）代入式（4-9）得到报童的最优利润为：

$$E^*(\Pi) = \frac{p(\theta_1^*-b_0)^2+(a-c)(\theta_1^*-a_0)^2+2(a-b)(a_0-b_0)}{2(a_0-b_0)}$$

第二节 供应链中零售商最优订购量与广告决策模型

一 问题分析

上节分析了零售商的最优订购量的问题，本节将在此基础之上分析零售商联合广告与订购量的最优决策问题。在此设 m 为广告总投资额，零售商为风险中性，即 $\lambda=1$。

令 r'为零售商做广告后产品总的需求量，是一个与广告投资总额相关的随机变量，其均值与方差分别为μ'和 δ'。设 r'是关于 m 的凹的增函数，且存在一个上界。$f'(r')$为 r'的概率密度函数，$F'(r')$为 r'的累积分布函数。

$CV=\delta/\mu$ 表示需求量的变异系数，根据 Hadley 和 Whitin（1963），设

$$E(r')=\mu+\mu w m^{\alpha} \qquad (4-17)$$

其中，μ 为未做广告前的市场需求的均值，w 和 α 均为常量，是广告效率的指标，且 $0\leqslant\alpha\leqslant1$。而 $w=0$ 则意味着广告对产品的市

场需求没有任何影响。可见，对任意的 $w>0$，α 越大，则广告所引起的需求就越多，如图 4－2 所示。

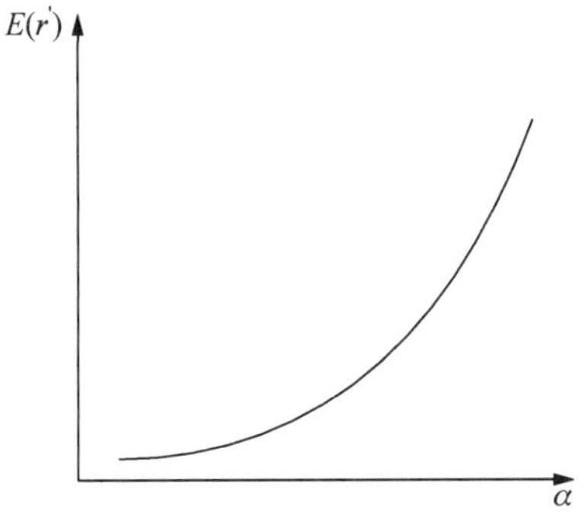

图 4－2　需求量与 α 的关系示意情况

二　模型建立

根据式（4－10），可以得到零售商在此情况下的期望利润：

$$E[\prod(\theta,\ m)]=(a+p-b)\int_{\theta}^{+\infty}\theta f(r')\mathrm{d}r-p\int_{\theta}^{+\infty}r'f(r')\mathrm{d}r'+(a-c)\int_{0}^{\theta}r'f(r')\mathrm{d}r-(b-c)\int_{0}^{\theta}\theta f(r')\mathrm{d}r'-m \tag{4-18}$$

由于广告对市场的影响，产品的需求也随之发生变化，相对于没有广告之前，有以下两种情况：

（一）广告增加了需求量的均值，但没有改变需求量的方差

由于广告只改变了均值而未改变方差，因此根据式（4－18）的一阶条件：

$$(a-b+p)(1-F(\theta-\mu wm^{\alpha}))-(b-c)F(\theta-\mu wm^{\alpha})=0 \tag{4-19}$$

得到最优订购量满足式：$F(\theta^{*}-\mu wm^{\alpha})=\dfrac{a-b+p}{a-c+p}$

从而得到：

$$\theta^* = \mu w m^{\alpha} + \theta_1^* \qquad (4-20)$$

其中 θ_1^* 为缺货惩罚时风险中性的报童最优订购量。

命题 4－4：若广告只改变需求量的均值，没改变方差，则最优广告为 $m^* = [(a-b)\alpha\mu w]^{1/(1-\alpha)}$，最优订购量为：$\theta^* = \mu w[(a-b)\alpha\mu w]^{\alpha/(1-\alpha)} + \theta_1^*$。

证明：将式（4－20）代入式（4－18），关于 m 求导，并令 $\partial E(\pi)/\partial m = 0$，得到：

$$m^* = [(a-b)\alpha\mu w]^{1/(1-\alpha)} \qquad (4-21)$$

将式（4－21）代入式（4－20）可得最优订购量：

$$\theta^* = \mu w[(a-b)\alpha\mu w]^{\alpha/(1-\alpha)} + \theta_1^* \qquad (4-22)$$

由命题 4－4 可以看出，由于 $1/(1-\alpha) > 1$，因此最优广告费用随着单位产品的边际利润、原市场的需求的平均值的增加而增加。

当需求量服从均匀分布时，由于未做广告前报童的需求量分布区间为 $[a_0, b_0]$，设做广告后其分布区间为 $[a', b']$，根据式（4－17）得到区间下界为 $a' = a_0 + \mu w m^{\alpha}$，上界为 $b' = b_0 + \mu w m^{\alpha}$，其中 $\mu = (b_0 - a_0)/2$。根据式（4－22）可以得到：

最优广告投入量为：

$$m^* = \left[\frac{(a-b)(b_0-a_0)\alpha w}{2}\right]^{1/(1-\alpha)} \qquad (4-23)$$

最优订购量为：

$$\theta^* = \frac{w(b_0-a_0)[(a-b)\alpha(b_0-a_0)w]^{\alpha/(1-\alpha)}}{2^{1/(1-\alpha)}} + \frac{(a-b+p)(b_0-a_0)}{a-c+p} + a_0$$

（二）广告使得需求量的均值与方差均改变，但其变异系数没有改变

由于变异系数没有改变，故有：

$$\delta' = \delta(1 + w m^{\alpha}) \qquad (4-24)$$

当需求量服从均匀分布时，做广告后其分布区间下界为 $a' = a_0 + a_0 w m^{\alpha}$，上界为 $b' = b_0 + b_0 w m^{\alpha}$，根据式（4－22）可得到最优订购

量为：

$$\theta^{*}=(1+wm^{\alpha})\theta_1^{*}=(1+wm^{\alpha})\left[a_0+\frac{a+p-b}{a+p-c}(b_0-a_0)\right] \quad (4-25)$$

将式（4－25）代入式（4－18），对 m 求导，并令其一阶导数为0，得到：

$$m^{*}=\left[\frac{\alpha w[(a+p-c)(\theta_1^{*2}-a_0^2)-p(b_0-a_0)^2]}{2(b_0-a_0)}\right]^{1/(1-\alpha)} \quad (4-26)$$

三 模型仿真

设产品的零售价 $a=12$，批发价 $b=8$，成本 $c=6$，单位缺货惩罚 $p=1$，广告效率的两个参数 $\alpha=0.6$，$\omega=0.003$。其中无广告时需求量在区间［500，10000］服从均匀分布，计算结果如表4－1所示。

表4－1 不同情况下的零售商广告决策最优结果

	无广告投入时	广告只改变需求均值	广告改变需求均值与方差
最优订购量	7285.71	7285.84	10114.4
最优广告水平	—	6840.14	3311.26
最优利润	14214.3	15781.8	16421.8

由表4－1可以看出，广告的投入使得零售商的利润增加。当广告效率参数较小时，对于广告只对需求均值有影响的这种情况，最优订购量几乎不受广告的影响，但其利润却增加了。其主要原因是广告虽然没有使得订购量增加，但对市场需求有一定的影响，使得缺货惩罚与未销售完而引起的退货损失之和的期望损失减少，从而使得总的利润增加。若广告对需求均值与方差均有影响时，此时广告不但增加了市场需求，而且也使得零售商的订购量增加，虽然此时的广告水平较前者低，但利润却较前者高。

本章考虑了缺货惩罚与损失厌恶的报童模型，给出了在损失厌恶系数不同时，其最优订购量的取值区间，引入了单位机会期望缺货惩罚、单位机会期望超量损失，利用这两个概念讨论了最优订购量与损失厌恶系数关系，并证明了最优订购量随着单位缺货惩罚的增加而增加。在此基础之上，从广告对市场影响的两个方面来研究了零售商广告与订购量的联合最优决策问题，给出了最优广告水平与最优订购量，最后用模型仿真说明了广告对零售商的影响。

第五章 供应链中单制造商与单零售商的价格与广告决策

供应链上下游企业间的合作广告是实现纵向协调的一种手段，由制造商承担零售商一部分广告费用的广告合作形式，其本质是两个公司之间的财务安排，规定了互惠推销成本如何分摊。根据广告定位策略，这类广告一般为渠道定位，即针对产品的配套销售渠道来建立产品位置的定位方法。在集中决策时，最优广告水平与最优产品价格该如何确定？在制造商做广告或者零售商做广告的情况下最优广告水平与最优产品价格又该如何确定？那么是不是存在一种最优广告分摊比例使得制造商与零售商利润都较前两种情况下的利润大呢？

实际上，从采购原材料开始，到制成中间产品和最终产品，最后由销售网络把产品卖到消费者手中的将供应商、制造商、分销商、零售商，直到最终用户连成一个整体的功能物流供应链。对于供应链中的制造商与零售商协调问题，如何使得双方收益最大化，有很多学者做了很多相关的研究，但大多数集中在价格制定方面（Jeuland and Shugan，1983；Moorthy，1987；Ingene and Parry，1995a，1995b）。而关于供应链的广告协调研究较少。相当多的学者均是在制造商博弈框架下只对合作广告的研究（Berger，1972，1973，1992；Dutta et al.，1995；Fulop，1998；Somers et al.，1990；Young and Greyser，1983）。Doraiswamy 等（1979）研究了单位产品固定折扣下的供应链广告策略。Corstjens 和 Lal（1989）、Bergen 和 John（1997）考虑了广告分摊下的供应链合作广告策略，其中，零售商决定广告总费用的分摊比例。Jorgensen 以及 Yue 等都讨论了一个两个成员的供应链上联合广告费用对销售量的短期与长期的影响。Jorgensen 等（2000，2003）将制造商对零售商的广告费用的分摊共分为四种类型，即只分摊短期、只分摊长期、短期与长期都分摊、短期与长期都不分摊，得出短期与长期都分摊最有利于制造商的利润最大化，而分摊的利润又高于不分摊的利润。Yue 等（2006）则计算得到了最优化的分摊比例、零售价格和营销费用。胡本勇和彭其渊（2008）对制造商投资研发、零售商投资广告优势互补的异质型供应链合作问题进行了研究。傅强和曾顺秋（2008）研究了随机需求情形下的合作广告问题，考察了 Stackerberg 主从博弈和合作博弈时制造商与零售商的最优广告策略及零售商的最优订货策略，比较了不同博弈均衡下的策略选择及供应链期望利润，探讨了市场需求随机性对制造商与零售商广告投入水平的抑制作用，最后利用 Nash 讨价还价理论对合作利润进行了分配。王圣东和周永务（2008）考虑了带有直营店和代理商两种营销模式的随机合作广告问题，分别建立了分散决策和集中控制下制造商和代理商的最优广告决策模型，分析了需求的随机性及直营店的营销模式对供应链双方广告决策的影响，并给出了一个基于地方促销广告费用分摊的策略。林英晖和屠梅曾（2005）建立了制造商与零售商之间合作广告的 Stackerberg 博弈模型，分别探讨了单阶段与多阶段两种情况下的博弈均衡。王磊（2005）则在其基础之上把研究扩展到单一制造商和多个竞争性的零售商的情况，认为零售商的商品需求量除了受到自己的广告投入影响还受到竞争者广告投入的影响。

第一节　制造商领导下单零售商的供应链的无广告决策模型

本节不考虑回收物流，只考虑一位制造商与一位零售商的供应链情形。主要研究在什么情况下可以使得制造商、零售商利益达到最大化，优化物流供应链。

考虑两种情形，一种是集中决策模型，将制造商与零售商看作一个整体，系统决策以整体最大化利益为目标［如图5－1（a）所示］；另一种是分散决策模型，制造商与零售商均看作是以各自利益为最大化的个体［如图5－1（b）所示］。

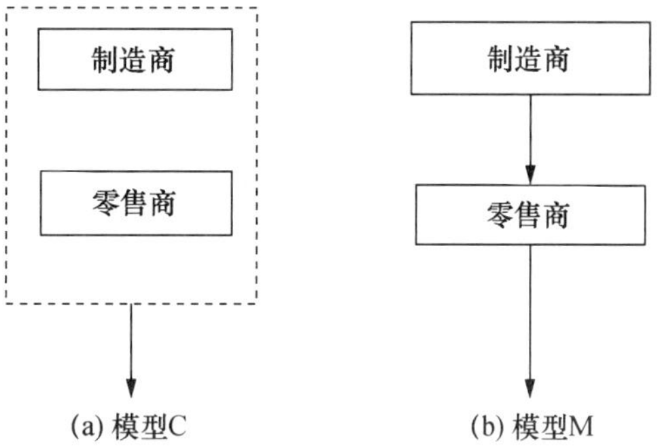

图5－1　无回收供应链的决策模型

一　模型假设

设 p 为产品零售价，w 表示制造商给零售商的单位产品批发价，$D(p)$ 表示产品需求量，为价格的函数。单位产品的制造成本为 c。假设需求量是价格的线性函数，即 $D(p)=\phi-\beta p$。其中 ϕ 为市场基数，β 表示价格敏感系数。记 $\prod_i^j$ 表示在广告模式 i 下 j 的利润，其中 $i=C$、F 分别表示广告集中决策模式、分散决策模式；$j=T$、R、M 分别表示供应链整体、零售商、制造商。

二　集中决策模型

由于只有一个决策者，此时批发价格 w 与目标函数无关，决策者只需要决定产品的定价 p。故此模型的利润函数为：

$$\max \prod_C=(\phi-\beta p)(p-c) \tag{5-1}$$

对目标函数关于 p 二阶求导有：$\partial^2\prod_C/\partial p^2=-\beta<0$。

因此，$\prod_C$ 是关于 p 的凹函数。因此存在最优价格 p_C^*，使得在集中决策下的总利润最大。

令其一阶导数为0，则有：

$$-2\beta p+\beta c+\phi=0 \tag{5-2}$$

得到最优定价：$p_C^*=\dfrac{\phi+\beta c}{2\beta}$，市场需求量：$D_C^*=\dfrac{\phi-\beta c}{2}$，最优利润：$\prod_C^{T*}=\dfrac{(\phi-\beta c)^2}{4\beta}$。

三　分散决策模型

在分散决策模型中，制造商与零售商分别以各自最大化利益为目标，故在本模型中有两位决策者。

对于制造商，其所面临的问题是如何选择产品批发价格，使得其利润最大。零售商所面临的问题是如何确定产品销售价格，使得其利润最大。

作为领头的制造商，决策过程为：在 Stackerberg 博弈决策框架下，零售商根据自己的目标函数以及制造商的反应函数确定销售价格，制造商根据零售商的决策确定批发价，决策模型为：

$$\max_{w>0}\prod_F^M=(\phi-\beta p)(w-c)$$

$$s.t.\quad p\in \operatorname{argmax}\prod_F^R=(\phi-\beta p)(p-w) \tag{5-3}$$

由于$\prod_F^M$，$\prod_F^R$均为凹函数，根据一阶条件：

制造商的最优批发价格$w_F^*=\dfrac{\phi+\beta c}{2\beta}$，最优利润$\prod_F^{M*}=\dfrac{(\phi-\beta c)^2}{8\beta}$。

零售商的最优售价$p_F^*=\dfrac{3\phi+\beta c}{4\beta}$，最优利润$\prod_F^{R*}=\dfrac{(\phi-\beta c)^2}{16\beta}$。市场需求量为：$D_F^*=\dfrac{\phi-\beta c}{4}$，分散决策模型下的总体利润为：$\prod_F^{T*}=\dfrac{3(\phi-\beta c)^2}{16\beta}$。

四　比较分析

由上可以得到如表5－1所示的结果。

表 5－1　　两种决策方式下的结果比较

	p	w	Π^R	Π^M	Π^T
集中决策	$\frac{\phi+\beta c}{2\beta}$				$\frac{(\phi-\beta c)^2}{4\beta}$
分散决策	$\frac{3\phi+\beta c}{4\beta}$	$\frac{\phi+\beta c}{2\beta}$	$\frac{(\phi-\beta c)^2}{16\beta}$	$\frac{(\phi-\beta c)^2}{8\beta}$	$\frac{3(\phi-\beta c)^2}{16\beta}$

通过表 5－1 可以看到，分散决策模型中的零售价明显高于集中决策模型，$\frac{3\phi+\beta c}{4\beta}-\frac{\phi+\beta c}{2\beta}=\frac{\phi-\beta c}{4\beta}$，零售价的升高导致需求减少 $\frac{\phi-\beta c}{4\beta}$，最后导致总体利润减少$\frac{(\phi-\beta c)^2}{4\beta}-\frac{3\ (\phi-\beta c)^2}{16\beta}=\frac{(\phi-\beta c)^2}{16\beta}$。

究其原因，主要是因为在分散决策模型中，制造商的利润函数不仅与批发价相关，还与零售商决策的售价 p 有关，零售商为了使自己利润最大化，使得零售价增高从而导致需求量减少，最终导致总体利润减少（$\phi-\beta c)^2/(16\beta)$，如图 5－2 所示。

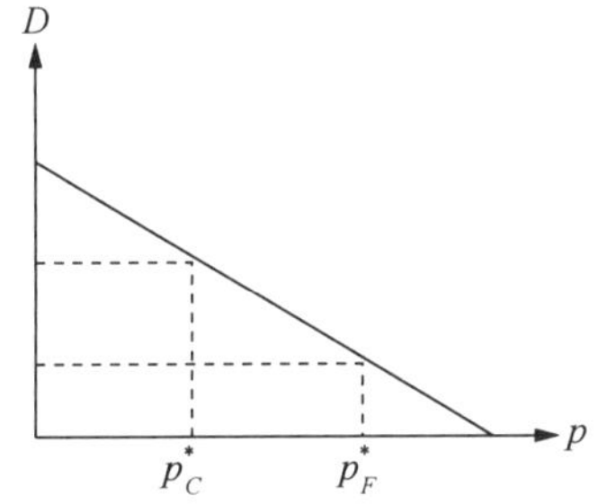

图 5－2　两种决策方式对总体利润的影响

五　供应链中利润最优分配

由比较分析可见，分散决策由于价格增加，不仅使得消费者不能受益，也使得制造商与零售商的总体利润减少了。那么，在集中决策下，制造商与零售商若作为两个个体，为使两者之间更好地合作，很明显的方法就是两者之间签订一个合同，即利润分配合同。

在此合同中，要保证各方所得利润不得小于分散决策下的双方利润，即：

$$\Pi^{M} \geqslant \frac{(\phi-\beta c)^{2}}{8\beta},\ \Pi^{R} \geqslant \frac{(\phi-\beta c)^{2}}{16\beta}$$

假设集中决策下的总体利润分配给制造商的比例为 ζ，则零售商分配比例为 $1-\zeta$，于是有：

$$\begin{cases} \dfrac{(\phi-\beta c)^{2}}{4\beta}\zeta \geqslant \dfrac{(\phi-\beta c)^{2}}{8\beta} \\ \dfrac{(\phi-\beta c)^{2}}{4\beta}(1-\zeta) \geqslant \dfrac{(\phi-\beta c)^{2}}{16\beta} \end{cases} \tag{5-4}$$

解不等式（5-4）得到：

$$\frac{1}{2} \leqslant \zeta \leqslant \frac{3}{4} \tag{5-5}$$

即只要合同保证所分配利润比例 $\zeta \in [1/2,\ 3/4]$ 即可使双方较分散决策模式下所获得的利润大。而此时的比例差额等于 $\Pi^{*C} - \Pi_{T}^{*M} = (\phi-\beta c)^{2}/(16\beta)$。也就是说，在集中决策下的合同中，制造商与零售商的合同面临的问题是如何分配这个差额利润。

六 模型仿真

取 $\phi=10000$，$\beta=100$，$c=10$，在分散决策下，制造商利润为101250，零售商利润为50625，总体利润为151875。而集中决策的总体利润为202500。制造商与零售商以集中决策模式进行决策，其利润按照合同保证制造商所分配利润比例 $\zeta \in [1/2,\ 3/4]$，若 $\zeta=1/2$，则制造商利润仍为101250，零售商利润为101250；若 $\zeta=3/4$，则制造商利润增长至151875，零售商利润仍为50625，因此，此时至少会使得其中一方利润得到增长而不减少另一方利润，即按照集中决策时的利润分配合同，实现了帕累托改进。

第二节　制造商领导下单零售商的供应链的广告决策模型

一　模型假设

假设1：设 p 为产品零售价，w 表示制造商给零售商的单位产品批发价。单位产品的制造成本为 c。

假设2：$D(p)$ 表示产品需求量，假设无广告投入时需求量是价格的线性函数，即 $D(p)=\phi-\beta p$。其中 ϕ 为市场基数，其中 $\beta\geqslant 0$ 为常数，为需求关于价格的敏感因子，表示价格每增加一个单位，需求量则减少 β 单位。若广告投入水平为 m，则需求量是关于价格和广告投入水平的函数，即 $D(p, m)=\phi-\beta p+\gamma m$，其中 $\gamma>0$ 表示需求关于广告的效率因子。广告效率因子不仅与广告本身制作有关，也与市场环境相关，例如越分散的广大消费者，则广告效率就越低。对于投入水平 m 的广告，其费用为 $m^2\kappa/2$，其中 κ 为广告成本因子。

假设3：称 γ^2/κ 为广告的性价比。为保证制造商与零售商的利润为非负且有最优解，此处假设广告性价比满足 $\gamma^2/\kappa<4\beta/3$。此假设表明广告的作用要小于价格对市场需求的作用，与实际相比，基本相符。

假设4：记 Π_i^j 表示在广告模式 i 下 j 的利润，其中 $i=C$、M、R、X 分别表示广告集中决策模式、广告由制造商决策模式、广告由零售商决策模式、广告按比例分摊模式；$j=T$、R、M 分别表示供应链整体、零售商、制造商。

二　集中决策广告模型

在集中决策时，无论是制造商做广告还是零售商做广告，批发价与目标函数无关。设其广告水平为 m。

则市场需求量为：$D(p, m)=\phi-\beta p+\gamma m$

总体利润函数为：$\max\limits_{p>0, m>0}\Pi_C=(p-c)(\phi-\beta p+\gamma m)-m^2\kappa/2$

其中，$\beta \geqslant 0$ 为常数，为需求关于价格的敏感因子，表示价格每增加一个单位，需求量则减少 β 单位。$\gamma > 0$ 表示需求关于广告的效率因子。广告效率因子不仅与广告本身制作有关，也与市场环境相关，例如越分散的广大消费者，则广告效率就越低。对于投入水平 m 的广告，其费用为 $m^2\kappa/2$，其中 κ 为广告成本因子。

集中决策的情况与单制造商的价格与广告联合静态决策模型一样，此时有：

$$m_C^* = \frac{\gamma(c\beta - \phi)}{\gamma^2 - 2\beta\kappa},\ p_C^* = \frac{\gamma^2 c - c\beta\kappa - \kappa\phi}{\gamma^2 - 2\beta\kappa},\ \prod\nolimits_C^{T*} = \frac{(\phi - \beta c)^2\kappa}{-2\gamma^2 + 4\beta\kappa},\ D_C^* = \frac{\beta\kappa(c\beta - \phi)}{\gamma^2 - 2\beta\kappa}$$

三 分散决策制造商广告模型

在分散决策模型中，制造商与零售商分别以各自利益最大化为目标，故在本模型中有两位决策者。

对于制造商，其所面临的问题是如何选择产品批发价格及广告水平，使得其利润最大化。零售商所面临的问题是如何确定产品销售价格，使得其利润最大化。

作为领头的制造商，决策过程为：在 Stackerberg 博弈决策框架下，零售商根据自己的目标函数以及制造商的反应函数确定销售价格，制造商根据零售商的决策确定批发价及广告水平，决策模型为：

$$\max_{w,m\geqslant 0} \prod\nolimits_M^M = (w - c)(\phi - \beta p + \gamma m) - m^2\kappa/2$$

$$s.t.\quad p \in \operatorname{argmax} \prod\nolimits_M^R = (p - w)(\phi - \beta p + \gamma m) \tag{5-6}$$

采用逆向归纳法求解这个博弈问题。首先考虑制造商给定批发价 w 与广告水平 m 的情况下，零售商的最优选择。零售商的问题是：

$$\max_{p>0} \prod\nolimits_M^R = (p - w)(\phi - \beta p + \gamma m)$$

$\partial^2 \prod_M^R / \partial p^2 = -2\beta < 0$，因此存在着最优反应函数使得零售商利润最大。其最优化的一阶条件意味着：$\partial \prod_M^R / \partial p = m\gamma + \phi + \beta w - 2\beta p = 0$。

即零售商的反应函数为：

$$s_r(w,\ m)=\tilde{p}^*=\frac{m\gamma+\phi+\beta w}{2\beta} \tag{5-7}$$

制造商预测到零售商将根据 $s_r(w,\ m)$ 选择 p，制造商在第一阶段的问题是：

$$\max_{w,m\geqslant 0}\prod\nolimits_M^M=(w-c)\left(\phi-\beta\frac{m\gamma+\phi+\beta w}{2\beta}+\gamma m\right)-m^2\kappa/2$$

由于 $\frac{\partial^2\prod_M^M}{\partial w^2}=-\beta<0,\frac{\partial^2\prod_M^M}{\partial m^2}=-\kappa<0,\frac{\partial^2\prod_M^M}{\partial m^2}\frac{\partial^2\prod_M^M}{\partial w^2}-\left(\frac{\partial^2\prod_M^M}{\partial w\partial m}\right)^2=-\frac{\gamma^2}{4}+\beta\kappa>0$，即 $\prod_M^M$ 是关于批发价 w 与广告水平 m 的严格凹函数，因此有最优解（w，m）使得制造商利润最大化。其一阶条件为：

$$\partial\prod\nolimits_M^M/\partial w=-(w-c)\beta/2+m\gamma+(-w\beta-m\gamma-\phi)/2+\phi=0$$

$$\partial\prod\nolimits_M^M/\partial m=(w-c)\gamma/2-m\kappa=0$$

解得：$w_M^*=\frac{-c\gamma^2+2c\beta\kappa+2\kappa\phi}{4\beta\kappa-\gamma^2}$，$m_M^*=\frac{\gamma(\phi-c\beta)}{4\beta\kappa-\gamma^2}$。将 m_M^*、w_M^* 代入 $s_r(w,\ m)$ 得：$p_M^*=\frac{-c\gamma^2+c\beta\kappa+3\kappa\phi}{4\beta\kappa-\gamma^2}$，产品需求量为：$D_M^*=\frac{\beta\kappa(\phi-c\beta)}{-\gamma^2+4\beta\kappa}$。将 m_M^*、w_M^*、p_M^* 代入式（5－6）得到：$\prod_M^{M*}=\frac{\kappa(c\beta-\phi)^2}{2(-\gamma^2+4\beta\kappa)}$，$\prod_M^{R*}=\frac{\beta\kappa^2(c\beta-\phi)^2}{(\gamma^2-4\beta\kappa)^2}$。

零售商与制造商利润之和为：$\prod_M^{T*}=\frac{\kappa(c\beta-\phi)^2(-\gamma^2+6\beta\kappa)}{2(\gamma^2-4\beta\kappa)^2}$。

四　分散决策零售商广告模型

零售商选择做广告，在此分散决策模型中，制造商与零售商分别以各自利益最大化为目标，故在本模型中有两位决策者。

对于制造商，其所面临的问题是如何选择产品批发价格，使得其利润最大化。零售商所面临的问题是如何确定产品销售价格及广告水平，使得其利润最大化。

作为领头的制造商，决策过程为：在 Stackerberg 博弈决策框架下，零售商根据自己的目标函数以及制造商的反应函数确定销售价格及广告水平，制造商根据零售商的决策确定批发价，决策模型为：

$$\max_{w\geqslant 0}\prod\nolimits_R^M=(w-c)(\phi-\beta p+\gamma m)$$

$$s.t.\quad p,\ m\in \operatorname{argmax}\prod\nolimits_R^R=(p-w)(\phi-\beta p+\gamma m)-m^2\kappa/2 \tag{5-8}$$

采用逆向归纳法求解这个博弈问题。首先考虑制造商给定批发价 w 情况下，零售商的最优选择。零售商的问题是：

$$\max_{p,m>0}\prod\nolimits_R^R=(p-w)(\phi-\beta p+\gamma m)-m^2\kappa/2$$

由于$\frac{\partial^2\Pi_R}{\partial p^2}=-2\beta<0$，$\frac{\partial^2\Pi_R}{\partial m^2}=-\kappa<0$，$\frac{\partial^2\Pi_R}{\partial m^2}\frac{\partial^2\Pi_R}{\partial w^2}-\left(\frac{\partial^2\Pi_R}{\partial w\partial m}\right)^2=-\gamma^2+2\beta\kappa>0$。即$\Pi_R$是关于零售价 p 与广告水平 m 联合严格凹函数，因此有最优解$(p,\ m)$使得制造商利润最大化。其一阶条件为：$\partial\prod_R^R/\partial p=-p\beta-(p-w)\beta+m\gamma+\phi=0$，$\partial\prod_R^R/\partial m=(p-w)\gamma-m\kappa=0$

解得：$p_R^*=\frac{w\gamma^2-w\beta\kappa-\kappa\phi}{2\beta\kappa-\gamma^2}$，$m_R^*=\frac{w\beta\gamma-r\phi}{2\beta\kappa-\gamma^2}$

那么制造商在第一阶段的问题是：

$$\max_{w\geqslant 0}\prod\nolimits_R^M=(w-c)\left(\phi-\beta\frac{w\gamma^2-w\beta\kappa-\kappa\phi}{2\beta\kappa-\gamma^2}+\gamma\frac{w\beta\gamma-r\phi}{2\beta\kappa-\gamma^2}\right)$$

由于$\frac{\partial^2\Pi_R^M}{\partial w^2}=\frac{2\kappa\beta^2}{\gamma^2-2\beta\kappa}<0$，因此存在 w_r^* 使得制造商利润最大化。解其一阶条件：$\frac{\partial\Pi_R^M}{\partial w}=\frac{\beta\kappa(c\beta-2w\beta+\phi)}{-\gamma^2+2\beta\kappa}=0$，

解得：$w_R^*=\frac{\phi+c\beta}{2\beta}$。

将 w_R^* 代入 p_R^*、m_R^* 得：$p_R^*=\frac{c\kappa\beta^2+3\beta\kappa\phi-\gamma^2\phi-c\beta\gamma^2}{4\kappa\beta^2-2\beta\gamma^2}$，$m_R^*=\frac{\gamma(\phi-\beta c)}{4\beta\kappa-2\gamma^2}$。

因此得到：$D_R^*=\frac{\beta\kappa(\phi-\beta c)}{4\beta\kappa-2\gamma^2}$。将 w_R^*、p_R^*、m_R^* 代入式(5-8)，得到：$\Pi_R^{M*}=\frac{\kappa(c\beta-\phi)^2}{4(-\gamma^2+2\beta\kappa)}$，$\Pi_R^{R*}=\frac{\kappa(c\beta-\phi)^2}{8(-\gamma^2+2\beta\kappa)}$，$\Pi_R^{T*}=\frac{3\kappa(\phi-c\beta)^2}{8(-\gamma^2+2\beta\kappa)}$。

五　分散决策按比例分摊广告模型

以上两部分中广告投入要么全部由制造商承担，要么全部由零售商承担，那么在制造商与零售商之间，是否存在某个最优广告比例，即是否存在一种最优广告合同，使得两者的利润都可以最大化？在此，假设制造商决定广告承担比例，零售商选择广告水平。

在分散决策模型中，制造商与零售商分别以各自利益最大化为目标，故在本模型中有两位决策者。

对于制造商，其所面临的问题是如何选择产品批发价格及广告承担比例，使得其利润最大化。零售商所面临的问题是如何确定产品销售价格及广告水平，使得其利润最大化。

作为领头的制造商，决策过程为：在Stackerberg博弈决策框架下，零售商根据自己的目标函数以及制造商的反应函数确定销售价格及广告水平，制造商根据零售商的决策确定批发价及广告承担比例，决策模型为：

$$\max_{w,\lambda\geqslant 0}\prod_X^M=(w-c)(\phi-\beta p+\gamma m)-(1-\lambda)m^2\kappa/2$$

$$s.t.\quad p,\ m\in \operatorname{argmax}\prod_X^R=(p-w)(\phi-\beta p+\gamma m)-\lambda m^2\kappa/2 \quad (5-9)$$

对于式（5－9），采用逆向归纳法求解这个博弈的均衡。首先考虑制造商在给定批发价 w、λ 情况下，零售商的最优选择。零售商的问题是：

$$\max_{p,m>0}\prod_X^R=(p-w)(\phi-\beta p+\gamma m)-\lambda m^2\kappa/2$$

由于$\dfrac{\partial^2\prod_X^R}{\partial p^2}=-2\beta<0$，$\dfrac{\partial^2\prod_X^R}{\partial m^2}=-\kappa\lambda<0$，$\dfrac{\partial^2\prod_X^R}{\partial m^2}\dfrac{\partial^2\prod_X^R}{\partial p^2}-\left(\dfrac{\partial^2\prod_X^R}{\partial p\partial m}\right)^2=-\gamma^2+2\beta\kappa\lambda$，因此当 $-\gamma^2+2\beta\kappa\lambda>0$ 时，$\prod_X^R$ 是关于零售价 p 与广告水平 m 严格凹函数，因此有最优解$(p,\ m)$使得制造商利润最大化。

根据其一阶条件，求得：

$$p_X^*=\frac{w\gamma^2-w\beta\kappa\lambda-\kappa\lambda\phi}{2\beta\kappa\lambda-\gamma^2},\quad m_X^*=\frac{w\beta\gamma-r\phi}{2\beta\kappa\lambda-\gamma^2}$$

那么制造商在第一阶段的问题是：

$$\max_{w,\lambda\geqslant 0}\prod_X^M=(w-c)(\phi-\beta\frac{w\gamma^2-w\beta\kappa\lambda-\kappa\lambda\phi}{2\beta\kappa\lambda-\gamma^2}+$$

$$\gamma \frac{w\beta\gamma - r\phi}{2\beta\kappa\lambda - \gamma^2}) - (1-\lambda)\left(\frac{w\beta\gamma - r\phi}{2\beta\kappa\lambda - \gamma^2}\right)^2 \kappa/2$$

$$4\beta\gamma^2\kappa^2(w\beta - \phi)\beta c(\gamma^2 - 2\beta\kappa\lambda) +$$

由于 $\frac{\partial^2 \Pi_X^M}{\partial \lambda^2} = -\frac{(\gamma^2 + \beta\kappa(1-3\lambda))\phi + \beta w(-2\gamma^2 + \beta\kappa(3+\lambda))}{(\gamma^2 - 2\beta\kappa\lambda)^4}$，$\frac{\partial^2 \Pi_X^M}{\partial w^2} = -\frac{\beta^2\kappa(\gamma^2(1-3\lambda) + 4\beta\kappa\lambda^2)}{(\gamma^2 - 2\beta\kappa\lambda)^2}$，$\frac{\partial^2 \Pi_X^M}{\partial w \partial \lambda} = -\frac{\beta^2\kappa(\gamma^2(1-3\lambda) + 4\beta\kappa\lambda^2)}{(\gamma^2 - 2\beta\kappa\lambda)^2}$。假设 Π_X^M 是关于批发价 w 与分摊比例 λ 严格凹函数，即存在 w^*、λ^* 使得制造商利润最大化，则根据其一阶条件得到：$w_X^* = \frac{-6c\beta\gamma^2 + 8c\beta^2\kappa - 3\gamma^2\phi + 8\beta\kappa\phi}{\beta(-9\gamma^2 + 16\beta\kappa)}$，$\lambda^* = \frac{2}{3}$。此时 $\frac{\partial^2 \Pi_X^R}{\partial m^2}\frac{\partial^2 \Pi_X^R}{\partial p^2} - \left(\frac{\partial^2 \Pi_X^R}{\partial p \partial m}\right)^2 > 0$，$\frac{\partial^2 \Pi_X^M}{\partial \lambda^2} < 0$，$\frac{\partial^2 \Pi_X^M}{\partial w^2} < 0$，$\frac{\partial^2 \Pi_X^M}{\partial \lambda^2}\frac{\partial^2 \Pi_X^M}{\partial w^2} - \left(\frac{\partial^2 \Pi_X^M}{\partial w \partial \lambda}\right)^2 > 0$，因此以上两个假设条件成立。

将 w_X^*、λ^* 代入 p_X^*、m_X^* 中得到：

$$p_X^* = \frac{-6c\beta\gamma^2 + 4c\beta^2\kappa - 3\gamma^2\phi + 12\beta\kappa\phi}{\beta(-9\gamma^2 + 16\beta\kappa)},\quad m_X^* = \frac{6\gamma(\phi - c\beta)}{-9\gamma^2 + 16\beta\kappa}。$$

此时 $D_X^* = \frac{4\beta\kappa(\phi - \beta c)}{16\beta\kappa - 9\gamma^2}$，从而得到：$\Pi_X^{M*} = \frac{2\kappa(\phi - \beta c)^2}{-9\gamma^2 + 16\beta\kappa}$，$\Pi_X^{R*} = \frac{4\kappa(-3\gamma^2 + 4\beta\kappa)(\phi - \beta c)^2}{(-9\gamma^2 + 16\beta\kappa)^2}$，$\Pi_X^{T*} = \frac{6\kappa(-5\gamma^2 + 8\beta\kappa)(\phi - \beta c)^2}{(-9\gamma^2 + 16\beta\kappa)^2}$。

六　比较分析

根据以上分析结果，得到表 5－2。

表 5－2　制造商领导下的单零售商的供应链四种情形下的结果比较

	制造商广告	零售商广告	按比例分摊广告	广告集中决策
p	$\frac{-c\gamma^2 + c\beta\kappa + 3\kappa\phi}{4\beta\kappa - \gamma^2}$	$\frac{c\kappa\beta^2 + 3\beta\kappa\phi - \gamma^2\phi - c\beta\gamma^2}{4\kappa\beta^2 - 2\beta\gamma^2}$	$\frac{-6c\beta\gamma^2 + 4c\beta^2\kappa - 3\gamma^2\phi + 12\beta\kappa}{\beta(-9\gamma^2 + 16\beta\kappa)}$	$\frac{\gamma^2 c - c\beta\kappa - \kappa\phi}{\gamma^2 - 2\beta\kappa}$
w	$\frac{-c\gamma^2 + 2c\beta\kappa + 2\kappa\phi}{4\beta\kappa - \gamma^2}$	$\frac{\phi + c\beta}{2\beta}$	$\frac{-6c\beta\gamma^2 + 8c\beta^2\kappa - 3\gamma^2\phi + 8\beta\kappa\phi}{\beta(-9\gamma^2 + 16\beta\kappa)}$	

续表

	制造商广告	零售商广告	按比例分摊广告	广告集中决策
m	$\frac{\gamma(\phi-c\beta)}{4\beta\kappa-\gamma^2}$	$\frac{\gamma(\phi-\beta c)}{4\beta\kappa-2\gamma^2}$	$\frac{6\gamma(\phi-c\beta)}{-9\gamma^2+16\beta\kappa}$	$\frac{\gamma(c\beta-\phi)}{\gamma^2-2\beta\kappa}$
D	$\frac{\beta\kappa(\phi-c\beta)}{-\gamma^2+4\beta\kappa}$	$\frac{\beta\kappa(\phi-\beta c)}{4\beta\kappa-2\gamma^2}$	$\frac{4\beta\kappa(\phi-\beta c)}{16\beta\kappa-9\gamma^2}$	$\frac{\beta\kappa(c\beta-\phi)}{\gamma^2-2\beta\kappa}$
Π^M	$\frac{\kappa(c\beta-\phi)^2}{2(-\gamma^2+4\beta\kappa)}$	$\frac{\kappa(c\beta-\phi)^2}{4(-\gamma^2+2\beta\kappa)}$	$\frac{2\kappa(\phi-\beta c)^2}{-9\gamma^2+16\beta\kappa}$	
Π^R	$\frac{\beta\kappa^2(c\beta-\phi)^2}{(\gamma^2-4\beta\kappa)^2}$	$\frac{\kappa(c\beta-\phi)^2}{8(-\gamma^2+2\beta\kappa)}$	$\frac{4\kappa(-3\gamma^2+4\beta\kappa)(\phi-\beta c)^2}{(-9\gamma^2+16\beta\kappa)^2}$	
Π^τ	$\frac{\kappa(c\beta-\phi)^2(-\gamma^2+6\beta\kappa)}{2(\gamma^2-4\beta\kappa)^2}$	$\frac{3\kappa(\phi-c\beta)^2}{8(-\gamma^2+2\beta\kappa)}$	$\frac{6\kappa(-5\gamma^2+8\beta\kappa)(\phi-\beta c)^2}{(-9\gamma^2+16\beta\kappa)^2}$	$\frac{(\phi-\beta c)^2\kappa}{-2\gamma^2+4\beta\kappa}$

其中，按比例分摊广告模型中，广告费用的最优分摊比例 $\lambda^*=2/3$。

命题 5－1：在假设 3 条件下，有 $m_C^*>m_X^*>m_R^*>m_M^*$。

证明：因为 $m_M^*=\frac{\gamma(\phi-c\beta)}{4\beta\kappa-\gamma^2}<\frac{\gamma(\phi-\beta c)}{4\beta\kappa-2\gamma^2}=m_R^*$，而 $m_X^*-m_R^*=\frac{3(-\gamma^2+8/3\beta\kappa)}{2(-9\gamma^2+16\beta\kappa)(-\gamma^2+2\beta\kappa)}>0$，故有 $m_X^*>m_R^*>m_M^*$。又 $m_X^*-m_C^*=\frac{3\gamma^2-4\beta\kappa}{(-9\gamma^2+16\beta\kappa)(-\gamma^2+2\beta\kappa)}$，因此，当 $4\beta/3>\gamma^2/\kappa$ 时，有 $m_X^*<m_C^*$。

命题 5－1 表明，集中决策时广告投入量最大，而分散决策中，共同分摊广告费用的情形广告投入量最大，制造商做广告时广告投入量最小。

命题 5－2：在假设 3 条件下，当 $\gamma^2/\kappa<\beta$ 时，$p_X^*>p_M^*>p_R^*>p_C^*$；当 $\beta<\gamma^2/\kappa<4\beta/3$ 时，$p_X^*>p_C^*>p_R^*>p_M^*$。

证明：根据表 5－2 得到：

$$p_X^*-p_M^*=\frac{3\gamma^2(\phi-\beta c)(\gamma^2+\beta\kappa)}{\beta(-9\gamma^2+16\beta\kappa)(-\gamma^2+4\beta\kappa)}>0$$

$$p_X^*-p_C^*=\frac{(\phi-\beta c)(3\gamma^4-9\beta\kappa\gamma^2+8\beta^2\kappa^2)}{\beta(-9\gamma^2+16\beta\kappa)(-\gamma^2+2\beta\kappa)}>0$$

$$p_C^* - p_M^* = \frac{2\kappa(-\gamma^2+\beta\kappa)(c\beta-\phi)}{(2\kappa\beta-\gamma^2)(4\beta\kappa-\gamma^2)}$$

$$p_M^* - p_R^* = \frac{\gamma^2(\gamma^2-\beta\kappa)(c\beta-\phi)}{2\beta(2\kappa\beta-\gamma^2)(4\beta\kappa-\gamma^2)}$$

$$p_C^* - p_R^* = -\frac{(-\gamma^2+\beta\kappa)(c\beta-\phi)}{2\beta(2\kappa\beta-\gamma^2)}。$$

因此，当 $\gamma^2/\kappa<\beta$ 时，$p_X^*>p_M^*>p_R^*>p_C^*$；当 $\beta<\gamma^2/\kappa<4\beta/3$ 时，$p_X^*>p_C^*>p_R^*>p_M^*$。

命题 5－2 表明，分散决策中共同分摊广告费用的情形产品价格最高，而另外两种情形下产品的价格则取决于广告的性价比。

命题 5－3：在假设 3 条件下，当 $4\beta/3>\gamma^2/\kappa>2\beta/3$ 时，$w_X^*>w_M^*>w_R^*$；当 $\gamma^2/\kappa<2\beta/3$ 时，$w_M^*>w_X^*>w_R^*$。

证明：因为 $w_R^*=\frac{\phi+c\beta}{2\beta}=c+\frac{\phi-\beta c}{2\beta}$，$w_M^*=\frac{-c\gamma^2+2c\beta\kappa+2\kappa\phi}{4\beta\kappa-\gamma^2}=c+\frac{2\kappa(\beta c-\phi)}{-4\beta\kappa+\gamma^2}$，又 $\frac{2\kappa}{4\beta\kappa-\gamma^2}>\frac{1}{2\beta}$，故有 $w_M^*>w_R^*$。$w_X^*-w_R^*=\frac{3\gamma^2(\phi-c\beta)}{2\beta(-9\gamma^2+16\beta\kappa)}>0$，$w_X^*-w_M^*=-\frac{3\gamma^2(\phi-c\beta)(-\gamma^2+2\beta\kappa/3)}{\beta(-9\gamma^2+16\beta\kappa)(-\gamma^2+4\beta\kappa)}$，因此，当 $\gamma^2/\kappa<2\beta/3$ 时，$w_X^*<w_M^*$；当 $4\beta/3>\gamma^2/\kappa>2\beta/3$ 时，$w_X^*>w_M^*$。

命题 5－3 表明，在分散条件下，按比例分摊广告费时的批发价总是比零售商做广告时的批发价高，其主要原因是前者情况下零售商只承担部分广告费，而后者情况下零售商要承担全部广告费，因此，在后者情况下制造商必须降低零售商的进货成本从而使得零售商获得利润，可以看出，批发价的高低直接与零售商承担的广告成本相关。同时，制造商做广告时的批发价也高于零售商做广告时的批发价，也就是说，若制造商做广告，为获得利润则将广告成本转移到批发价中，从而导致批发价增加。

命题 5－4：在假设 3 条件下，有 $D_C^*>D_X^*>D_R^*>D_M^*$。

证明：由表 5－2 可以看出，$\min(D_C^*,D_X^*)>D_R^*>D_M^*$，由于 $D_C^*-D_X^*=-\frac{\beta\kappa(-5\gamma^2+8\beta\kappa)(\phi-c\beta)}{(-9\gamma^2+16\beta\kappa)(-\gamma^2+2\beta\kappa)}$，故当 $4\beta/3\geqslant\gamma^2/\kappa$ 时有 $D_C^*>D_X^*$。

命题 5－4 表明，广告时集中决策的市场需求量最大，而分散决策中，共同分摊广告费用的情形最大。

命题 5－5：在假设 3 条件下，有：$\Pi_R^{R*} > \Pi_M^{R*} > \Pi_X^{R*}$；$\Pi_X^{M*} > \Pi_R^{M*} > \Pi_M^{M*}$。

证明：对于不同情形下零售商的利润比较有：

$$\Pi_M^{R*} - \Pi_R^{R*} = -\frac{\gamma^4\kappa(c\beta-\phi)^2}{8(\gamma^2-4\beta\kappa)^2(-\gamma^2+2\beta\kappa)} < 0$$

$$\Pi_X^{R*} - \Pi_M^{R*} < \frac{-3\kappa\gamma^2(\phi-\beta c)^2}{(\gamma^2-4\beta\kappa)^2} < 0$$，因此有 $\Pi_R^{R*} > \Pi_M^{R*} > \Pi_X^{R*}$。

$$\Pi_M^{M*} - \Pi_R^{M*} = -\frac{\gamma^2\kappa(c\beta-\phi)^2}{4(\gamma^2-4\beta\kappa)(\gamma^2-2\beta\kappa)} < 0$$

$$\Pi_X^{M*} - \Pi_R^{M*} = \frac{\kappa\gamma^2(\phi-\beta c)^2}{4(9\gamma^2-16\beta\kappa)(\gamma^2-2\beta\kappa)} > 0$$，因此有 $\Pi_X^{M*} > \Pi_R^{M*} > \Pi_M^{M*}$。

命题 5－5 表明，对于制造商而言，采用与零售商合理分摊广告费用可以获取最大利润，采用零售商广告模式，则使得零售商利润最大。

七　模型仿真

为验证上述结论，取 $\phi = 10000$，$\beta = 100$，$c = 50$，$\gamma = 16$，当广告成本 $\kappa = 2$ 与 $\kappa = 4$ 时，分别得到表 5－3 与表 5－4。

表 5－3　　$\kappa = 2$ 时各决策模型下的仿真结果

模型	w	p	m	D	Π_M	Π_R	Π_T
集中决策	—	119.444	555.556	6944.44	—	—	173611
制造商广告	86.7647	105.147	147.059	1838.24	45955.9	33791.1	79747
零售商广告	75	109.722	277.778	3472.22	86805.6	43402.8	130208
按比例分摊广告	96.4286	141.071	535.714	4464.29	111607	7971.94	119579
集中决策	—	86.76	147.05	3676.47	—	—	91911.8
制造商广告	79.76	94.64	59.52	1488.1	37202.4	22144.3	59346.7
零售商广告	75	93.38	73.52	1838.24	45955.9	22977.9	68933.8
按比例分摊广告	79.68	99.21	117.18	1953.13	48828.1	19836.4	68664.6

由表5－3和表5－4可以看出，无论 $\kappa=2$ 还是 $\kappa=4$，广告投入量与需求量均是集中决策时最大，制造商广告投入时最小。零售商的利润，在零售商做广告模式下最大，而在按比例分摊的模式下最小。制造商的利润则是在按比例分摊的模式下最大，在制造商广告模式下最小。

而对于产品价格，当 $\kappa=2$ 时，满足条件 $\beta<\gamma^2/\kappa<4\beta/3$，此时按比例分摊模式下价格最高，而制造商广告模式下价格最低；当 $\kappa=4$时，满足条件 $\gamma^2/\kappa<\beta$，此时按比例分摊模式下价格最高，而集中决策模式下价格最低。对于产品批发价，当 $\kappa=2$ 时，满足条件 $4\beta/3>\gamma^2/\kappa>2\beta/3$，此时按比例分摊模式下最高，而零售商广告模式下最低；当 $\kappa=4$ 时，满足条件 $\gamma^2/\kappa<2\beta/3$，此时制造商广告模式下批发价最高，而零售商广告模式下最低。

通过以上分析，可以看出，对于不同的市场目标可以采用不同的运作模式，例如要使得市场占有率最大化时可采用集中决策，要使得零售商利润最大化，可采用零售商广告模式，要使得制造商利润最大化，可采用按比例分摊模式。而且，对于不同模式下的产品价格与批发价的大小关系，与 γ^2/κ、β 有着密切关系。

本章分析了无回收供应链的无广告的一般模型，分别建立了集中决策模型与分散决策模型，并给出了在此情况下的制造商与零售商的利润分配方案。然后考虑广告对供应链的影响，分别建立集中决策模型、制造商做广告、零售商做广告及按比例分摊广告成本四种情形下供应链的价格与广告均衡与协调模型，并就四种决策模型进行对比分析。研究表明集中决策时广告投入量最大，而分散决策中，共同分摊广告费用的情形广告投入量最大，制造商做广告时广告投入量最小。分散决策中共同分摊广告费用的情形产品价格最高，而另外两种情形下产品的价格则取决于广告的性价比。在分散条件下，按比例分摊广告费时的批发价总是比零售商做广告时的批发价高，批发价的高低直接与零售商承担的广告成本相关。同时，制造商做广告时的批发价也高于零售商做广告时的批发价，也就是说，若制造商做广告，为获得利润则将广告成本转移到批发价中，从而导致批发价增加。广告时集中决策的市场需求量最大，而分散决策中，共同分摊广告费用的情形最大。对于制造商而言，采用与零售商合理分摊广告费用可以获取最大利润。对于不同模式下的产品价格与批发价的大小关系与广告的性价比、价格敏感因子有着重要关系。

第六章　供应链中单制造商与多零售商的价格与广告决策

第五章分析了制造商领导下的单零售商情况下的广告决策模型，那么制造商领导下的多个零售商情形下各主体又该如何决策？在一个制造商与多个零售商的情况下，零售商间的合作与不合作的两种情况下，广告成本又该如何分摊？制造商做广告时，商品价格、批发价与广告水平如何选择？零售商做广告时，商品价格、批发价与广告水平又如何选择？这是本章所要解决的问题。

第一节　制造商供应量变化时的多物品拍卖

对于闭环供应链管理，主要是对物流、信息流、资金流的管理，而对物流的管理是供应链管理的首要问题。本书所研究的物流管理主要是针对物流各级主体间的物品交易，而拍卖是组织间交易的一种形式，本章将从拍卖的理论的角度来研究物流中多物品最优配置问题。

一　模型假设

考虑统一价格拍卖和歧视价格拍卖的形式。有单个制造商和 n 个零售商以拍卖的形式进行多物品交易。假设制造商的产品批发价只有两种可能的价格 p_l 和 p_h，其中 $p_h > p_l > 0$。拍卖是一个两阶段模型，在第一阶段零售商提交他们的叫价，第二阶段制造商选择价格与成交量。

假设1：每个零售商有拟线性效用函数，$u_i(q, z) = v_i(q) + \zeta$。其中，$q$ 表示零售商 i 对物品的需求量，ζ 表示其他商品对 i 的效用。v_i 为 i 的效用函数，是连续可微、单调递增和严格凹函数，且 $v'(0) > p_l$。

由于零售商为价格的接受者，因此由效用函数得到需求函数为：$q = \mathrm{d}_i(p) = \max\{v_i'^{-1}, 0\}$，其中需求函数为共同知识。由于 v_i 是严格凹函数和连续的，因此 d_i 是为正的关于价格递减且连续的函数。$v'(0) > p_l$ 则表示 $\mathrm{d}_i(p_l) > 0$，即任意一个零售商在价格为 p_l 时均有非零需求。同时也暗示对于 $\mathrm{d}_i(p_l) = 0$ 的估价者将自动排除在拍卖之外。

假设2：每个零售商的需求是有界的，即 $\forall i$，$\mathrm{d}(i) < \infty$。

在第一阶段，零售商提交两个非负需求量 x_i 和 y_i($i = 1, 2, \cdots, n$)，分别表示低价与高价时的需求量，因此有 $x_i \geqslant y_i$。制造商的单位产品成本 β 为制造商私有信息，而对于零售商而言 β 是服从 G 分布的随机变量为共同知识。

假设3：$G(0) = 0$，对于所有的 $\beta > 0$，有 $G(\beta) > 0$。$G(p_l) < G(p_h)$。G 在区间 $(0, p_l]$ 是连续可微且严格递增的。

G 是共同知识，但是 β 为制造商的私人信息。在第二阶段，制造商选择高价或者低价，或者取消拍卖，即制造商的策略 $u \in \{p_h, p_l, cancel\}$。若制造商选择 p_l，则零售商 i 获得 x_i 个单位物品；若制造商选择 p_h，则零售商 i 获得 y_i 个单位物品；若制造商选择 *cancel*，则没有任何零售商获得物品。零售商的支付则取决于拍卖的形式。制造商的目的是利润最大化，其决策取决于其类型（成本 β）及总的叫价向量（$\sum x, \sum y$）。

二　统一价格拍卖

在统一价格拍卖中，所有的零售商对每一单位物品支付相同价格。若制造商选择低价，则零售商 i 的支付为 $p_l x_i$，制造的利润为 $(p_l - \beta)$ 与低价时的需求总量之积。

命题6-1（均衡价格）：在统一价格拍卖中，制造商的最优策略为：

$$u(\beta,\sum x,\sum y)=\begin{cases} cancel & p_h\leqslant\beta \\ p_h & \beta^*\leqslant\beta<p_h \\ p_l & \beta<\beta^* \end{cases} \tag{6-1}$$

其中，$\beta^*=\begin{cases}(p_l\sum x-p_h\sum y)/(\sum x-\sum y) & \sum x-\sum y>0 \\ 0 & else\end{cases}$

证明：由假设可以知道，只有当制造商的成本 $\beta<p_h$ 时才有可能获得非负利润，因此当 $p_h\leqslant\beta$ 时制造商的最优策略为取消拍卖。另外，由于 $x_i\geqslant y_i$，因此分两种情况来讨论：

（1）当 $\sum x>\sum y$ 时

若选择 p_l 或 p_h 对制造商来说无差异，则此时有：

$(p_l-\beta)\sum x=(p_h-\beta)\sum y$，由此可得到 $\beta^*=(p_l\sum x-p_h\sum y)/(\sum x-\sum y)$。即当 $\beta\leqslant\beta^*$ 时，$(p_l-\beta)\sum x\geqslant(p_h-\beta)\sum y$，此时制造商的最优选择为 p_l；反之为 p_h。

（2）当 $\sum x=\sum y$ 时

此时对于为了利润最大化的制造商而言，对于在低价与高价需求量相同时最优选择为 p_h。

命题 6-2：刻画了制造商的行为。当且仅当其单位产品成本高于 p_h 时才会取消拍卖；当且仅当其成本小于由式（6-1）所决定的阈值 β^* 时选择低价。从式（6-1）可以看出，β^* 取决于零售商在不同价格时的需求量，这表明零售商不是价格的接受者，他可以通过改变自己的需求量来影响制造商的价格选择。

对于零售商 i，主要选择（x_i，y_i）来最大化其期望效用。由于 i 知道制造商的产品成本分布 G，且知道制造商通过式（6-1）来确定 β^*，因此制造商选择低价的概率为 $G(\beta^*)$，选择高价的概率为 $G(p_h)-G(\beta^*)$，选择取消拍卖的概率为 $1-G(p_h)$。因此零售商 i 的期望效用由下式决定：

$$\prod_i=\max_{x_i,y_i}G(\beta^*)L_i(x_i)+(G(p_h)-G(\beta^*))H_i(y_i) \tag{6-2}$$

$s.t.\quad y_i \leqslant x_i$

其中，$L_i(x_i)=v_i(x_i)-p_l x_i, H_i(y_i)=v_i(y_i)-p_h y_i, L_i(x_i)$为制造商选择低价时分配零售商 i 的产品数量为 x_i 时零售商 i 所得到的价值，$H_i(y_i)$ 为制造商选择高价时分配零售商 i 的产品数量为 y_i 时零售商 i 所得到的价值。

命题 6－3：在假设 1 和假设 3 条件下，以下命题成立：

（1）$\partial_{x_i}\beta^* \geqslant 0$，当且仅当 $\sum y=0$ 时等式成立；$\partial_{y_i}\beta^*<0$。

（2）$L_i(x_i)>H_i(y_i)$。

（3）$0<\beta^* \leqslant p_l$，当且仅当 $\sum y=0$ 时等式成立。

（4）$x_i>y_i \geqslant 0$。

证明：根据假设有 $x_i \geqslant y_i \geqslant 0$，若 $x_i=y_i$，根据命题 6－1 知$\beta^*=0$，则此时制造商选择高价，作为零售商的最优策略，因此会选择 $x_i>y_i$。因此（4）成立。

对式（6－1）关于 x_i 和 y_i 分别求偏导，有：

$$\partial_{x_i}\beta^* = \frac{(p_h-p_l)\sum y}{(\sum x-\sum y)^2} \geqslant 0, \text{而当且仅当} \sum y = 0 \text{时等式成立。}$$

$$\partial_{y_i}\beta^* = \frac{(p_l-p_h)\sum x}{(\sum x-\sum y)^2} < 0\text{。因此（1）成立。}$$

对于拟凹函数 $L_i(x_i)$和 $H_i(y_i)$，有 $L_i(0)=0$，$H_i(0)=0$。且对于$\forall a>0$，由于 $p_l a<p_h a$，故有 $L_i(a)>H_i(a)$。又由于 $L_i(x_i)$为拟凹函数，因此当 $a<\mathrm{d}_i(p_l)$时 $L'_i(a)>0$；当 $a=\mathrm{d}_i(p_l)$时 $L_i(a)$达到最大值；当 $a>\mathrm{d}_i(p_l)$时 $L'_i(a)<0$。同理 $H_i(y_i)$可得$\forall z>0$，当 $z<\mathrm{d}_i(p_h)$时 $H'_i(z)>0$；当 $z=\mathrm{d}_i(p_h)$时 $H_i(z)$达到最大值；当 $z>\mathrm{d}_i(p_h)$时 $H'_i(z)<0$。

由(4)知拍卖存在均衡解，因此 $L_i(x_i)$关于 x_i 的一阶条件应该存在。假设 $x_i<\mathrm{d}_i(p_l)$，则 $L'_i(x_i)>0$，由(4)得 $L_i(x_i)>L_i(y_i)$。又 $L_i(y_i)>H_i(y_i)$，因此 $L_i(x_i)>H_i(y_i)$。则 $\partial_{x_i}\prod_i(x_i, y_i)=G'(\beta^*)\partial_{x_i}\beta^*(L_i(x_i)-H_i(y_i))+G(\beta^*)L'_i(x_i)>0$，这与均衡解存在

矛盾，因此有 $x_i > d_i(p_l)$。此时就有 $L'_i(x_i) < 0$，根据一阶条件可得到 $L_i(x_i) > H_i(y_i)$。因此（2）成立。

假设 $\beta^* \leqslant 0$，由式（6-1）得到 $p_l \sum x \leqslant p_h \sum y$，由命题6-1知道制造商绝对不会选择低价，则零售商的问题为：

$$\prod_i = \max_{x_i, y_i} G(p_h) H_i(y_i) \tag{6-3}$$

从式（6-3）可以看出，x_i 对零售商的期望效用无影响，因此零售商可以提交任意数量的 x_i。而 $\beta^* \leqslant 0$ 则意味着 $x_i \leqslant p_h \sum y - p_l \sum_{j \neq i} x_j$。由于零售商可以提交任意数量的 x_i，因此零售商可以改变 x_i 使得 $x_i > p_h \sum y - p_l \sum_{j \neq i} x_j$，从而 $\beta^* > 0$，而此时零售商的问题为：

$$\prod_i = \max_{x_i, y_i} G(\beta^*)(L_i(x_i) - H_i(y_i)) + G(p_h) H_i(y_i) \tag{6-4}$$

由于 $L_i(x_i) > H_i(y_i)$，因此式（6-4）的值明显大于式（6-3），这意味着零售商绝对不会选择（x_i，y_i）使得 $\beta^* \leqslant 0$。因此 $\beta^* > 0$。

由于 $\beta^* > 0$，由命题6-1可得到 $\sum x - \sum y > 0$。

$\beta^* = (p_l \sum x - p_h \sum y)/(\sum x - \sum y) = p_l - (p_h - p_l)\sum y/(\sum x - \sum y) \leqslant p_l$，当且仅当 $\sum y = 0$ 时等式成立。因此（3）成立。

命题6-3中（1）说明了零售商提交的需求数量对制造商选择的影响，通过增加低价的需求量和减少高价的需求量可以提高制造商选择低价的概率。命题6-3中（2）说明制造商选择低价时分配零售商 i 的产品数量为 x_i 时零售商 i 所得到的价值大于制造商选择高价时分配零售商 i 的产品数量为 y_i 时零售商 i 所得到的价值。命题6-3中（3）由于 $\beta^* \leqslant 0$ 说明制造商以概率1选择高价，因此（3）的第一个不等式表示制造商选择低价存在可能性。而第二个不等式表明临界点 β^* 不大于低价，若 β^* 大于 p_l，则制造商不可能选择低价，因为选择低价会得到负的利润，因此制造商会取消拍卖或者选择高价。命题6-2中（4）说明零售商在低价时所提交的需求量严格高于高价时所提交的需求量。

命题6－4：在统一价格拍卖中，$x_i \geqslant \mathrm{d}_i(p_l)$，当且仅当 $\sum y = 0$ 时等式成立；$y_i \leqslant \mathrm{d}_i(p_h)$，当且仅当 $\mathrm{d}_i(p_h)=0$ 时等式成立。

证明：对于式（6－2）关于 x_i 的一阶条件为：

$$G(\beta^*)(\mathrm{d}_i^{-1}(x_i)-p_l)+G'(\beta^*)\partial_{x_i}\beta^*[L_i(x_i)-H_i(y_i)]=0$$

得到 $\mathrm{d}_i^{-1}(x_i)=p_l-\dfrac{G'(\beta^*)}{G(\beta^*)}\partial_{x_i}\beta^*[L_i(x_i)-H_i(y_i)]<p_l$

由于 d_i^{-1} 是减函数，因此有：

$$x_i = \mathrm{d}_i\left\{p_l-\frac{(p_h-p_l)\sum y}{(\sum x-\sum y)^2}\frac{G'(\beta^*)}{G(\beta^*)}[L_i(x_i)-H_i(y_i)]\right\}\geqslant \mathrm{d}_i(p_l)$$

当 $\sum y = 0$ 时，有 $x_i = \mathrm{d}_i(p_l)$。

同理，关于 y_i 的一阶条件可以得到：

$$y_i = \mathrm{d}_i\left\{p_h+\frac{(p_h-p_l)\sum y}{(\sum x-\sum y)^2}\frac{G'(\beta^*)}{G(p_h)-G(\beta^*)}[L_i(x_i)-H_i(y_i)]\right\}$$

因此，有 $y_i \leqslant \mathrm{d}(p_h)$。若 $y_i=0$ 则 $y_i \leqslant \mathrm{d}(p_h)$ 成立；当 $\mathrm{d}(p_h)=0$ 时，则 $y_i=0$。因此当且仅当 $\mathrm{d}(p_h)=0$ 时有 $y_i=\mathrm{d}(p_h)$。

命题6－4说明在统一价格拍卖中，零售商在低价时所提交数量高于其真实需求，在高价时所提交数量低于其真实需求。

命题6－5：统一价格拍卖存在子博弈完美均衡。

证明：由于统一价格拍卖是一个两阶段博弈，在第一阶段，零售商提交两个非负需求量，在第二阶段制造商选择价格，因此采用逆向的方法来解决此问题。在第二阶段制造商的选择已由命题6－1给出，因此现在主要分析第一阶段。

令 z_i 表示零售商所提交的需求量（x_i，y_i），令 z 表示向量（z_1，z_2，…，z_n）。根据命题6－4可知零售商的最优选择 z^* 满足以下有 $2n$ 个变量的 $2n$ 个方程组：

$$x_i^*(z) = \mathrm{d}_i\left\{p_l-\frac{(p_h-p_l)\sum y}{(\sum x-\sum y)^2}\frac{G'(\beta^*)}{G(\beta^*)}[L_i(x_i)-H_i(y_i)]\right\}$$

$$y_i^*(z) = \mathrm{d}_i\left\{p_h + \frac{(p_h - p_l)\sum y}{(\sum x - \sum y)^2}\frac{G'(\beta^*)}{G(\beta^*) - G(p_h)}[L_i(x_i) - H_i(y_i)]\right\}$$

令 $z_i^*(z) = (x_i^*(z), y_i^*(z))$，则 $z^*(z) = (z_1^*(z), \cdots, z_n^*(z))$。不动点 z^* 即为均衡点。下面来证明 z^* 为不动点。

由假设 1 知 d_i 是连续的，由假设 3 知 G 也是连续可微的，因此 z_i^* 也是连续的，z^* 也是连续的。令 $S = X_{i=1}^n[\mathrm{d}_i(p_l),\ \mathrm{d}_i(0)] \times [0,\ \mathrm{d}_i(p_h)]$，由命题 6－4 知道 $\mathrm{d}_i(p_l) \leqslant x_i^*(z) \leqslant \mathrm{d}_i(0)$，$0 \leqslant y_i^*(z) \leqslant \mathrm{d}_i(p_h)$，因此连续函数 z^* 的值域是被包含在 S 中的一个闭的凸集，故由不动点定理可知存在不动点 z^*。

由以上分析可以知道，统一价格拍卖中的均衡总是无效率的。这有两个原因，首先，对于制造商而言，不同于完全竞争市场，其产品价格总高于其边际成本。由命题 6－3 知道 $0 < \beta^* \leqslant p_l$，由命题 6－1 可知当制造商成本 $\beta \leqslant \beta^*$ 时，其选择价格 p_l 大于边际成本；当制造商成本 $p_h \geqslant \beta \geqslant \beta^*$ 时，则选择价格 p_h 仍大于边际成本 β。其次，对于零售商而言总是掩盖其在不同价格时的真实需求量，从而导致物品的分配无效率。这可以由命题 6－4 看出。

三　歧视价格拍卖

歧视价格拍卖的物流管理中，制造商针对不同的零售商所提交的产品需求量，采用不同的零售价格，与统一价格拍卖相比除了支付规则不同外其他均相同。在本书中，歧视价格拍卖的支付规则为，零售商提交两种价格下的需求量 $(x_i,\ y_i)$，$x_i > y_i$。若制造商选择高价 p_h，则零售商得到 y_i 个单位物品，每单位支付 p_h，其总支付为 $y_i p_h$。若制造商选择低价 p_l，则零售商先为 y_i 个单位物品每单位支付 p_h，余下的 $x_i - y_i$ 每单位支付 p_l，其总支付为 $p_h y_i + (x_i - y_i)p_l$。若制造商取消拍卖，则零售商的支付为 0。

命题 6－6：在歧视价格拍卖中，制造商的最优策略为：

$$u(\beta, \sum x, \sum y) = \begin{cases} cancel & p_h \leqslant \beta \\ p_h & p_l \leqslant \beta < p_h \\ p_l & \beta < p_l \end{cases}$$

证明：令 $a=(p_h-\beta)\sum y,b=(p_l-\beta)(\sum x-\sum y)$。若制造商选择高价，则其利润为 a；若选择低价，则其利润为 $a+b$。若$\beta>p_h$，制造商选择高价或者低价其利润均为负，因此此时最优策略为取消拍卖。若 $p_l\leqslant\beta\leqslant p_h$，则 $a>0$，$b<0$，此时最优策略为选择高价；若 $\beta\leqslant p_l$，则 $a>0$，$b>0$，此时最优策略为选择低价。

命题 6-6 说明与统一价格拍卖不同，歧视价格拍卖时制造商的最优决策只依赖于自己的成本，与零售商所提交的需求量无关。

命题 6-7：歧视价格拍卖中，$x_i=\mathrm{d}_i(p_l)$，$y_i\leqslant\mathrm{d}_i(p_h)$，当且仅当 $\mathrm{d}_i(p_h)=0$ 时等式成立。

证明：根据命题 6-15 可以知道，制造商选择低价的概率为 $G(p_l)$，选择高价的概率为 $G(p_h)-G(p_l)$。则零售商 i 的期望效用为：

$$\prod_i=\max_{x_i,y_i}G(p_l)\left[\int_0^{x_i}\mathrm{d}_i^{-1}(q)\mathrm{d}q-p_hy_i-p_l(x_i-y_i)\right]+$$

$$[G(p_h)-G(p_l)]\left[\int_0^{y_i}\mathrm{d}_i^{-1}(q)\mathrm{d}q-p_hy_i\right]\tag{6-5}$$

式（6-5）关于 x_i 的一阶条件得到：

$G(p_l)(\mathrm{d}_i^{-1}(x_i)-p_l)=0$，因此有 $x_i=\mathrm{d}_i(p_l)$。

式（6-5）关于 y_i 的二阶条件得到：

$G(p_l)(p_l-p_h)+(G(p_h)-G(p_l))(\mathrm{d}_i^{-1}(q)-p_h)=0$。

因此有 $y_i=\mathrm{d}_i\left(p_h+(p_h-p_l)\dfrac{G(p_l)}{G(p_h)-G(p_l)}\right)\leqslant\mathrm{d}_i(p_h)$，当且仅当 $\mathrm{d}_i(p_h)=0$ 时等式成立。

命题 6-7 说明在歧视价格拍卖中，零售商在低价会选择提交自己真实的需求量，在高价会选择提交低于自己真实的需求量，同时也说明歧视价格拍卖导致了资源配置无效率。

命题 6-8：歧视价格拍卖存在唯一的完美子博弈均衡。

证明：由命题 6-7 可以知道制造商的占优策略不依赖于零售商提交的需求量，同时也可以看出各零售商的占优策略只依赖于外生变量 d、G、p_h、p_l，而与其他零售商的行为无关。因此 $\mu(\cdot)$ 和

$((x_1,y_1),\cdots,(x_n,y_n))$是制造商与零售商策略集中的一个不动点，即均衡存在且唯一。

四 比较分析

命题6-9：制造商在统一价格拍卖时选择高价的概率大于歧视价格拍卖时选择高价的概率，歧视价格拍卖时选择低价的概率大于统一价格拍卖选择低价的概率。

证明：由命题6-1和命题6-6可知，当$\beta^* = (p_l\sum x - p_h\sum y)/(\sum x - \sum y)$时，有$p_l > \beta^*$，则统一价格拍卖选择高价的概率为$G(p_h) - G(\beta^*)$大于歧视价格拍卖选择高价的概率$G(p_h) - G(p_l)$，统一价格拍卖选择低价的概率为$G(\beta^*)$，小于歧视价格拍卖选择低价的概率$G(p_l)$，如图6-1所示。

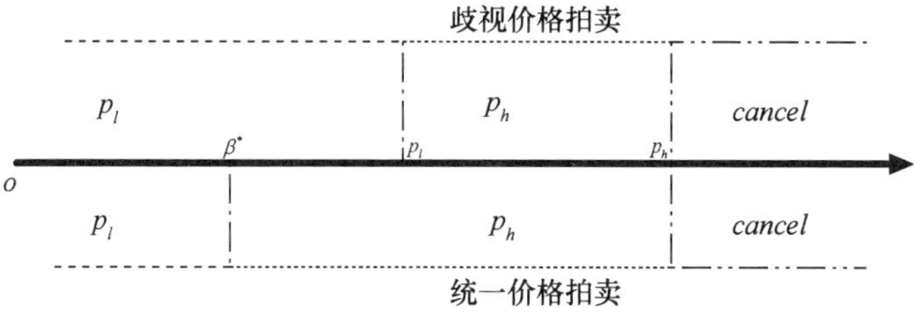

图6-1 统一价格与歧视价格拍卖价格选择概率

由命题6-6和命题6-7可以看出，歧视价格拍卖中，制造商的均衡策略只与产品的生产成本β相关。零售商的均衡策略在低价的策略与高价的策略只与p_l，p_h及其概率分布相关。因此，在歧视价格拍卖中，均衡策略与参与竞争的人数无关。而在统一价格拍卖中，假设零售商i类型有k个，则共有kn个零售商参与拍卖。此时，$\sum x = \sum_{j=1}^{k}\sum_{i=1}^{n} x_{ij}/k$，$\sum y = \sum_{j=1}^{k}\sum_{i=1}^{n} y_{ij}/k$，因此，$\partial_{x_i}\beta^* = \dfrac{(p_h - p_l)\sum y}{k(\sum x - \sum y)^2}$，$\partial_{y_i}\beta^* = \dfrac{(p_h - p_l)\sum x}{k(\sum x - \sum y)^2}$，当$k\to\infty$时，$\partial_{x_i}\beta^* \to 0$，

$\partial_{y_i}\beta^* \to 0$，此时 $x_i = \lim\limits_{k\to\infty} \mathrm{d}_i\left(p_l - \frac{G'(\beta^*)}{G(\beta^*)}\partial_{x_i}\beta^*(L_i(x_i) - H_i(y_i))\right) \to$ $\mathrm{d}_i(p_l)$，$y_i = \lim\limits_{x\to\infty} \mathrm{d}_i\left(p_h + \partial_{y_i}\beta^* \frac{G'(\beta^*)}{G(p_h) - G(\beta^*)}(L_i(x_i) - H_i(y_i))\right) \to$ $\mathrm{d}_i(p_h)$。

由此可以看出，在统一价格拍卖中，参与竞争的零售商越多，则报告的需求量扭曲得越少，即越接近真实的需求量。因此，从机制设计的角度来看，若参与拍卖的零售商越多，相对于歧视价格拍卖，制造商更倾向于用统一价格拍卖的方式进行产品批发。

第二节　制造商领导多零售商竞争的供应链的广告决策模型

一　模型假设

假设 1：设 p 为产品零售价，w 表示产品批发价。单位产品的制造成本为 c，其中 $p \geqslant c$。设 D 为市场需求量，为产品价格 p 和广告投入水平 m 的函数，且 $D_p(p,m) < 0$，$D_m(p,m) > 0$。

假设 2：假设无广告投入时需求量是价格的线性函数，即 $D(p) = \phi - \beta p$。其中 ϕ 为市场基数，其中 $\beta \geqslant 0$ 为常数，为需求关于价格的敏感因子，表示价格每增加一个单位，需求量则减少 β 单位。当产品的销售价格 $p = c$ 时，此时需求量应达到最大值，即此时需求量 $\phi - \beta c > 0$ 是恒成立的。若广告投入水平为 m，则需求量是关于价格和广告投入水平的函数，即 $D(p, m) = \phi - \beta p + \gamma m$，其中，$\gamma > 0$ 表示需求关于广告的效率因子。广告效率因子不仅与广告本身制作有关，也与市场环境相关，例如越分散的广大消费者，则广告效率就越低。对于投入水平 m 的广告，其费用为 $m^2\kappa_i/2$，其中 κ_i 为零售商 i 的广告成本因子。

假设 3：竞争的零售商有广告投入时，一方面是价格的竞争，此时零售商 i 的市场需求量随着自身的价格 p_i 降低而增加，随着竞

争对手的产品价格 p_j 降低而减少。另一方面是广告水平的竞争，即制造商 i 的市场需求量随着自身的广告水平 m_i 升高而增加，随着竞争对手的广告水平 m_j 升高而降低。此时市场需求量为 $D_i(p_i,p_j,m_i,m_j)=\phi_i-\beta p_i+\gamma m_i+\tau_p(p_j-p_i)-\tau_m(m_j-m_i)$。

其中 $\tau_p>0$ 反映的是两个零售商价格的竞争程度，若零售商 j 的销售价格 $p_j>p_i$，则会增加制造商 i 的产品需求。$\tau_m>0$ 则反映的是两个制造商广告的竞争程度，若零售商 j 的广告投入 $m_j>m_i$，则会减少零售商 i 的产品需求。

对零售商 i 的需求量关于其产品价格 p_i 求导得到：$\partial D_i/\partial p_i=-\beta-\tau_p$。可以看出，价格每增加一单位，会导致需求量减少 $-\beta-\tau_p$。而减少的量由两部分组成。$-\beta$ 表示由于价格增加一单位，导致其原本的市场拥有量减少的一部分。而 $-\tau_p$ 则是由于价格增加一单位，导致转移了 τ_p 个消费者至零售商 j。

对零售商 i 的需求量关于其产品价格 m_i 求导得到：$\partial D_i/\partial m_i=\gamma+\tau_m$，即广告投入每增加一个单位，会使得总的需求量增加 $\gamma+\tau_m$。增长的量也由两部分组成，一是广告投入每增加一个单位，零售商 i 的原来市场人数由于广告的作用吸引了 γ 个消费者；二是广告投入每增加一个单位，就有 τ_m 个消费者从零售商 j 中转移到零售商 i 的市场中。

假设 4：制造商无价格歧视，有两个零售商，且两个零售商的批发价相同。若制造商做广告时，广告对各零售商影响相同。

假设 5：本书中 M 表示制造商，R 表示零售商，R_i 表示零售商 i，J 表示零售商竞争，H 表示零售商合作。例如，Π_{Jl}^{k} 表示在零售商竞争中，当 l 做广告时 k 的利润，其中 $l=M$，R，$k=M$，R_i，R_j。

二 零售商广告模型

在此分散决策模型中，竞争的零售商选择各自的广告投入费用及产品售价，制造商选择批发价。制造商与两位零售商分别以各自利益最大化为目标，故在本模型中有三位决策者。

对于制造商，其所面临的问题是如何选择产品批发价格，使得其利润最大化。零售商所面临的问题是如何确定产品销售价格及广告水平，使得其利润最大化。

作为领头的制造商，决策过程为：在 Stackerberg 博弈决策框架下，零售商根据自己与竞争对手的目标函数、制造商的反应函数确定销售价格及广告水平；制造商根据零售商的决策确定批发价，决策模型为：

$$\max_{w\geqslant 0}\prod_{JR}^{M}=(w-c)(D_i(p_i,\ p_j,\ m_i,\ m_j)+D_j(p_i,\ p_j,\ m_i,\ m_j))$$

$$s.t.\quad p_i,\ m_i\in\operatorname{argmax}\prod_{JR}^{R_i}(p_i,\ p_j,\ m_i,\ m_j)$$

$$=(p_i-w)D_i-m_i^2\kappa_i/2$$

$$=(p_i-w)[\phi_i-\beta p_i+\gamma m_i+\tau_p(p_j-p_i)-\tau_m(m_j-m_i)]-m_i^2\kappa_i/2 \quad (6-6)$$

其中 $i=1,\ 2,\ j=3-i$。

采用逆向归纳法求解这个博弈的均衡。首先考虑制造商给定批发价 w 的情况下，零售商的 p_i，m_i 的最优选择。

根据第二章可以得出：

$$p_{JR}^{i*}=M_i+w,\ m_{JR}^{i*}=(\gamma+\tau_m)M_i/\kappa_i,\ \prod_{JR}^{Ri*}=W_iM_i^2/2$$

其中，

$Q_i=\phi_i-\beta w$，$W_i=2(\beta+\tau_p)-(\gamma+\tau_m)^2/\kappa_i$，$V_i=\tau_p-\tau_m(\gamma+\tau_m)/\kappa_i$，$B=W_i+V_j$，

$A_i=W_j-\tau_m^2/\kappa_i$，$M_i=(W_jQ_i+V_jQ_j)/(W_iW_j-V_iV_j)$，$N_i=(A_iQ_i+BQ_j)/(A_iA_j-B^2)$

制造商在第一阶段的问题是：

$$\max_{w\geqslant 0}\prod_{JR}^{M}=(w-c)(\phi_i-\beta p_i+\gamma m_i+\tau_p(p_j-p_i)-\tau_m(m_j-m_i)+\phi_j-\beta p_j+\gamma m_j+\tau_p(p_i-p_j)-\tau_m(m_i-m_j))$$

$$=(w-c)(\phi_i+\phi_j-\beta p_i-\beta p_j+\gamma m_i+\gamma m_j) \quad (6-7)$$

将 $p_{JR}^{i*}=M_i+w$，$m_{JR}^{i*}=(\gamma+\tau_m)M_i/\kappa_i$ 代入上式，对 $\prod_{JR}^{M}$ 关于 w 求二阶导数，根据假设 $\gamma^2-2\beta\kappa+\gamma\tau_m-\kappa\tau_p<0$ 可得知 $\prod_{JR}^{M}$ 是关于 w 的严格凹函数，因此存在最优解 w 使得制造商利润最大。

根据其一阶条件求得制造商最优批发价：

$$w_{JR}^{*}=\frac{c}{2}+\frac{\left[\phi_i+\phi_j-\frac{\beta(W_j\phi_i+V_j\phi_j)}{W_jW_i-V_jV_i}+\frac{\gamma(\gamma+\tau_m)(W_j\phi_i+V_j\phi_j)}{(W_jW_i-V_jV_i)\kappa_i}-\frac{\beta(W_i\phi_j+V_i\phi_i)}{W_iW_j-V_jV_i}+\frac{\gamma(\gamma+\tau_m)(W_i\phi_j+V_i\phi_i)}{(W_jW_i-V_jV_i)\kappa_j}\right]}{\left[2\beta\left(1-\frac{\beta V_i+\beta W_i}{W_jW_i-V_jV_i}\right)+2\beta\left(1-\frac{\beta V_i+\beta W_i}{W_jW_i-V_jV_i}\right)+\frac{2\gamma(\gamma+\tau_m)(W_j\beta+V_j\beta)}{(W_jW_i-V_jV_i)\kappa_i}+\frac{2\gamma(\gamma+\tau_m)(W_i\beta+V_i\beta)}{(W_jW_i-V_jV_i)\kappa_j}\right]}$$

将 w_{JR}^{*}代入式（6－7），从而求得 p_{JR}^{i*}，m_{JR}^{i*}，因此可以得到制造商与零售商的最优利润。

命题6－10：当（$\kappa_i-\kappa_j$）($\phi_i-\phi_j$）>0 时，批发价格随着广告效率的增加而减少，随着广告竞争系数的增加而减少，随着价格竞争系数的增加而增加。

当（$\kappa_i-\kappa_j$）($\phi_i-\phi_j$）<0 时，批发价格随着广告效率的增加而增加，随着广告竞争系数的增加而增加，随着价格竞争系数的增加而减少。

证明：对 w_{JR}^{*}关于分别 γ，τ_m，τ_p求导得：

$$\frac{\partial w_{JR}^{*}}{\partial\gamma}=-\frac{(\kappa_i-\kappa_j)(\phi_i-\phi_j)[-\tau_m(\gamma+\tau_m)^2(\kappa_i+\kappa_j)+\kappa_i\kappa_j(2\gamma+\tau_m)(2\beta+3\tau_p)]}{2\beta[\kappa_j(\gamma^2+3\gamma\tau_m+2\tau_m^2)+\kappa_i(\gamma^2+3\gamma\tau_m+2\tau_m^2-2\kappa_j)(2\beta+3\tau_p)]^2}$$

$$\frac{\partial w_{JR}^{*}}{\partial\tau_m}=-\frac{(\kappa_i-\kappa_j)(\phi_i-\phi_j)[(\gamma+\tau_m)^2(\kappa_i+\kappa_j)+\kappa_i\kappa_j(2\beta+3\tau_p)]}{2\beta[\kappa_j(\gamma^2+3\gamma\tau_m+2\tau_m^2)+\kappa_i(\gamma^2+3\gamma\tau_m+2\tau_m^2-2\kappa_j)(2\beta+3\tau_p)]^2}$$

$$\frac{\partial w_{JR}^{*}}{\partial\tau_p}=\frac{3\gamma(\kappa_i-\kappa_j)(\phi_i-\phi_j)\kappa_i\kappa_j(\gamma+\tau_m)}{2\beta[\kappa_j(\gamma^2+3\gamma\tau_m+2\tau_m^2)+\kappa_i(\gamma^2+3\gamma\tau_m+2\tau_m^2-2\kappa_j)(2\beta+3\tau_p)]^2}$$

由以上三式可以看出，当($\kappa_i-\kappa_j$)($\phi_i-\phi_j$）>0 时，$\frac{\partial w_{JR}^{*}}{\partial\gamma}<0$，

$\frac{\partial w_{JR}^*}{\partial \tau_m}<0$，$\frac{\partial w_{JR}^*}{\partial \tau_p}>0$；当$(\kappa_i-\kappa_j)(\phi_i-\phi_j)<0$时，$\frac{\partial w_{JR}^*}{\partial \gamma}>0$，$\frac{\partial w_{JR}^*}{\partial \tau_m}>0$，$\frac{\partial w_{JR}^*}{\partial \tau_p}<0$。

不失一般性，若两个企业是对称的，即$\kappa_i=\kappa_j=\kappa$，$\phi_i=\phi_j=\phi$时，得到：

$$m_{JR}^*=\frac{(c\beta-\phi)(\gamma+\tau_m)}{2(\gamma^2-2\beta\kappa+\gamma\tau_m-\kappa\tau_p)}$$

$$p_{JR}^*=\frac{(c\beta+\phi)(\gamma\tau_m-\kappa\tau_p)+c\beta\gamma^2-c\beta^2\kappa+\gamma^2\phi-3\beta\kappa\phi}{2\beta(\gamma^2-2\beta\kappa+\gamma\tau_m-\kappa\tau_p)}$$

$$w_{JR}^*=\frac{c\beta+\phi}{2\beta},$$

$$D_{JR}^*=\frac{\kappa(\phi-c\beta)(\beta+\tau_p)}{-\gamma^2+2\beta\kappa-\gamma\tau_m+\kappa\tau_p}$$

$$\prod_{JR}^{M*}=\frac{\kappa(-c\beta+\phi)^2(\beta+\tau_p)}{2\beta(\gamma^2-2\beta\kappa+\gamma\tau_m-\kappa\tau_p)}$$

$$\prod_{JR}^{R*}=\frac{\kappa(-c\beta+\phi)^2(-\gamma^2+2\beta\kappa-2\gamma\tau_m-\tau_m^2+2\kappa\tau_p)}{8(\gamma^2-2\beta\kappa+\gamma\tau_m-\kappa\tau_p)^2}$$

三　制造商广告模型

对于制造商，其所面临的问题是如何选择产品批发价格及广告水平，使得其利润最大化。零售商所面临的问题是如何确定产品销售价格，使得其利润最大化。

作为领头的制造商，决策过程在Stackerberg博弈决策框架下，零售商根据自己与竞争对手的目标函数、制造商的反应函数确定销售价格；制造商根据零售商的决策确定批发价及广告水平，决策模型为：

$$\max_{w,m\geqslant 0}\prod_{JM}^{M}=(w-c)(\phi_i-\beta p_i+\phi_j-\beta p_j+\gamma m)-m^2\kappa/2$$

$$s.t.\quad p_i\in\operatorname{argmax}\prod_{JM}^{R_i}=(p_i-w)(\phi_i-\beta p_i+\tau_p(p_j-p_i)+\gamma m/2)$$

$$p_j\in\operatorname{argmax}\prod_{JM}^{R_j}=(p_j-w)(\phi_j-\beta p_j+\tau_p(p_i-p_j)+\gamma m/2)\quad(6-8)$$

其中$i=1$，2，$j=3-i$。

采用逆向归纳法求解这个博弈的均衡。首先考虑制造商给定批

发价 w 与广告水平 m 的情况下，零售商的最优选择。零售商的问题是：

$$\max_{p_i>0}\prod_{JM}^{Ri}=(p_i-w)(\phi_i-\beta p_i+\tau_p(p_j-p_i)+\gamma m/2) \tag{6-9}$$

$\partial^2\prod_{JM}^{Ri}/\partial p_i^2=-2\beta-2\tau_p<0$，因此存在着最优反应函数使得零售商利润最大。其最优化的一阶条件意味着 p_{JM}^{i*}，p_{JM}^{j*}满足：$\partial\prod_{JM}^{Ri}/\partial p_i=0$，$\partial\prod_{JM}^{Ri}/\partial p_j=0$。

解得：$$p_{JM}^{i*}=\frac{6w\tau_p^2+2\beta(2w\beta+m\gamma+2\phi_i)+\tau_p(10w\beta+3m\gamma+4\phi_i+2\phi_j)}{8\beta^2+16\beta\tau_p+6\tau_p^2}$$

$$p_{JM}^{j*}=\frac{6w\tau_p^2+2\beta(2w\beta+m\gamma+2\phi_j)+\tau_p(10w\beta+3m\gamma+4\phi_j+2\phi_i)}{8\beta^2+16\beta\tau_p+6\tau_p^2}$$

将 p_{JM}^{i*}，p_{JM}^{j*}代入$\prod_{JM}^{M}$，则制造商在第一阶段的问题是：

$$\max_{w,m\geqslant 0}\prod_{JM}^{M}=(w-c)(\phi_i-\beta p_i+\phi_j-\beta p_j+\gamma m)-m^2\kappa/2$$

$$\frac{\partial^2\prod_{JM}^{M}}{\partial w^2}=-\frac{4\beta(\beta+\tau_p)}{2\beta+\tau_p},\quad\frac{\partial^2\prod_{JM}^{M}}{\partial m^2}=-\kappa,\quad\frac{\partial^2\prod_{JM}^{M}}{\partial m\partial w}=\frac{\gamma(\beta+\tau_p)}{2\beta+\tau_p}$$

$$\frac{\partial^2\prod_{JM}^{M}}{\partial w^2}\frac{\partial^2\prod_{JM}^{M}}{\partial m^2}-\frac{\partial^2\prod_{JM}^{M}}{\partial m\partial w}\frac{\partial^2\prod_{JM}^{M}}{\partial m\partial w}=$$

$$\frac{(\beta+\tau_p)[\beta(8\beta\kappa-\gamma^2)+(4\kappa\beta-\gamma^2)\tau_p]}{(2\beta+\tau_p)^2}>0$$

因此$\prod_{JM}^{M}$是关于批发价 w 与广告水平 m 的严格凹函数，因此有最优解(w,m)使得制造商利润最大。令其一阶条件为0：

$$\frac{\partial\prod_{JM}^{M}}{\partial w}=0,\quad\frac{\partial\prod_{JM}^{M}}{\partial m}=0$$

解得：

$$w_{JM}^{*}=\frac{\tau_p(-c\gamma^2+2c\beta\kappa+\kappa\phi_i+\kappa\phi_j)+\beta(-c\gamma^2+4c\beta\kappa+2\kappa\phi_i+2\kappa\phi_j)}{\beta(-\gamma^2+8\beta\kappa)+(-\gamma^2+4\beta\kappa)\tau_p}$$

$$m_{JM}^{*}=\frac{\gamma(\beta+\tau_p)(-2c\beta+\phi_i+\phi_j)}{\beta(-\gamma^2+8\beta\kappa)+(-\gamma^2+4\beta\kappa)\tau_p}$$

代入式（6-8）得：

$$\prod_{JM}^{M*}=\frac{\kappa(\beta+\tau_p)(\phi_i+\phi_j-2c\beta)^2}{2(-\gamma^2+8\beta\kappa)\beta+2(-\gamma^2+4\beta\kappa)\tau_p} \tag{6-10}$$

代入式（6－9）得：

$$\Pi_{JM}^{R_i^*}=\frac{(\beta+\tau_p)[\beta(8c\beta^2\kappa+(\gamma^2-12\beta\kappa)\phi_i+(-\gamma^2+4\beta\kappa)\phi_j)+\tau_p(12c\beta^2\kappa+(\gamma^2-10\beta\kappa)\phi_i-(\gamma^2+2\beta\kappa)\phi_j)]^2}{4(2\beta+3\tau_p)^2[(-\gamma^2+8\beta\kappa)\beta+(-\gamma^2+4\beta\kappa)\tau_p]^2}$$

$$\Pi_{JM}^{R_j^*}=\frac{(\beta+\tau_p)[\beta(8c\beta^2\kappa+(\gamma^2-12\beta\kappa)\phi_j+(-\gamma^2+4\beta\kappa)\phi_i)+\tau_p(12c\beta^2\kappa+(\gamma^2-10\beta\kappa)\phi_j-(\gamma^2+2\beta\kappa)\phi_i)]^2}{4(2\beta+3\tau_p)^2[(-\gamma^2+8\beta\kappa)\beta+(-\gamma^2+4\beta\kappa)\tau_p]^2}$$

若两零售商对称，即 $\phi_i=\phi_j=\phi$ 时，得到：

$$w_{JM}^*=\frac{\beta(-c\gamma^2+4\kappa c\beta+4\kappa\phi)+(-c\gamma^2+2c\beta\kappa+2\kappa\phi)\tau_p}{\beta(-\gamma^2+8\beta\kappa)+(-\gamma^2+4\beta\kappa)\tau_p}$$

$$m_{JM}^*=\frac{2\gamma(\phi-c\beta)(\beta+\tau_p)}{\beta(-\gamma^2+8\beta\kappa)+(-\gamma^2+4\beta\kappa)\tau_p}$$

$$p_{JM}^*=\frac{\beta(-c\gamma^2+2\kappa c\beta+6\kappa\phi)+(-c\gamma^2+2c\beta\kappa+2\kappa\phi)\tau_p}{\beta(-\gamma^2+8\beta\kappa)+(-\gamma^2+4\beta\kappa)\tau_p}$$

$$D_{JM}^*=\frac{4\beta\kappa(\phi-c\beta)(\beta+\tau_p)}{\beta(-\gamma^2+8\beta\kappa)+(-\gamma^2+4\beta\kappa)\tau_p}$$

$$\Pi_{JM}^{M*}=\frac{2\kappa(\phi-c\beta)^2(\beta+\tau_p)}{\beta(-\gamma^2+8\beta\kappa)+(-\gamma^2+4\beta\kappa)\tau}$$

$$\Pi_{JM}^{R*}=\frac{4\beta^2\kappa^2(\phi-c\beta)^2(\beta+\tau_p)}{[\beta(-\gamma^2+8\beta\kappa)+(-\gamma^2+4\beta\kappa)\tau_p]^2}$$

第三节　制造商领导多零售商合作的供应链的广告决策模型

一　零售商广告模型

对于制造商，其所面临的问题是如何选择产品批发价格，使得其利润最大化。零售商所面临的问题是如何选择产品销售价格及广告水平，使得其利润最大化。

作为领头的制造商，决策过程为：在 Stackerberg 博弈决策框架下，零售商根据自己与竞争对手的目标函数、制造商的反应函数确定销售价格及广告水平；制造商根据零售商的决策确定批发价。

若零售商合作，根据第二章第四节，得到：

$p_{HR}^{R_i^*}=N_i+w$，$m_{HR}^{R_i^*}=(\gamma N_i+\tau_m(N_i-N_j))/\kappa_i$。

制造商在第一阶段的问题是：

$$\max_{w\geqslant 0}\prod_{HR}^{M}=(w-c)(\phi_i-\beta p_i+\gamma m_i+\tau_p(p_j-p_i)-\tau_m(m_j-m_i)+\phi_j-\beta p_j+\gamma m_j+\tau_p(p_i-p_j)-\tau_m(m_i-m_j))$$

$$=(w-c)(\phi_i+\phi_j-\beta p_i-\beta p_j+\gamma m_i+\gamma m_j)$$

将 $p_{HR}^{R_i^*}=N_i+w$，$m_{HR}^{R_i^*}=(\gamma N_i+\tau_m(N_i-N_j))/\kappa_i$ 代入上式，易知$\prod_{HR}^{M}$是关于 w 的凹函数，得到：

$$w_{HR}^{*}=\frac{(\kappa_j+\kappa_i)(\gamma+2\tau_m)[\gamma(\phi_j+c\beta)+\tau_m(2\beta c+\phi_i+\phi_j)]-2\kappa_i\kappa_j(\beta+2\tau_p)(2\beta c+\phi_i+\phi_j)}{2\beta[(\kappa_i+\kappa_j)(\gamma+2\tau_m)^2-4\kappa_i\kappa_j(\beta+2\tau_p)]}$$

命题 6-11：当$(\kappa_i-\kappa_j)(\phi_i-\phi_j)>0$ 时，批发价格随着广告效率的增加而减少，随着广告竞争系数的增加而减少，随着价格竞争系数的增加而增加。

当$(\kappa_i-\kappa_j)(\phi_i-\phi_j)<0$ 时，批发价格随着广告效率的增加而增加，随着广告竞争系数的增加而增加，随着价格竞争系数的增加而减少。

证明：通过对 w_{HR}^{*}关于 γ,τ_m,τ_p的一阶导数易得当$(\kappa_i-\kappa_j)(\phi_i-\phi_j)>0$ 时，$\frac{\partial w_{HR}^{*}}{\partial\gamma}<0,\frac{\partial w_{HR}^{*}}{\partial\tau_m}<0,\frac{\partial w_{HR}^{*}}{\partial\tau_p}>0$。当$(\kappa_i-\kappa_j)(\phi_i-\phi_j)<0$ 时，$\frac{\partial w_{HR}^{*}}{\partial\gamma}>0,\frac{\partial w_{HR}^{*}}{\partial\tau_m}>0,\frac{\partial w_{HR}^{*}}{\partial\tau_p}<0$。

若两零售企业对称即 $\kappa_i=\kappa_j=\kappa,\phi_i=\phi_j=\phi$,得到：

$$w_{HR}^{*}=\frac{c\beta+\phi}{2\beta},m_{HR}^{*}=\frac{\gamma(\phi-\beta c)}{2(-\gamma^2+2\beta\kappa)}$$

$$p_{HR}^{*}=\frac{c\beta^2\kappa+3\beta\kappa\phi-(c\beta+\phi)\gamma^2}{2(-\gamma^2+2\beta\kappa)}$$

$$\prod_{HR}^{R*}=\frac{\kappa(\phi-\beta c)^2}{8(-\gamma^2+2\beta\kappa)}$$

$$\Pi_{HR}^{M*}=\frac{\kappa(\phi-\beta c)^2}{2(-\gamma^2+2\beta\kappa)}$$

$$D_{HR}^{*}=\frac{\beta\kappa(-2\gamma^2+4\beta\kappa+\kappa\phi-\kappa\beta c)(\phi-c\beta)}{4(-\gamma^2+2\beta\kappa)^2}$$

二　制造商广告模型

对于制造商，其所面临的问题是如何选择产品批发价格及广告水平，使得其利润最大。零售商所面临的问题是如何确定产品销售价格，使得其利润最大。

作为领头的制造商，决策过程为：在 Stackerberg 博弈决策框架下，零售商根据自己与竞争对手的目标函数、制造商的反应函数确定销售价格；制造商根据零售商的决策确定批发价及广告水平，决策模型为：

$$\max_{w,m\geqslant 0}\Pi_{HM}^{M}=(w-c)(\phi_i-\beta p_i+\phi_j-\beta p_j+\gamma m)-m^2\kappa/2$$

$$\begin{aligned} s.t.\quad p_i,\ p_j\in\ & \mathrm{argmax}(\Pi_{HM}^{R}+\Pi_{HM}^{R}) \\ &=(p_i-w)(\phi_i-\beta p_i+\tau_p(p_j-p_i)+\gamma m/2)+ \\ &\quad (p_j-w)(\phi_j-\beta p_i+\tau_p(p_i-p_j)+\gamma m/2) \end{aligned}$$

其中 $i=1,\ 2;\ j=3-i$。

采用逆向归纳法求解这个博弈均衡。首先考虑制造商给定批发价 w 与广告水平 m 的情况下，零售商的最优选择。零售商的问题是：

$$\begin{aligned} \max_{p_i,p_j>0}(\Pi_{HM}^{R_i}+\Pi_{HM}^{R_j}) &=(p_i-w)(\phi_i-\beta p_i+\tau_p(p_j-p_i)+\gamma m/2)+ \\ &\quad (p_j-w)(\phi_j-\beta p_i+\tau_p(p_i-p_j)+\gamma m/2) \end{aligned}$$

由于$\dfrac{\partial^2(\Pi_{HM}{}^{R_i}+\Pi_{HM}{}^{R_j})}{\partial p_i^2}=\dfrac{\partial^2(\Pi_{HM}^{R}+\Pi_{HM}^{R})}{\partial p_j^2}=-2\beta-2\tau_p<0$，因此存在着最优反应函数使得零售商利润最大。其最优化的一阶条件意味着 $p_{HM}^{R_i*}$，$p_{HM}^{R_j*}$满足：

$$\frac{\partial(\Pi_{HM}^{R_i}+\Pi_{HM}^{R_j})}{\partial p_i}=0,\ \frac{\partial(\Pi_{HM}^{R_i}+\Pi_{HM}^{R_j})}{\partial p_j}=0$$

解得：

$$p_{HM}^{R_i*}=\frac{\beta(2w\beta+m\gamma+2\phi_i)+2\tau_p(2w\beta+m\gamma+\phi_i+\phi_j)}{4\beta^2+8\beta\tau_p}$$

$$p_{HM}^{R_j^*}=\frac{\beta(2w\beta+m\gamma+2\phi_j)+2\tau_p(2w\beta+m\gamma+\phi_i+\phi_j)}{4\beta^2+8\beta\tau_p}$$

将 p_i^*、p_j^* 代入$\prod_{HM}^{M}$,则制造商在第一阶段的问题是:

$$\max_{w,m\geqslant 0}\prod_{HM}^{M}=(w-c)(\phi_i-\beta p_i+\phi_j-\beta p_j+\gamma m)-m^2\kappa/2$$

因为 $\frac{\partial(\prod_{HM}^{M})^2}{\partial w^2}=-2\beta$, $\frac{\partial(\prod_{HM}^{M})^2}{\partial m^2}=-\kappa$, $\frac{\partial(\prod_{HM}^{M})^2}{\partial m\partial w}=\gamma/2$, $\frac{\partial(\prod_{HM}^{M})^2}{\partial w^2}\frac{\partial(\prod_{HM}^{M})^2}{\partial m^2}-\frac{\partial(\prod_{HM}^{M})^2}{\partial m\partial w}\frac{\partial(\prod_{HM}^{M})^2}{\partial m\partial w}=-\gamma^2/4+2\beta\kappa>0$,因此$\prod_{HM}^{M}$是关于批发价 w 与广告水平 m 严格凹函数,因此有最优解(w,m)使得制造商利润最大。令其一阶条件为0:

$$\partial\prod_{HM}^{M}/\partial m=(-c\gamma+w\gamma-2m\kappa)/2=0$$

$$\partial\prod_{HM}^{M}/\partial w=(\phi_i+\phi_j+m\gamma+2c\beta-4w\beta)/2=0$$

解得:$w_{HM}^*=\frac{2\kappa(\phi_i+\phi_j+2\beta c)-c\gamma^2}{-\gamma^2+8\beta\kappa}$,$m_{HM}^*=\frac{\gamma(\phi_i+\phi_j-2\beta c)}{-\gamma^2+8\beta\kappa}$,

从而得到:

$$p_{HM}^{R_i^*}=\frac{4c\beta(-\gamma^2+2\beta\kappa)+(-\gamma^2+20\beta\kappa)\phi_i+(\gamma^2+4\beta\kappa)\phi_j+8\tau_p(3\kappa\phi_i+3\kappa\phi_j+2c\beta\kappa-c\gamma^2)}{4(-\gamma^2+8\beta\kappa)(\beta+2\tau_p)}$$

$$p_{HM}^{R_j^*}=\frac{4c\beta(-\gamma^2+2\beta\kappa)+(-\gamma^2+20\beta\kappa)\phi_j+(\gamma^2+4\beta\kappa)\phi_i+8\tau_p(3\kappa\phi_i+3\kappa\phi_j+2c\beta\kappa-c\gamma^2)}{4(-\gamma^2+8\beta\kappa)(\beta+2\tau_p)}$$

$$D_{HM}^*=\frac{2\beta\kappa(\phi_i+\phi_j-2\beta c)}{-\gamma^2+8\beta\kappa},$$

$$\prod_{HM}^{M*}=\frac{\kappa(\phi_i+\phi_j-2\beta c)^2}{8(-\gamma^2+2\beta\kappa)}$$

$$\prod_{HM}^{R_i^*}=\frac{[8c\beta^2\kappa+(\gamma^2-12\beta\kappa)\phi_i+8\kappa\tau_p(2c\beta-\phi_i-\phi_j)-\gamma^2\phi_j+4\beta\kappa\phi_j][8c\beta^2\kappa+(\gamma^2-12\beta\kappa)\phi_i-(\gamma^2-4\beta\kappa)\phi_j]}{16(-\gamma^2+8\beta\kappa)^2(\beta+2\tau_p)}$$

$$\prod_{HM}^{R_j^*}=\frac{[8c\beta^2\kappa+(\gamma^2-12\beta\kappa)\phi_j+8\kappa\tau_p(2c\beta-\phi_i-\phi_j)-\gamma^2\phi_i+4\beta\kappa\phi_i][8c\beta^2\kappa+(\gamma^2-12\beta\kappa)\phi_j-(\gamma^2-4\beta\kappa)\phi_i]}{16(-\gamma^2+8\beta\kappa)^2(\beta+2\tau_p)}$$

若两零售企业对称即 $\kappa_i=\kappa_j=\kappa,\phi_i=\phi_j=\phi$,得到:

$$w_{HM}^*=\frac{c\gamma^2-4c\beta\kappa-4\kappa\phi}{\gamma^2-8\beta\kappa},\ m_{HM}^*=\frac{2\gamma(c\beta-\phi)}{\gamma^2-8\beta\kappa},\ p_{HM}^*=\frac{-c\gamma^2+2c\beta\kappa+6\kappa\phi}{-\gamma^2+8\beta\kappa}$$

$$\Pi_{HM}^{R*}=\frac{4\beta\kappa^2\ (\phi-c\beta)^2}{(-\gamma^2+8\beta\kappa)^2},\ \Pi_{HM}^{M*}=\frac{2\kappa\ (\phi-c\beta)^2}{-\gamma^2+8\beta\kappa},\ D_{HM}^*=\frac{4\beta\kappa\ (\phi-\beta c)}{-\gamma^2+8\beta\kappa}$$

第四节 灵敏性分析

根据以上四种情况，在零售商是对称的条件下，归纳如表 6－1 所示，有如下命题：

表 6－1 对称情况下广告与价格联合决策模型最优结果

	JR	JM	HR	HM
m	$\frac{(c\beta-\phi)(\gamma+\tau_m)}{2(\gamma^2-2\beta\kappa+\gamma\tau_m-\kappa\tau_p)}$	$\frac{2\gamma(\phi-c\beta)(\beta+\tau_p)}{\beta(-\gamma^2+8\beta\kappa)+(-\gamma^2+4\beta\kappa)\tau_p}$	$\frac{\gamma(\phi-\beta c)}{2(-\gamma^2+2\beta\kappa)}$	$\frac{2\gamma(c\beta-\phi)}{\gamma^2-8\beta\kappa}$
p	$\frac{(c\beta+\phi)(\gamma\tau_m-\kappa\tau_p)+c\beta\gamma^2-c\beta^2\kappa+\gamma^2\phi-3\beta\kappa\phi}{2\beta(\gamma^2-2\beta\kappa+\gamma\tau_m-\kappa\tau_p)}$	$\frac{\beta(-c\gamma^2+2\kappa c\beta+6\kappa\phi)+(-c\gamma^2+2c\beta\kappa+2\kappa\phi)\tau_p}{\beta(-\gamma^2+8\beta\kappa)+(-\gamma^2+4\beta\kappa)\tau_p}$	$\frac{c\beta^2\kappa+3\beta\kappa\phi-(c\beta+\phi)\gamma^2}{2(-\gamma^2+2\beta\kappa)}$	$\frac{-c\gamma^2+2c\beta\kappa+6\kappa\phi}{-\gamma^2+8\beta\kappa}$
w	$\frac{c\beta+\phi}{2\beta}$	$\frac{\beta(-c\gamma^2+4\kappa c\beta+4\kappa\phi)+(-c\gamma^2+2c\beta\kappa+2\kappa\phi)\tau_p}{\beta(-\gamma^2+8\beta\kappa)+(-\gamma^2+4\beta\kappa)\tau_p}$	$\frac{c\beta+\phi}{2\beta}$	$\frac{c\gamma^2-4c\beta\kappa-4\kappa\phi}{\gamma^2-8\beta\kappa}$
D	$\frac{\kappa(\phi-c\beta)(\beta+\tau_p)}{-\gamma^2+2\beta\kappa-\gamma\tau_m+\kappa\tau_p}$	$\frac{4\beta\kappa(\phi-c\beta)(\beta+\tau_p)}{\beta(-\gamma^2+8\beta\kappa)+(-\gamma^2+4\beta\kappa)\tau_p}$	$\frac{\beta\kappa(-2\gamma^2+4\beta\kappa+\kappa\phi-\kappa\beta c)(\phi-c\beta)}{4(-\gamma^2+2\beta\kappa)^2}$	$\frac{4\beta\kappa(\phi-\beta c)}{-\gamma^2+8\beta\kappa}$
Π^M	$\frac{\kappa(-c\beta+\phi)^2(\beta+\tau_p)}{2\beta(\gamma^2-2\beta\kappa+\gamma\tau_m-\kappa\tau_p)}$	$\frac{2\kappa(\phi-c\beta)^2(\beta+\tau_p)}{\beta(-\gamma^2+8\beta\kappa)+(-\gamma^2+4\beta\kappa)\tau}$	$\frac{\kappa(\phi-\beta c)^2}{2(-\gamma^2+2\beta\kappa)}$	$\frac{2\kappa(\phi-c\beta)^2}{-\gamma^2+8\beta\kappa}$
Π^R	$\frac{\kappa(-c\beta+\phi)^2(-\gamma^2+2\beta\kappa-2\gamma\tau_m-\tau_m^2+2\kappa\tau_p)}{8(\gamma^2-2\beta\kappa+\gamma\tau_m-\kappa\tau_p)^2}$	$\frac{4\beta^2\kappa^2(\phi-c\beta)^2(\beta+\tau_p)}{[\beta(-\gamma^2+8\beta\kappa)+(-\gamma^2+4\beta\kappa)\tau_p]^2}$	$\frac{\kappa(\phi-\beta c)^2}{8(-\gamma^2+2\beta\kappa)}$	$\frac{4\beta\kappa^2(\phi-c\beta)^2}{(-\gamma^2+8\beta\kappa)^2}$

命题 6－12：$\frac{\partial m_i^*}{\partial \gamma}>0$，$\frac{\partial m_i^*}{\partial \kappa}<0$，$\frac{\partial m_i^*}{\partial \beta}<0$（$i=JR$，$JM$，$HR$，$HM$）；$\frac{\partial m_{JR}^*}{\partial \tau_p}<0$，$\frac{\partial m_{JM}^*}{\partial \tau_p}>0$，$\frac{\partial m_{JR}^*}{\partial \tau_m}>0$。

命题 6－12 说明在四种情况下的最优广告水平均随着广告效率的增加而增加，随着广告成本的增加而减少，随着价格敏感系数的增加而减少。竞争的零售商做广告时广告水平随着价格竞争因子的增加而减少，制造商做广告时广告水平随着价格竞争因子的增加而增加。价格竞争因子对合作的零售商的广告水平无影响。竞争的零售商做广告时的广告水平随着广告竞争因子的增加而增加，竞争因子对其他情况下的广告水平无影响。

命题 6－13：$\frac{\partial w_{JM}^*}{\partial \kappa}<0$，$\frac{\partial w_{HM}^*}{\partial \kappa}<0$，$\frac{\partial w_{JR}^*}{\partial \kappa}=\frac{\partial w_{HR}^*}{\partial \kappa}=0$；$\frac{\partial w_{JM}^*}{\partial \gamma}>0$，$\frac{\partial w_{HM}^*}{\partial \gamma}>0$，$\frac{\partial w_{JR}^*}{\partial \gamma}=\frac{\partial w_{HR}^*}{\partial \gamma}=0$；$\frac{\partial w_i^*}{\partial \beta}<0$（$i=JR$，$JM$，$HR$，$HM$）；$\frac{\partial w_{JM}^*}{\partial \tau_p}>0$，$\frac{\partial w_i^*}{\partial \tau_p}=0$（$i=JR$，$HR$，$HM$）；$\frac{\partial w_i^*}{\partial \tau_m}=0$（$i=JR$，$JM$，$HR$，$HM$）。

命题 6－13 说明制造商做广告时，最优批发价随着广告成本系数的增加而减少，其他情况下，广告成本系数对最优批发价无影响。制造商做广告时，最优批发价随着广告效率因子的增加而增加，其他情况下，广告成本系数对最优批发价无影响。最优批发价随着价格敏感系数的增加而减少，广告竞争系数对其无影响。

命题 6－14：$\frac{\partial p_i^*}{\partial \gamma}>0$，$\frac{\partial p_i^*}{\partial \kappa}<0$，$\frac{\partial p_i^*}{\partial \beta}<0$（$i=JR$，$JM$，$HR$，$HM$）；$\frac{\partial p_{JR}^*}{\partial \tau_p}<0$，$\frac{\partial p_{JM}^*}{\partial \tau_p}<0$，$\frac{\partial p_{HR}^*}{\partial \tau_p}=\frac{\partial p_{HM}^*}{\partial \tau_p}=0$；$\frac{\partial p_{JR}^*}{\partial \tau_m}>0$，$\frac{\partial p_{JM}^*}{\partial \tau_m}=\frac{\partial p_{HR}^*}{\partial \tau_m}=\frac{\partial p_{HM}^*}{\partial \tau_m}=0$。

命题 6－14 说明在四种情况下的最优产品价格均随着广告效率的增加而增加，随着广告成本的增加而减少，随着价格敏感系数的增加而减少。

命题 6－15：$\frac{\partial \Pi_i^{R*}}{\partial \gamma}>0$，$\frac{\partial \Pi_i^{R*}}{\partial \kappa}<0$，$\frac{\partial \Pi_i^{R*}}{\partial \beta}<0$（$i=JR$，$JM$，$HR$，$HM$）；$\frac{\partial \Pi_i^{M*}}{\partial \gamma}>0$，$\frac{\partial \Pi_i^{M*}}{\partial \kappa}<0$，$\frac{\partial \Pi_i^{M*}}{\partial \beta}<0$（$i=JR$，$JM$，$HR$，$HM$）。

命题 6－15 说明在四种情况下的最优零售商利润与制造商利润均随着广告效率的增加而增加，随着广告成本的增加而减少，随着价格敏感系数的增加而减少。

命题 6－16：若两零售商对称，则当 $3\beta\gamma+4\beta\tau_m-\gamma\tau_p>0$ 时，有 $D_{JR}^*>D_{JM}^*$，$\Pi_{JR}^{M*}>\Pi_{JM}^{M*}$；当 $3\beta\gamma+4\beta\tau_m-\gamma\tau_p<0$ 时，有 $D_{JR}^*<D_{JM}^*$，$\Pi_{JR}^{M*}<\Pi_{JM}^{M*}$；$D_{JM}^*>D_{HM}^*$，$\Pi_{JM}^{M*}>\Pi_{HM}^{M*}$，$\Pi_{HR}^{M*}>\Pi_{HM}^{M*}$。

证明：根据假设 4，由于

$$D_{JR}^*-D_{JM}^*=\frac{\kappa\gamma(\phi-c\beta)(\beta+\tau_p)(3\beta\gamma+4\beta\tau_m-\gamma\tau_p)}{(-\gamma^2+2\beta\kappa-\gamma\tau_m+\kappa\tau_p)(\beta(-\gamma^2+8\beta\kappa)+(-\gamma^2+4\beta\kappa)\tau_p)}$$

$$\Pi_{JR}^{M*}-\Pi_{JM}^{M*}=\frac{\kappa\gamma(c\beta-\phi)^2(\beta+\tau_p)(3\beta\gamma+4\beta\tau_m-\gamma\tau_p)}{2\beta(-\gamma^2+2\beta\kappa-\gamma\tau_m+\kappa\tau_p)(\beta(-\gamma^2+8\beta\kappa)+(-\gamma^2+4\beta\kappa)\tau_p)},$$

因此当 $3\beta\gamma+4\beta\tau_m-\gamma\tau_p>0$ 时，有 $D_{JR}^*>D_{JM}^*$，$\Pi_{JR}^{M*}>\Pi_{JM}^{M*}$；当 $3\beta\gamma+4\beta\tau_m-\gamma\tau_p<0$ 时，有 $D_{JR}^*<D_{JM}^*$，$\Pi_{JR}^{M*}<\Pi_{JM}^{M*}$。

因为

$$D_{JM}^*-D_{HM}^*=\frac{16\kappa^2\beta^2(\phi-\beta c)}{(-\gamma^2+8\beta\kappa)(\beta(-\gamma^2+8\beta\kappa)+(-\gamma^2+4\beta\kappa)\tau_p)}>0$$

$$\Pi_{JM}^{M*}-\Pi_{HM}^{M*}=\frac{8\kappa^2\beta(\phi-\beta c)^2\tau_p}{(-\gamma^2+8\beta\kappa)(\beta(-\gamma^2+8\beta\kappa)+(-\gamma^2+4\beta\kappa)\tau_p)}>0$$

$$\Pi_{HR}^{M*}-\Pi_{HM}^{M*}=\frac{3\kappa\gamma^2(\phi-\beta c)^2}{2(-\gamma^2+8\beta\kappa)(-\gamma^2+2\beta\kappa)}>0$$

故有 $D_{JM}^*>D_{HM}^*$，$\Pi_{JM}^{M*}>\Pi_{HM}^{M*}$，$\Pi_{HR}^{M*}>\Pi_{HM}^{M*}$。

命题 6－16 说明，当两零售商对称时，在价格敏感因子与广告效率因子一定的情况下，对于竞争的零售商，若广告竞争因子与价格竞争因子满足 $3\beta\gamma+4\beta\tau_m-\gamma\tau_p>0$，此时制造商无论是需要市场需求量最大化还是自己利润最大化，均采用零售商广告策略；否则采用制造商广告策略。而在制造商广告的情形下，零售商竞争时的市场需求量与制造商的利润均较零售商合作时的大，因此此情形下制造商应激励零售商竞争。而在零售商合作的情形下，制造商的利润在零售商广告时较大，此时则应将广告权交予零售商。

第五节　模型仿真

由于各种情形下需求量与利润间的相互比较很困难，因此本节将在验证上述结论的同时，并对模型进一步分析。现假设两零售商是对称的，取 $\beta=100$，$\phi_i=\phi_j=10000$，$c=10$，$\gamma=10$，$\kappa_i=\kappa_j=2$，$\tau_m=4$，竞争与合作情形下的多零售商的价格与广告联合决策模型仿真结果如表 6－2、表 6－3、表 6－4 所示。

表 6－2　　当 $\tau_p=100$ 时竞争的零售商仿真结果

	m		p	w	D	Π^R	Π^M
制造商广告	0	163	76	59	6545	53553	294545
零售商广告	137	0	74	55	7826	57802	352174

表 6－3　　当 $\tau_p=1000$ 时竞争的零售商仿真结果

	m		p	w	D	Π^R	Π^M
制造商广告	0	232	65	60	9317	19731	419294
零售商广告	27	0	58	55	8761	16667	394248

表 6－4　　当 $\tau_p=1000$ 时合作的零售商仿真结果

	m		p	w	D	Π^R	Π^M
制造商广告	0	120	82	58	4800	57600	216000
零售商广告	150	0	85	55	9300	67500	270000

由表 6－2 可知，当 $\tau_p=100$ 时，$3\beta\gamma+4\beta\tau_m-\gamma\tau_p>0$，此时零售

商广告时投入的广告总水平为274，较制造商广告时投入的要大，且此时批发价与零售价均较制造商广告时小，而市场需求量、零售商利润及制造商利润较制造商广告时大。由表6－3可知，当$\tau_p=1000$时，$3\beta\gamma+4\beta\tau_m-\gamma\tau_p<0$，此时零售商广告时投入的广告总水平为54，较制造商广告时投入的要小，且此时批发价与零售价均仍较制造商广告时小，而市场需求量、零售商利润及制造商利润较制造商广告时小。这说明在价格敏感因子及广告效率一定的情况下，制造商无论是选择利润最大化还是市场需求量最大化为目标，采用哪种广告形式取决于广告竞争因子与价格竞争因子的大小。

当$\tau_p=1000$时，制造商广告时零售商竞争时的需求量、制造商利润大于零售商合作时的需求量、制造商利润。由表6－4也可看出，制造商利润在零售商广告时较制造商广告时大。通过对比表6－2与表6－3的数据，可以看出合作使得零售商利润增加，但制造商利润减小。在合作的零售商广告时投入最优广告总量较其他三种情形大，其产品零售价也最高，但其市场需求量却比制造商广告零售商竞争时要小，这说明要最大限度地挖掘市场需求量，要求价格与广告投入量的平衡。

本章先从拍卖理论的角度来研究物流中多物品的最优配置问题，分别从统一价格拍卖与歧视价格拍卖两个方面来研究在制造商供应量变化时供应量的价格选择与零售商的最优报价问题。然后分析了制造商领导下多个零售商竞争与合作时，制造商做广告与零售商做广告的供应链广告模型，给出了制造商与零售商在不同的目标下广告投入水平、批发价及零售价的最优选择。

第七章　闭环供应链中制造商与零售商的价格与广告决策

地球上的资源一般是不可再生资源，且数量有限，随着人类大规模地开采与使用，自然资源总会有一天面临枯竭，而面对社会使用过的众多产品，在其报废之后由于没有得到合理的回收利用而造成资源的闲置与浪费。在资源日渐枯竭的今天，对产品通过实施闭环供应链管理，可以将废旧产品回收再利用，从而实现资源的循环再利用，以达到减少资源的消耗和对环境的污染以及降低产品成本的目的。

实际上，广告不仅可以让消费者了解产品消息、增加市场销量，若在广告中加入回收信息，一方面不仅能降低消费者成本、增加市场需求，另一方面也有助于废旧产品回收、降低产品成本，而基于此思想的闭环供应链的广告决策研究较少。相对于一般供应链而言，闭环供应链在当今社会更具有现实意义。闭环供应链是2003年提出的新物流概念。它是指企业从采购到最终销售的完整供应链的循环，包括产品回收与生命周期支持的逆向物流。其目的主要是对物料的流动进行封闭处理，不仅可以减少污染排放和剩余废物，而且达到以较低的成本为顾客提供服务。闭环供应链的产生根源有以下五点原因：一是来自政府的压力；二是来自国际标准组织及环保组织的压力；三是来自消费者和消费厂商的压力；四是来自企业自身追逐逆向物流所能带来的收益；五是来自网上直销和电子商务活动的增加。也就是说逆向物流的形成与发展是在经济利益、环保法规以及消费者环保意识等诸多因素的驱动之下而实现的（Gonzalez et al. , 2004）。故闭环供应链不仅具有传统供应链的意义，而且对可持续发展有着重要的现实意义。随着社会的进步与科学技术的提高，闭环物流在企业中的应用越来越广泛，市场需求也不断增大，已经成为物流与供应链管理的新的发展趋势（Barros et al. , 1998；Beullens et al. , 2004）。

本章在闭环供应链管理的基础之上，研究广告在不同的回收渠道的作用，即在不同的回收渠道，应如何选择广告水平、产品批发价、产品零售价使得制造商、零售商的利润达到最大化。

第一节　模型假设

假设 1：设 p 为产品零售价，β 为需求关于价格的敏感因子，ϕ 为市场基数，c_m 为制造一个新产品的成本，则无广告投入时市场需求函数为 $D(p)=\phi-\beta p$，其中价格敏感因子 β 表示价格每增加一个单位，需求量则减少 β 单位。为保证市场需求在 $p=c_m$ 时为非负，设 $\phi>\beta c_m$。当投入广告水平为 m 时，产品需求量为：$D(p, m)=\phi-\beta p+\gamma m$，广告营销效率因子 γ 意味着广告每增加一单位，需求量则增加 γ 单位，它不仅与广告本身制作有关，也与市场环境相关，例如广大消费者越分散，则广告效率就越低。对于投入水平为 m 的广告，其广告费用为 $m^2\kappa/2$，其中 κ 为广告成本因子。

设 w 为制造商给零售商的单位产品批发价，b 为零售商的回收产品卖给制造商的单位废旧产品转卖价。记 $\prod_l^{ij}$ 表示在 i 负责回收 j 负责做广告时成员 l 的利润，其中 i，$j=M$，R，$l=M$，R，T。此处 M 表示制造商，R 表示零售商，T 表示整个闭环供应链系统。

假设 2：产品制造商对废旧产品的再制造已经相当熟悉，无论通过原材料还是废旧产品的部分或者全部，都可以制造成同质新产品。设 c_r 为将一个回收产品制造成新产品的成本，且 $c_r<c_m$。此条件保证制造商倾向于通过更多的回收产品来减少产品的成本。

假设 3：广告中不仅包含刺激需求的信息，还包含产品回收信息。用$\tau(m)$ 表示从消费者手中回收废旧产品的回收率，其中 $0 \leqslant \tau \leqslant 1$。设回收率与广告水平满足关系式$\tau(m) = \lambda m$，其中 λ 为关于广告回收效率因子，表示广告对回收效率的影响。

通过假设 2 和假设 3，可以得到产品的平均制造成本 $c = c_m(1 - \tau) + c_r \tau$。若$\tau = 1$，则表示每位顾客均返还其废旧产品，这时制造商的成本为 c_r。若$\tau = 0$，则表示没有产品回收，制造商生产新产品全部由新原材料提供，此时制造商的成本为 c_m。用 $\Delta = c_m - c_r$ 表示单位回收产品加工成新产品节约的成本，则平均成本为 $c_m - \tau\Delta$。

假设 4： 单位废旧产品的回收与存储成本为 A。对于制造商，有 $A < \Delta$，即单位回收成本必须小于单位废旧产品加工成新产品所节约的成本，否则，制造商不回收旧产品。若零售商回收产品，则单位回收价格不应高于由回收产品加工成新产品所节约的成本，即 $b \leqslant \Delta$，而零售商从制造商每单位得到的转卖价 b 应高于单位的回收与存储成本，即 $b > A$。令 $\nu = \Delta - A$，则 ν 表示单位回收产品加工成新产品实际节约的成本。

由以上假设可知，广告与回收总的成本为 $1/2\kappa m^2 + Am\lambda D(p, m)$。

假设 5： 在所有的供应链模型中，供应链中的各方的信息对称，且制造商有充分的渠道能力来选择零售商与第三方回收商。

假设 6： 假设参数 λ 足够小，使得$\tau < 1$，且满足 $(\gamma + \beta\lambda\nu)^2 - 2\beta\kappa < 0$，即 $\lambda < (\sqrt{2\beta\kappa} - \gamma)/(\nu\beta)$。此条件保证了回收制造商如果将所有的产品都回收，成本将会非常大。

第二节　模型建立

一　集中决策广告模型

在集中回收广告模型中，制造商和零售商为一个整体，因此只有一个决策者，此时批发价格 w 与废旧物品转移价格 b 与目标函数无关。故此模型的总体利润函数为：

$$\max_{p>0,m>0}\prod_T^{TT}(p,\ m)=(\phi-\beta p+\gamma m)(p-c_m+\Delta m\lambda)-1/2\kappa m^2-A m\lambda(\phi-\beta p+\gamma m) \quad (7-1)$$

由于 $\partial^2\prod_T^{TT}/\partial m^2=-\kappa+2\gamma\lambda(\Delta-A)\leqslant(-\kappa\beta+2\gamma\sqrt{2\beta\kappa}-2\gamma^2)/\beta\leqslant-(\sqrt{\kappa\beta}-\sqrt{2}\gamma)^2/\beta<0$，$\partial^2\prod_T^{TT}/\partial p^2=-2\beta<0$，$(\partial^2\prod_T^{TT}/\partial m^2)(\partial^2\prod_T^{TT}/\partial p^2)-(\partial^2\prod_T^{TT}/\partial p\partial m)^2=-(\gamma+\beta\lambda\nu)^2+2\beta\kappa>0$。因此，$\prod_T^{TT}$ 关于 p，m 为凹函数。根据其一阶条件可得到：

$$p^{TT*}=\frac{\kappa(\phi+\beta c_m)-\lambda\gamma\nu(\phi+\beta c_m)-\beta\lambda^2\nu^2\phi+\gamma^2c_m}{-(\gamma+\beta\lambda\nu)^2+2\beta\kappa}$$

$$m^{TT*}=\frac{(\gamma+\beta\lambda\nu)(\phi-\beta c_m)}{-(\gamma+\beta\lambda\nu)^2+2\beta\kappa}$$

将 p^{TT*}、m^{TT*} 代入式(7-1)，得到：

$$D^{TT*}(p,\ m)=\frac{\beta\kappa(\phi-\beta c_m)}{-(\gamma+\beta\lambda\nu)^2+2\beta\kappa}$$

$$\prod_T^{TT*}=\frac{\kappa(\phi-\beta c_m)^2}{-2(\gamma+\beta\lambda\nu)^2+4\beta\kappa}$$

二 制造商回收制造商广告模型（MM 模型）

在本模型中制造商负责旧产品回收，负责发布关于产品需求与旧产品回收的广告与产品生产，零售商负责产品销售。

制造商作为闭环供应链中的领导者，与零售商进行两阶段博弈，博弈顺序为：①制造商负责回收旧商品，并决定批发价格 w 和广告投入 m；②零售商决策产品销售价格 p。

由于上述博弈为完全信息动态博弈，其均衡是子博弈精炼纳什均衡，采用逆向归纳法来求解博弈。对于制造商给定的批发价格 w 和 m，零售商的问题是：

$$\max_{p>0}\prod_R^{MM}(p)=(p-w)(\phi-\beta p+\gamma m) \quad (7-2)$$

由于 $\partial^2\prod_R^{MM}/\partial p^2=-2\beta<0$，故 $\prod_R^{MM}$ 是关于 p 的凹函数，根据其一阶条件得到：

$$p^{MM*}=\frac{\phi+\beta w+m\gamma}{2\beta} \quad (7-3)$$

由于制造商预测到零售商会根据式（7-3）来选择 p，那么制造商在第一阶段的问题是：

$$\max_{w>0,m>0}\prod_M^{MM}(w,\ m)=(\phi-\beta p^{MM*}+\gamma m)(p^{MM*}-c_m+\Delta m\lambda)-1/2\kappa m^2-Am\lambda(\phi-\beta p^{MM*}+\gamma m)\qquad(7-4)$$

由于$\frac{\partial^2\prod_M^{MM}}{\partial m^2}=-\kappa+\lambda\gamma\nu<-\kappa+2\lambda\gamma\nu<0$，$\frac{\partial^2\prod_M^{MM}}{\partial w^2}=-\beta<0$，$\frac{\partial^2\prod_M^{MM}}{\partial m^2}\frac{\partial^2\prod_M^{MM}}{\partial w^2}-(\frac{\partial^2\prod_M^{MM}}{\partial w\partial m})^2=\frac{-(\gamma+\beta\lambda\nu)^2+4\beta\kappa}{4}>0$。故$\prod_M^{MM}$是关于批发价格 w 和广告投入水平 m 的联合凹函数。根据一阶条件：

$$w^{MM*}=\frac{2\kappa(\phi+\beta c_m)-\lambda\gamma\nu(\phi+\beta c_m)-\beta\lambda^2\nu^2\phi+\gamma^2c_m}{-(\gamma+\beta\lambda\nu)^2+4\beta\kappa}$$

$$m^{MM*}=\frac{(\gamma+\beta\lambda\nu)(\phi-\beta c_m)}{-(\gamma+\beta\lambda\nu)^2+4\beta\kappa}$$

将 w^{MM*}，m^{MM*} 代入式（7－3）得到：

$$p^{MM*}=\frac{(3\kappa+\nu\lambda(-\gamma-\lambda\beta\nu))\phi+(-\gamma^2+\beta\kappa+\beta\gamma\nu\lambda)c_m}{-(\gamma+\beta\lambda\nu)^2+4\beta\kappa}$$

$$D^{MM*}=\frac{\beta\kappa(\phi-\beta c_m)}{-(\gamma+\beta\lambda\nu)^2+4\beta\kappa}$$

将 w^{MM*}、m^{MM*}、p^{MM*} 代入式(7－2)、式(7－4)得到制造商、零售商、供应链系统总利润分别为：

$$\prod_M^{MM*}=\frac{\kappa(\phi-\beta c_m)^2}{2(-(\gamma+\beta\lambda\nu)^2+4\beta\kappa)}$$

$$\prod_R^{MM*}=\frac{\beta\kappa^2(\phi-\beta c_m)^2}{(-(\gamma+\beta\lambda\nu)^2+4\beta\kappa)^2}$$

$$\prod_T^{MM*}=\frac{\kappa(-(\gamma+\beta\lambda\nu)^2+6\beta\kappa)(\phi-\beta c_m)^2}{2(-(\gamma+\beta\lambda\nu)^2+4\beta\kappa)^2}$$

三　制造商回收零售商广告模型（MR 模型）

在本模型中，制造商负责回收与产品生产，零售商负责发布关于产品需求与旧产品回收的广告并销售产品。

作为闭环供应链中的领导者，制造商与零售商进行两阶段博弈，博弈顺序为：①制造商负责回收旧商品，并决定批发价格 w；②零售商决策产品销售价格 p 和广告投入 m。由于上述博弈为完全信息动态博弈，其均衡是子博弈精炼纳什均衡，因此可以采用逆向归纳法来求解博弈。因此对于制造商给定的批发价格 w，零售商的问题是：

$$\max_{p,m>0}\prod_{R}^{MR}(p,\ m)=(p-w)(\phi-\beta p+\gamma m)-\kappa m^2/2 \tag{7-5}$$

由于 $\frac{\partial^2\prod_R^{MR}}{\partial p^2}=-2\beta<0$，$\frac{\partial^2\prod_R^{MR}}{\partial m^2}=-\kappa<0$，$\frac{\partial^2\prod_R^{MR}}{\partial m^2}\frac{\partial^2\prod_R^{MR}}{\partial p^2}-\left(\frac{\partial^2\prod_R^{MR}}{\partial p\partial m}\right)^2=-\gamma^2+2\beta\kappa>0$，因此式(7-5)是关于 p 和 m 的联合凹函数，存在 p 和 m 使得 $\prod_R^{MR}$ 最大。根据其一阶条件，得到零售商的最优反应为：

$$p^{MR}=\frac{w\gamma^2-w\beta\kappa-\kappa\phi}{\gamma^2-2\beta\kappa},\quad m^{MR}=\frac{\gamma(w\beta-\phi)}{\gamma^2-2\beta\kappa} \tag{7-6}$$

由于制造商预测到零售商会根据式（7-6）来选择 p 和 m，对于给定的 p 和 m，制造商在第一阶段的问题是：

$$\max_{w>0}\prod_M^{MR}(w)=(\phi-\beta p+\gamma m)(w-c_m+\Delta m\lambda)-Am\lambda(\phi-\beta p+\gamma m) \tag{7-7}$$

由于 $\frac{\partial^2\prod_M^{MR}}{\partial w^2}=-\frac{2\beta^2\kappa\ (-r^2+2\beta\kappa+\beta\gamma\lambda\nu)}{(\gamma^2-2\beta\kappa)^2}<0$，因此式（7-7）是关于 w 的凹函数，存在 w 使得 $\prod_M^{MR}$ 达到最大值。根据其一阶条件得到：$w^{MR*}=\frac{\phi}{2\beta}+\frac{-\gamma\lambda\nu\phi-\gamma^2c_m+2\kappa\beta c_m}{2\ (-\gamma^2+2\beta\kappa-\beta\gamma\lambda\nu)}$。

代入式（7-6）得到：

$$p^{MR*}=\frac{\phi}{2\beta}+\frac{-\gamma\lambda\nu\phi-\gamma^2c_m+\kappa(\phi+\beta c_m)}{2(-\gamma^2+2\beta\kappa-\beta\gamma\lambda\nu)}$$

$$m^{MR*}=\frac{\gamma(\phi-\beta c_m)}{2(-\gamma^2+2\beta\kappa-\beta\gamma\lambda\nu)}$$

$$D^{MR*}=\frac{\beta\kappa(\phi-\beta c_m)}{2(-\gamma^2+2\beta\kappa-\beta\gamma\lambda\nu)}$$

将 w^{MR*}、p^{MR*}、m^{MR*} 代入式（7-5）、式（7-7）得到制造商、零售商与闭环供应链系统的总利润为：

$$\prod_M^{MR*}=\frac{\kappa(\phi-\beta c_m)^2}{4(-\gamma^2+2\beta\kappa-\beta\gamma\lambda\nu)}$$

$$\prod_R^{MR*}=\frac{\kappa(-\gamma^2+2\beta\kappa)(\phi-\beta c_m)^2}{8(-\gamma^2+2\beta\kappa-\beta\gamma\lambda\nu)^2}$$

$$\prod_T^{MR*}=\frac{\kappa(-3\gamma^2+6\beta\kappa-2\beta\gamma\lambda\nu)(\phi-\beta c_m)^2}{8(-\gamma^2+2\beta\kappa-\beta\gamma\lambda\nu)^2}$$

四　零售商回收制造商广告模型（RM 模型）

在此模型中，制造商负责产品生产并发布关于产品需求与旧产品回收的广告，零售商负责产品销售与回收。

作为闭环供应链中的领导者，制造商与零售商进行两阶段博弈，博弈顺序为：①制造商发布关于产品需求与旧产品回收的广告，并决定批发价格 w、广告投入 m 及给零售商的单位回收价格 b；②零售商负责产品回收，决定产品销售价格 p。

由于上述博弈为完全信息动态博弈，其均衡是子博弈精炼纳什均衡，因此可以采用逆向归纳法来求解博弈。因此对于制造商给定的批发价格 w、广告投入 m 和单位回收价格 b，零售商的问题是：

$$\max_{p>0}\prod_R^{RM}(p)=(p-w)(\phi-\beta p+\gamma m)+b\lambda m(\phi-\beta p+\gamma m)-A\lambda m(\phi-\beta p+\gamma m)\tag{7-8}$$

由于 $\partial^2\prod_R^{RM}/\partial p^2=-2\beta<0$，因此 $\prod_R^{RM}$ 是关于 p 的凹函数，存在 p 使得 $\prod_R^{MR}$ 最大。根据其一阶条件，得到零售商的最优反应为：

$$p^{RM*}=\frac{\phi+\beta w+m(\gamma+(A-b)\beta\lambda)}{2\beta}\tag{7-9}$$

制造商预测到零售商会根据式（7－9）来选择 p，那么制造商在第一阶段的问题是：

$$\max_{m>0,w>0}\prod_M^{RM}=(w-c_m+\Delta m\lambda)(\phi-\beta p+\gamma m)-b\lambda m(\phi-\beta p+\gamma m)-\kappa m^2/2\tag{7-10}$$

由于 $\frac{\partial^2\prod_M^{RM}}{\partial w^2}=-\beta<0,\frac{\partial^2\prod_M^{RM}}{\partial m^2}=-\kappa-(b-\Delta)\lambda(\gamma+(b-A)\beta\lambda)<0$，$\frac{\partial^2\prod_M^{RM}}{\partial m^2}\frac{\partial^2\prod_M^{RM}}{\partial w^2}-(\frac{\partial^2\prod_M^{RM}}{\partial w\partial m})^2=\frac{-(\gamma+\beta\lambda\nu)^2+4\beta\kappa}{4}>0$。故 $\prod_M^{RM}$ 是

关于批发价格 w 和广告投入水平 m 的联合凹函数。根据一阶条件有：

$$m^{RM*}=\frac{(\gamma+\beta\lambda\nu)(\phi-\beta c_m)}{-(\gamma+\beta\lambda\nu)^2+4\beta\kappa}$$

$$w^{RM*}=\frac{\phi+\beta c_m}{2\beta}+\frac{(\gamma+\beta\lambda\nu)(\gamma-\beta\lambda(\Delta+A-2b))(\phi-\beta c_m)}{2\beta(-(\gamma+\beta\lambda\nu)^2+4\beta\kappa)}$$

将 w^{RM*}、m^{RM*} 代入式（7－9）中，得到：

$$p^{RM*}=\frac{(3\kappa-\lambda\nu(\gamma+\beta\lambda\nu))\phi+(-\gamma^2+\beta\kappa+\beta\gamma\nu\lambda)c_m}{-(\gamma+\beta\lambda\nu)^2+4\beta\kappa}$$

将 w^{RM*}、m^{RM*}、p^{RM*} 代入式（7－8）、式（7－9）、式（7－10）得到制造商、零售商及闭环供应链系统总体利润为：

$$\Pi_M^{RM*}=\frac{\kappa(\phi-\beta c_m)^2}{-4(\gamma+\beta\lambda\nu)^2+8\beta\kappa}$$

$$\Pi_R^{RM*}=\frac{\beta\kappa^2(\phi-\beta c_m)^2}{(-(\gamma+\beta\lambda\nu)^2+4\beta\kappa)^2}$$

$$D^{RM*}=\frac{\beta\kappa(\phi-\beta c_m)}{-(\gamma+\beta\lambda\nu)^2+4\beta\kappa}$$

$$\Pi_T^{RM*}=\frac{\kappa(-(\gamma+\beta\lambda\nu)^2+6\beta\kappa)(\phi-\beta c_m)^2}{2(-(\gamma+\beta\lambda\nu)^2+4\beta\kappa)^2}$$

从以上结果可以看出，在零售商回收制造商广告模型中，最优均衡结果只有批发价 w^{RM*} 与转卖价 b 有关，随着转卖价的增加而增加。而制造商、零售商及闭环供应链系统整体的利润与 b 无关。制造商将产品回收的成本转移到产品批发价中，转卖价越高，批发价越高。转卖价越高零售商由回收所赚取的利润就越大，而批发价增加则使得零售商由产品销售所赚取的利润就越小，而最终由这两者给零售商带来的收益之和不变。特别地，当 b 取最小值即 $b=\Delta$ 时，批发价最低，此时最小批发价为：

$$w^{RM*}=\frac{\phi+\beta c_m}{2\beta}+\frac{(\gamma+\beta\lambda\nu)^2(\phi-\beta c_m)}{2\beta(-(\gamma+\beta\lambda\nu)^2+4\beta\kappa)}$$

五　零售商回收零售商广告模型（RR 模型）

在此广告回收模式中，制造商负责产品生产，零售商负责回收以及发布关于产品需求与旧产品回收的广告。

作为闭环供应链中的领导者，制造商与零售商进行两阶段博弈，博弈顺序为：①制造商负责产品生产，决定批发价格 w 及给零售商的单位回收价格 b；②零售商负责回收，决策产品销售价格 p 和广告投入 m。由于上述博弈为完全信息动态博弈，其均衡是子博弈精炼纳什均衡，因此可以采用逆向归纳法来求解博弈。因此对于制造商给定的批发价格 w 和单位回收价格 b，零售商的问题是：

$$\max_{p>0,m>0}\prod_R^{RR}=(p-w)(\phi-\beta p+\gamma m)+b\lambda m(\phi-\beta p+\gamma m)-\kappa m^2/2-A\lambda m(\phi-\beta p+\gamma m) \quad (7-11)$$

由于 $\partial^2\prod_R^{RR}/\partial p^2=-2\beta<0$，$\partial^2\prod_R^{RR}/\partial m^2=-\kappa+2(b-A)\gamma\lambda<-\kappa+2\gamma\lambda\nu\leqslant-(\sqrt{\kappa\beta}-\sqrt{2}\gamma)^2/\beta<0$，$(\partial^2\prod_R^{RR}/\partial m^2)(\partial^2\prod_R^{RR}/\partial p^2)-(\partial^2\prod_R^{RR}/\partial p\partial m)^2=-[\gamma+\beta\lambda(b-A)]^2+2\beta\kappa>0$，因此 $\prod_R^{RR}$ 是关于 p 和 m 的联合凹函数，存在 p 和 m 使得 $\prod_R^{MM}$ 最大。根据其一阶条件，得到零售商的最优反应为：

$$p^{RR*}=\frac{(\phi+w\beta)[\kappa+(A-b)\lambda\gamma]-\phi\beta\lambda^2(b-A)^2-w\gamma^2}{-[\gamma+(b-A)\beta\lambda]^2+2\beta\kappa}$$

$$m^{RR*}=\frac{(\phi-w\beta)(\gamma+(b-A)\beta\lambda)}{-[\gamma+(b-A)\beta\lambda]^2+2\beta\kappa} \quad (7-12)$$

由于制造商预测到零售商会根据式（7－12）来选择 p 和 m，对于给定的 b，制造商在第一阶段的问题是：

$$\max_{w>0}\prod_M^{RR}=(w-c_m+\Delta m\lambda)(\phi-\beta p+\gamma m)-b\lambda m(\phi-\beta p+\gamma m) \quad (7-13)$$

由于

$$\frac{\partial^2\prod_M^{RR}}{\partial w^2}=\frac{2\beta^2\kappa\ (\gamma^2+\beta\gamma\ (-2A+b+\Delta)\ \lambda+\beta\ (-2\kappa+\ (A-b)\ \beta\ (A-\Delta)\ \lambda^2))}{(-\ (\gamma+\ (b-A)\ \beta\lambda)^2+2\beta\kappa)^2}$$

$$\leqslant-\frac{2\beta^2\kappa}{-\ (\gamma+\ (b-A)\ \beta\lambda)^2+2\beta\kappa}<0$$

故存在 w 使得制造商利润 $\prod_M^{RR}$ 达到最大化，根据式（7－13）的一阶条件得到：

$$w^{RR*}=\frac{\phi+\beta c_m}{2\beta}+\frac{\gamma\lambda(\phi-\beta c_m)(\Delta-b)}{2[(\gamma+\beta\lambda(b-\Delta))^2+(\gamma+\beta\lambda(b-A))^2-4\beta\kappa-\beta^2\lambda^2(\Delta-b)^2]}$$

将 w^{RR*} 代入式（7－12）得到：

$$p^{RR*}=\frac{\phi}{2\beta}+\frac{-\kappa(\phi+\beta c_m)+[\phi\lambda(\Delta-A)(\gamma-\beta\lambda(b-A))+\gamma c_m(\gamma+\beta\lambda(b-A))]}{2[(\gamma+\beta\lambda(b-\Delta))^2+(\gamma+\beta\lambda(b-A))^2-4\beta\kappa-\beta^2\lambda^2(\Delta-b)^2]}$$

$$m^{RR*}=\frac{[\gamma+\beta\lambda(b-A)](-\phi+\beta c_m)}{2[(\gamma+\beta\lambda(b-\Delta))^2+(\gamma+\beta\lambda(b-A))^2-4\beta\kappa-\beta^2\lambda^2(\Delta-b)^2]}$$

将 w^{RR*}、p^{RR*}、m^{RR*} 代入式（7－11）、式（7－13）得到此时的制造商、零售商与供应链系统的总体利润为：

$$\Pi_M^{RR*}=\frac{1}{2}\frac{-\kappa(\phi-\beta c_m)^2}{(\gamma+\beta\lambda(b-\Delta))^2+(\gamma+\beta\lambda(b-A))^2-4\beta\kappa-\beta^2\lambda^2(\Delta-b)^2}$$

$$\Pi_R^{RR*}=\frac{1}{2}\frac{\kappa(\phi-\beta c_m)^2[-(\gamma+(b-A)\beta\lambda)^2+2\beta\kappa]}{[(\gamma+\beta\lambda(b-\Delta))^2+(\gamma+\beta\lambda(b-A))^2-4\beta\kappa-\beta^2\lambda^2(\Delta-b)^2]^2}$$

$$\Pi_T^{RR*}=\frac{1}{2}\frac{\kappa(\phi-\beta c_m)^2[3\gamma^2+2\beta\gamma\lambda(\Delta+2b-3A)-6\beta\kappa+\beta^2\lambda^2(A-b)(3A-b-2\Delta)]}{[(\gamma+\beta\lambda(b-\Delta))^2+(\gamma+\beta\lambda(b-A))^2-4\beta\kappa-\beta^2\lambda^2(\Delta-b)^2]^2}$$

由于

$$\frac{\partial\Pi_M^{RR}}{\partial b}=\frac{\beta\kappa\lambda(\gamma+\beta\lambda(\Delta-A))(\phi-\beta c_m)^2}{[(\gamma+\beta\lambda(b-\Delta))^2+(\gamma+\beta\lambda(b-A))^2-4\beta\kappa-\beta^2\lambda^2(\Delta-b)^2]^2}>0$$

$$\frac{\partial\Pi_R^{RR}}{\partial b}=\frac{4\beta^3\kappa^2\lambda^2(b-\Delta)(\phi-\beta c_m)^2}{[(\gamma+\beta\lambda(b-\Delta))^2+(\gamma+\beta\lambda(b-A))^2-4\beta\kappa-\beta^2\lambda^2(\Delta-b)^2]^3}>0$$

因此零售商与制造商的利润均随着 b 的增加而增加，又 $b\leqslant\Delta$，故当 $b=\Delta$ 时，双方利润达到最大化。此时有：

$$w^{RR*}=\frac{\phi+\beta c_m}{2\beta}$$

$$m^{RR*}=\frac{(\gamma+\beta\lambda\nu)(-\phi+\beta c_m)}{2((\gamma+\beta\lambda\nu)^2-4\beta\kappa)}$$

$$p^{RR*}=\frac{\phi}{2\beta}+\frac{(\nu\gamma\lambda-\kappa)(\phi+\beta c_m)+\beta\lambda^2\nu^2\phi+\beta\gamma^2c_m}{2((\gamma+\beta\lambda\nu)^2-4\beta\kappa)}$$

$$\Pi_M^{RR*}=\frac{\kappa(\phi-\beta c_m)^2}{-4(\gamma+\beta\lambda\nu)^2+8\beta\kappa}$$

$$\Pi_R^{RR*}=\frac{\kappa(\phi-\beta c_m)^2}{-8(\gamma+\beta\lambda\nu)^2+16\beta\kappa}$$

$$\prod_{T}^{RR*}=\frac{3\kappa(\phi-\beta c_m)^2}{-8(\gamma+\beta\lambda\nu)^2+16\beta\kappa}$$

$$D^{RR*}=\frac{\beta\kappa(\phi-\beta c_m)}{-2(\gamma+\beta\lambda\nu)^2+4\beta\kappa}$$

六　制造商回收时广告分摊决策模型（MX 模型）

在此模型中，制造商负责回收废旧产品进行再制造，并将新产品批发给零售商。零售商负责产品的销售并发布关于产品需求与废旧产品回收的广告，而广告费用分摊比例由制造商来决策。

基于制造商规定好的产品批发价格 w 和广告费用的分摊比例 x 的情况下，零售商的问题是：

$$\max_{p>0,m>0}\prod_{R}^{M}=(p-w)(\phi-\beta p+\gamma m)-x\kappa m^2/2 \tag{7-14}$$

由于 $\partial^2\prod_R^M/\partial p^2=-2\beta<0$，$\partial^2\prod_R^M/\partial m^2=-x\kappa<0$，$(\partial^2\prod_R^M/\partial m^2)(\partial^2\prod_R^M/\partial p^2)-(\partial^2\prod_R^M/\partial p\partial m)^2=-\gamma^2+2x\beta\kappa$，要保证$\prod_R^M$是关于 p 和 m 的联合凹函数，则 $x>\gamma^2/2\beta\kappa$。在此先假定 $x>\gamma^2/2\beta\kappa$ 成立，最后再来验证此条件。在满足条件 $x>\gamma^2/2\beta\kappa$ 的前提下式(7－14)存在$\prod_R^M$的最大值，为关于 p 和 m 的联合凹函数。对式（7－14）进行一阶求导，可以得到零售商的最优决策为：

$$p^M=\frac{w\gamma^2-wx\beta\kappa-x\kappa\phi}{\gamma^2-2x\beta\kappa},\quad m^M=\frac{\gamma(w\beta-\phi)}{\gamma^2-2x\beta\kappa} \tag{7-15}$$

已知制造商通过预测判断零售商会根据式（7－15）算出的 p 和 m 值进行决策，因此制造商在第一阶段的问题是：

$$\max_{w>0,x>0}\prod_{M}^{M}=(\phi-\beta p+\gamma m)(w-c_m+\Delta m\lambda)-Am\lambda(\phi-\beta p+\gamma m)-(1-x)\kappa m^2/2 \tag{7-16}$$

根据其一阶条件得到：

$$w^{M*}=\frac{(-3\gamma^2-8\beta\lambda\gamma\nu-4\beta(-2\kappa+\beta\lambda^2\nu^2)\phi+2\beta(-3\gamma^2+4\beta\kappa-2\beta\gamma\lambda\nu)\lambda)c_m}{\beta(-(3\gamma+2\beta\lambda\nu)^2+16\beta\kappa)}$$

$$x^{M*}=\frac{2\gamma}{3\gamma+2\beta\lambda\nu}$$

根据假设 6，易验证$\frac{2\gamma}{3\gamma+2\beta\lambda\nu}>\frac{\gamma^2}{2\beta\kappa}$。将 x^{M*}、w^{M*} 代入式(7－15)得到：

$$m^{M*}=\frac{2(3\gamma+2\lambda\beta\nu)(\phi-\beta c_m)}{-(3\gamma+2\beta\lambda\nu)^2+16\beta\kappa}$$

$$p^{M*}=\frac{(-3\gamma^2-8\beta\lambda\gamma\nu-4\beta(-3\kappa+\beta\lambda^2\nu^2)\phi+2\beta(-3\gamma^2+2\beta\kappa-2\beta\gamma\lambda\nu\lambda)c_m}{\beta(-(3\gamma+2\beta\lambda\nu)^2+16\beta\kappa)}$$

$$D^{M*}=\frac{4\beta\kappa(\phi-\beta c_m)}{-(3\gamma+2\beta\lambda\nu)^2+16\beta\kappa}$$

代入式(7－14)、式(7－16)得到：

$$\prod\nolimits_M^{M*}=\frac{2\kappa(\phi-\beta c_m)^2}{-(3\gamma+2\beta\lambda\nu)^2+16\beta\kappa}$$

$$\prod\nolimits_R^{M*}=\frac{4\kappa(-3\gamma^2+4\beta\kappa-2\beta\gamma\lambda\nu)(\phi-\beta c_m)^2}{(-(3\gamma+2\beta\lambda\nu)^2+16\beta\kappa)^2}$$

$$\prod\nolimits_T^{M*}=\frac{2\kappa(-15\gamma^2+16\beta\kappa-16\beta\gamma\lambda\nu+4\beta^2\lambda^2\nu^2)(\phi-\beta c_m)^2}{(-(3\gamma+2\beta\lambda\nu)^2+16\beta\kappa)^2}$$

七　零售商回收时广告分摊决策模型（RX 模型）

在此模型中，制造商从零售商处回购废旧产品进行再制造，并将新产品批发给零售商。零售商负责废旧产品回收及新产品的销售并发布关于产品需求与废旧产品回收的广告，而广告费用分摊比例由制造商来决策。

基于制造商规定好的产品批发价格 w 和广告费用的分摊比例 x 的情况下，零售商的问题是：

$$\max_{p>0,m>0}\prod\nolimits_R^R=(p-w)(\phi-\beta p+\gamma m)-x\kappa m^2/2+b\lambda m(\phi-\beta p+\gamma m)-A m\lambda(\phi-\beta p+\gamma m)\qquad(7-17)$$

由于 $\partial^2\prod_R^R/\partial p^2=-2\beta<0$，$\partial^2\prod_R^R/\partial m^2=-x\kappa+2(b-A)\gamma\lambda<0$，$(\partial^2\prod_R^R/\partial m^2)(\partial^2\prod_R^R/\partial p^2)-(\partial^2\prod_R^R/\partial p\partial m)^2=-(\gamma+(b-A)\beta\lambda)^2+2\beta x\kappa>0$，要保证$\prod_R^R$是关于 p 和 m 的联合凹函数，则 $x>\gamma^2/2\beta\kappa$。在此先假定 $x>\gamma^2/2\beta\kappa$ 成立，最后再来验证此条件。在满足条件$x>\gamma^2/2\beta\kappa$ 的前提下式(7－17)存在$\prod_R^M$ 的最大值，为关于 p 和 m 的联合凹函数。对式(7－17)进行一阶求导，可以得到零售商的最优决策为：

$$p^{R*}=\frac{(\phi+w\beta)(\kappa x+(A-b)\lambda\gamma)-\phi\beta\lambda^2(b-A)^2-w\gamma^2}{-(\gamma+(b-A)\beta\lambda)^2+2\beta\kappa x}$$

$$m^{R*}=\frac{(\phi-w\beta)(\gamma+(b-A)\beta\lambda)}{-(\gamma+(b-A)\beta\lambda)^2+2\beta\kappa x} \tag{7-18}$$

已知制造商通过预测判断出零售商会根据式（7－18）算出的 p 和 m 值进行决策，因此制造商在第一阶段的问题是：

$$\max_{w>0,x>0}\prod\nolimits_M^R=(\phi-\beta p+\gamma m)(w-c_m+\Delta m\lambda)-b\lambda m(\phi-\beta p+\gamma m)-(1-x)\kappa m^2/2 \tag{7-19}$$

根据式（7－19）其一阶条件得到：

$$x^{R*}=\frac{2(\gamma+(b-A)\beta\lambda)}{3\gamma+\beta\lambda(2\Delta-3A+b)}$$

$$w^{R*}=\frac{[(3\gamma^2-2\beta\gamma(3A+b-4\Delta)\lambda+\beta(-8\kappa+\beta(3A^2-b^2+2A(b-4\Delta)+4\Delta^2)\lambda^2))\phi+2\beta(3\gamma^2+2\beta\gamma(-3A+2b+\Delta)\lambda+\beta(-4\kappa+(A-b)\beta(3A-b-2\Delta)\lambda^2))c_m]}{\beta((3\gamma+\beta\lambda(2\Delta-3A+b))^2-16\beta\kappa)}$$

从而得到：

$$p^{R*}=\frac{(3\gamma^2+4\beta\gamma(-3A+b+2\Delta)\lambda+\beta(-12\kappa+\beta(-3A+b+2\Delta)^2\lambda^2))\phi+2\beta(3\gamma^2-2\beta\kappa+\beta\gamma(-3A+2b+\Delta)\lambda)c_m}{\beta((3\gamma+\beta\lambda(2\Delta-3A+b))^2-16\beta\kappa)}$$

$$\prod\nolimits_R^{R*}=\frac{4\kappa(3\gamma^2+2\beta\gamma(-15A+7b+8\Delta)\lambda+\beta(-24\kappa+\beta(15A^2-14Ab+3b^2-16A\Delta^2)\lambda^2))(-\phi+\beta c_m)}{((3\gamma+\beta\lambda(2\Delta-3A+b))^2-16\beta\kappa)^2}$$

$$m^{R*}=\frac{2(3\gamma+\beta(-3A+b+2\Delta)\lambda)(\phi-\beta c_m)}{\beta(-(3\gamma+\beta\lambda(2\Delta-3A+b))^2+16\beta\kappa)}$$

$$\prod\nolimits_M^{R*}=\frac{2\kappa(\phi-\beta c_m)^2}{-(3\gamma+\beta\lambda(2\Delta-3A+b))^2+16\beta\kappa}。$$

特别地当 $b=\Delta$ 时，双方利润达到最大化。此时有：

$$x^{R*}=\frac{2}{3}$$

$$w^{R*}=\frac{3((\gamma+\beta\nu\lambda)^2-8\beta\kappa)\phi+6((\gamma+\beta\nu\lambda)^2-4\beta\kappa)\beta c_m}{\beta(9(\gamma+\beta\lambda\nu)^2-16\beta\kappa)}$$

$$m^{R*}=\frac{6(\gamma+\nu\beta\lambda)(\phi-\beta c_m)}{-9(\gamma+\beta\lambda\nu)^2+16\beta\kappa}$$

$$D^{R*}=\frac{4\kappa\beta(\phi-\beta c_m)}{-9(\gamma+\beta\lambda\nu)^2+16\beta\kappa}$$

$$p^{R*}=\frac{3((\gamma+\beta\nu\lambda)^2+2\beta^2\nu^2\lambda^2-4\beta\kappa)\phi+2(3\gamma^2+3\beta\nu\lambda\gamma-2\beta\kappa)\beta c_m}{\beta(9(\gamma+\beta\lambda\nu)^2-16\beta\kappa)}$$

$$\prod_M^{R*}=\frac{2\kappa(\phi-\beta c_m)^2}{-9(\gamma+\beta\lambda\nu)^2+16\beta\kappa}$$

$$\prod_R^{R*}=\frac{4\kappa(-3(\gamma+\nu\beta\lambda)^2+4\beta\kappa)(-\phi+\beta c_m)^2}{(-9(\gamma+\beta\lambda\nu)^2+16\beta\kappa)^2}$$

$$\prod_T^{R*}=\frac{6\kappa(-5(\gamma+\nu\beta\lambda)^2+8\beta\kappa)(-\phi+\beta c_m)^2}{(-9(\gamma+\beta\lambda\nu)^2+16\beta\kappa)^2}$$

根据假设6，易验证 $2/3>\gamma^2/2\beta\kappa$ 成立。

第三节　广告决策模型比较分析

一　一体化广告决策模型比较分析

根据前面的模型分析与求解，归纳 *TT*、*MM* 与 *RR* 模型的结果，得到表 7－1。

基于表 7－1 归纳的结果，可以得到如下命题：

命题 7－1：在一体化决策模式下，若广告回收效率因子或广告营销效率因子增加，则（1）最优广告水平增加；（2）市场需求量增加；（3）制造商、零售商、总体利润增加。

证明：*TT* 决策模式下，有：

$$\frac{\partial m^{TT*}}{\partial\lambda}=\frac{\beta\nu(\phi-\beta c_m)}{-(\gamma+\beta\lambda\nu)^2+2\beta\kappa}>0$$

$$\frac{\partial D^{TT*}}{\partial\lambda}=\frac{2\beta^2\kappa\nu(\phi-\beta c_m)(\gamma+\beta\lambda\nu)}{(-(\gamma+\beta\lambda\nu)^2+2\beta\kappa)^2}>0$$

$$\frac{\partial\prod^{TT*}}{\partial\lambda}=\frac{\beta\kappa\nu(\phi-\beta c_m)^2(\gamma+\beta\lambda\nu)}{(-(\gamma+\beta\lambda\nu)^2+2\beta\kappa)^2}>0$$

$$\frac{\partial m^{TT*}}{\partial\gamma}=\frac{(\phi-\beta c_m)((\gamma+\beta\lambda\nu)^2+2\beta\kappa)}{(-(\gamma+\beta\lambda\nu)^2+2\beta\kappa)^2}>0$$

$$\frac{\partial D^{TT*}}{\partial \gamma}=\frac{2\beta\kappa(\phi-\beta c_m)(\gamma+\beta\lambda\nu)}{(-(\gamma+\beta\lambda\nu)^2+2\beta\kappa)^2}>0$$

$$\frac{\partial \prod^{TT*}}{\partial \gamma}=\frac{\kappa\nu(\phi-\beta c_m)^2(\gamma+\beta\lambda\nu)}{(-(\gamma+\beta\lambda(\Delta-A))^2+2\beta\kappa)^2}>0。$$

同理可证明在 MM 与 RR 决策模式下，最优广告水平、市场需求量增加、制造商、零售商、总体利润均为 γ 和 λ 的增函数。

命题 7－1 说明广告在回收与增加需求两个方面的效率越高，则广告投入也就越多，因此使得市场需求量与产品回收率增加，从而使得需求量增加，产品平均成本降低，最终提高了制造商、零售商、总体利润。

表 7－1　　TT、MM 和 RR 模型结果

	TT	MM	RR
p	$\frac{(\kappa-\lambda\gamma\nu)(\phi+\beta c_m)-\beta\lambda^2\nu^2\phi+\gamma^2 c_m}{-(\gamma+\beta\lambda\nu)^2+2\beta\kappa}$	$\frac{(3\kappa+\nu\lambda(-\gamma-\lambda\beta\nu))\phi+(-\gamma^2+\beta\kappa+\beta\gamma\nu\lambda)c_m}{-(\gamma+\beta\lambda\nu)^2+4\beta\kappa}$	$\frac{\phi}{2\beta}+\frac{(\nu\gamma\lambda-\kappa)(\phi+\beta c_m)+\beta\lambda^2\nu^2\phi+\beta\gamma^2 c_m}{2((\gamma+\beta\lambda\nu)^2-4\beta\kappa)}$
w		$\frac{2\kappa(\phi+\beta c_m)-\lambda\gamma\nu(\phi+\beta c_m)-\beta\lambda^2\nu^2\phi+\gamma^2 c_m}{-(\gamma+\beta\lambda\nu)^2+4\beta\kappa}$	$\frac{\phi+\beta c_m}{2\beta}$
m	$\frac{(\gamma+\beta\lambda\nu)(\phi-\beta c_m)}{-(\gamma+\beta\lambda\nu)^2+2\beta\kappa}$	$\frac{(\gamma+\beta\lambda\nu)(\phi-\beta c_m)}{-(\gamma+\beta\lambda\nu)^2+4\beta\kappa}$	$\frac{(\gamma+\beta\lambda\nu)(-\phi+\beta c_m)}{2((\gamma+\beta\lambda\nu)^2-4\beta\kappa)}$
D	$\frac{\beta\kappa(\phi-\beta c_m)}{-(\gamma+\beta\lambda\nu)^2+2\beta\kappa}$	$\frac{\beta\kappa(\phi-\beta c_m)}{-(\gamma+\beta\lambda\nu)^2+4\beta\kappa}$	$\frac{\beta\kappa(\phi-\beta c_m)}{-2(\gamma+\beta\lambda\nu)^2+4\beta\kappa}$
Π_R		$\frac{\beta\kappa^2(\phi-\beta c_m)^2}{(-(\gamma+\beta\lambda(\Delta-A))^2+4\beta\kappa)^2}$	$\frac{\kappa(\phi-\beta c_m)^2}{-8(\gamma+\beta\lambda\nu)^2+16\beta\kappa}$
Π_M		$\frac{\kappa(\phi-\beta c_m)^2}{2(-(\gamma+\beta\lambda\nu)^2+4\beta\kappa)}$	$\frac{\kappa(\phi-\beta c_m)^2}{-4(\gamma+\beta\lambda\nu)^2+8\beta\kappa}$
Π_T	$\frac{\kappa(\phi-\beta c_m)^2}{-2(\gamma+\beta\lambda\nu)^2+4\beta\kappa}$	$\frac{\kappa(-(\gamma+\beta\lambda\nu)^2+6\beta\kappa)(\phi-\beta c_m)^2}{2(-(\gamma+\beta\lambda\nu)^2+4\beta\kappa)^2}$	$\frac{3\kappa(\phi-\beta c_m)^2}{-8(\gamma+\beta\lambda\nu)^2+16\beta\kappa}$

命题 7－2：$m^{TT*}>m^{RR*}>m^{MM*}$；$D^{TT*}>D^{RR*}>D^{MM*}$；若 $\gamma/(\lambda\nu)>\beta$，则 $w^{MM*}>w^{RR*}$；若 $\gamma/(\lambda\nu)<\beta$，则 $w^{MM*}<w^{RR*}$。

证明：

$$m^{TT*}-m^{RR*}=\frac{(\gamma+\beta\lambda\nu)(\phi-\beta c_m)}{2(-(\gamma+\beta\lambda\nu)^2+2\beta\kappa)}>0$$

$$m^{RR*}-m^{MM*}=\frac{(\gamma+\beta\lambda\nu)^3(\phi-\beta c_m)}{2(-(\gamma+\beta\lambda\nu)^2+2\beta\kappa)(-(\gamma+\beta\lambda\nu)^2+4\beta\kappa)}>0$$

故 $m^{TT*}>m^{RR*}>m^{MM*}$。

$$D^{RR*}-D^{MM*}=\frac{\beta\kappa(\phi-\beta c_m)(\gamma-\beta\lambda\nu)^2}{2(-(\gamma+\beta\lambda\nu)^2+2\beta\kappa)(-(\gamma+\beta\lambda\nu)^2+4\beta\kappa)}>0$$

$$D^{TT*}-D^{RR*}=\frac{\beta\kappa(\phi-\beta c_m)}{2(-(\gamma+\beta\lambda\nu)^2+2\beta\kappa)}>0$$

$$w^{MM*}-w^{RR*}=\frac{(\beta\lambda\nu-\gamma)(\beta\lambda\nu+\gamma)(\phi-\beta c_m)}{2\beta(-(\gamma+\beta\lambda\nu)^2+4\beta\kappa)}$$

故当 $\beta\lambda\nu>\gamma$ 时，$w^{MM*}>w^{RR*}$，当 $\beta\lambda\nu<\gamma$ 时，$w^{MM*}<w^{RR*}$。

命题 7－3：$\Pi_M^{RR*}>\Pi_M^{MM*}$；$\Pi_R^{MM*}>\Pi_R^{RR*}$；$\Pi_T^{TT*}>\Pi_T^{RR*}>\Pi_T^{MM*}$。

证明：

$$\Pi_M^{RR*}-\Pi_M^{MM*}=\frac{\kappa(\phi-\beta c_m)^2(\gamma-\beta\lambda\nu)^2}{4(-(\gamma+\beta\lambda\nu)^2+2\beta\kappa)(-(\gamma+\beta\lambda\nu)^2+4\beta\kappa)}>0$$

$$\Pi_T^{TT*}-\Pi_T^{RR*}=\frac{\kappa(\phi-\beta c_m)^2}{8(-(\gamma+\beta\lambda\nu)^2+2\beta\kappa)}>0$$

$$\Pi_T^{RR*}-\Pi_T^{MM*}=\frac{\kappa(\phi-\beta c_m)^2(\gamma+\beta\lambda\nu)^2(-(\gamma+\beta\lambda\nu)^2+8\beta\kappa)}{8(-(\gamma+\beta\lambda\nu)^2+2\beta\kappa)^2(-(\gamma+\beta\lambda\nu)^2+4\beta\kappa)}>0$$

$$\Pi_R^{MM*}-\Pi_R^{RR*}=\frac{\kappa(\phi-\beta c_m)^2(\gamma+\beta\lambda\nu)^4}{8(-(\gamma+\beta\lambda\nu)^2+2\beta\kappa)(-(\gamma+\beta\lambda\nu)^2+4\beta\kappa)}>0。$$

由命题 7－3 可以看出，闭环供应链中无论是制造商还是零售商，做广告的利润较不做广告时的利润小，因此闭环供应链中的成员都有不愿意做广告的动机。集中决策时闭环供应链系统利润最大。

综合命题 7－2、命题 7－3 可以看出，针对不同的市场目标，可以采用不同的销售渠道。若为了扩大市场占有率与使得供应链系统总体利润最大化，则可以采用集中决策模式；若领头的制造商要使得自身利润最大化，则可采用零售商做广告的模式；若领头的制造商为了激励零售商，使得更多的零售商加盟，则制造商自己投入广告。

为验证上述模型，取 $\phi=10000$，$c=10$，$\gamma=5$，$\Delta=7$，$\lambda=0.003$，$A=4$，$\kappa=1$，一体化模型下的仿真结果如表 7－2、图 7－1 至图 7－4 所示。在表 7－2 中，$\beta=100$ 时，$\gamma/(\lambda\nu)>\beta$；$\beta=600$ 时 $\gamma/(\lambda\nu)<\beta$。由于本章重点考察闭环供应链中广告对需求量及利润的影响，因此仿真主要分析广告营销效率因子与广告回收效率因子对需求量与利润的影响。

表 7－2　　　　*TT*、*RR* 与 *MM* 模型仿真结果

	$\gamma/\lambda>\beta\nu$			$\gamma/\lambda<\beta\nu$		
	TT	*MM*	*RR*	*TT*	*MM*	*RR*
批发价	—	58	55	—	13.25	13.33
零售价	62	83	81	13.32	15.00	15.07
广告投入	321	145	161	38.10	8.71	18.15
制造商利润	—	110901	122586	—	3484.32	3490.65
零售商利润	—	60736	61293	—	1783.13	1827.69
总利润	245172	171637	183879	7327.08	5267.45	5318.34
需求量	5448	2464	2724	2198	1045	1047

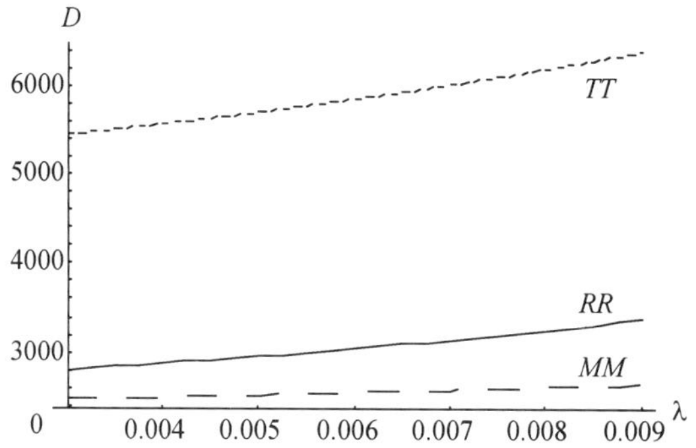

图 7－1　需求量随广告回收效率因子变化曲线

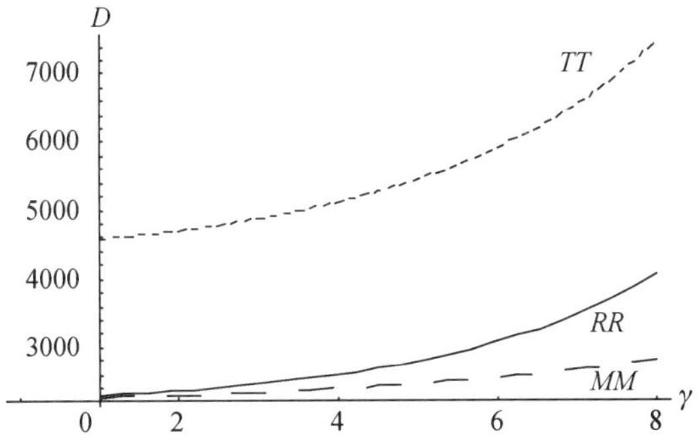

图 7－2　需求量随广告营销效率因子变化曲线

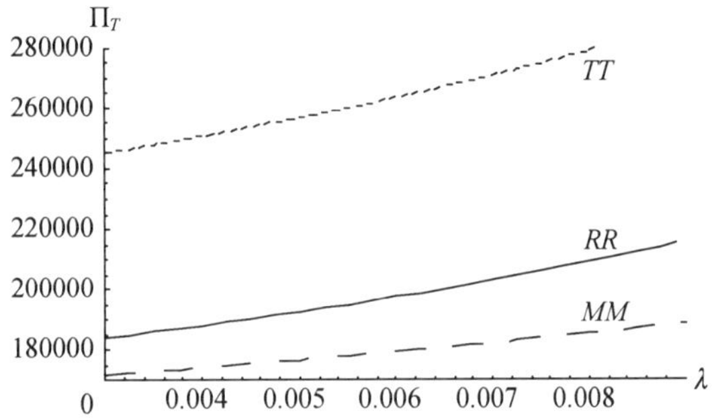

图 7－3　总利润随广告回收效率因子变化曲线

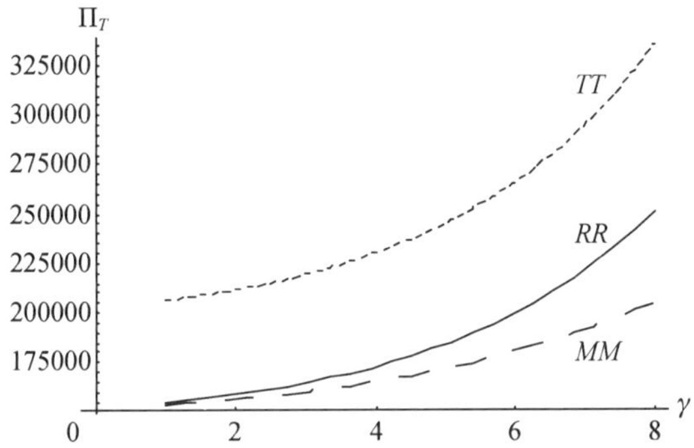

图 7－4　总利润随广告营销效率因子变化曲线

从表 7－2 可以看出，当 $\gamma/(\lambda\nu)>\beta$ 时 *MM* 模式的批发价与零售价较高；当 $\gamma/(\lambda\nu)<\beta$ 时，*RR* 模式的批发价与零售价较高。但无论是 $\gamma/(\lambda\nu)$ 大于 β 还是小于 β，*TT* 模式下广告投入、利润、需求量及回收率最大，而 *RR* 模式下的均较 *MM* 模式下的大，图 7－1 至图 7－4 在总体利润及需求量方面也表明了这一点。

图 7－3 表明广告回收效率因子的增加使得单位产品的成本降低，从而增加了单位产品的利润使得制造商或者零售商更有动力投入更多的广告量，从而使得需求量也随之增加（如图 7－1 所示），总体利润也随之增加。图 7－4 表明当广告营销效率因子增加时，单位广告投入所能吸引的消费者数量增加，从而使得需求量增加（如图 7－2 所示）以及制造商、零售商及总利润增加。

一体化模型研究结果表明：广告在回收与营销两个方面的效率越高，则广告投入也就越多，使得市场需求量与产品回收率增加，最终提高了制造商、零售商、总体利润。本章的研究结论也说明了针对不同的市场目标，可以采用不同的渠道策略：为了扩大市场占有率与使得供应链系统总体利润最大化，则可以采用集中决策模式；若领头的制造商要使得自身利润最大化，则可采用零售商做广告回收的模式；若领头的制造商为了激励零售商，使得更多的零售商加盟，则可采用制造商广告回收模式。

二　制造商广告决策模型比较分析

作为领头的制造商，对整个闭环供应链有着决定性的作用。其目标一般为两个，一是市场需求最大化，二是利润最大化。又由于广告在闭环供应链中占有重要的作用，因此，本部分着重对市场需求量、制造商利润、零售商利润及广告投入进行比较，并对广告相关的影响因子对这些结果的灵敏性进行分析。根据上述模型的计算结果，归纳如表 7－3 所示。

命题 7－4：*MM* 模式下的批发价较 *RM* 模式下的批发价低，且 *MM* 模式与 *RM* 模式的批发价均随着广告营销效率因子的增加而增加，均随着广告成本因子的增加而减少，但 *MM* 模式下的批发价随着广告回收效率因子的增加而降低，*RM* 模式下的批发价随着广告回收效率因子的增加而增加。

表 7-3　　　　制造商广告决策模型结果

	TT	MM	RM
p	$\frac{(\kappa-\lambda\gamma\nu)(\phi+\beta c_m)-\beta\lambda^2\nu^2\phi+\gamma^2 c_m}{-(\gamma+\beta\lambda\nu)^2+2\beta\kappa}$	$\frac{(3\kappa+\nu\lambda(-\gamma-\lambda\beta\nu))\phi+(-\gamma^2+\beta\kappa+\beta\gamma\nu\lambda)c_m}{-(\gamma+\beta\lambda\nu)^2+4\beta\kappa}$	$\frac{(3\kappa+\nu\lambda(-\gamma-\lambda\beta\nu))\phi+(-\gamma^2+\beta\kappa+\beta\gamma\nu\lambda)c_m}{-(\gamma+\beta\lambda\nu)^2+4\beta\kappa}$
w		$\frac{2\kappa(\phi+\beta c_m)-\lambda\gamma\nu(\phi+\beta c_m)-\beta\lambda^2\nu^2\phi+\gamma^2 c_m}{-(\gamma+\beta\lambda\nu)^2+4\beta\kappa}$	$\frac{\phi+\beta c_m}{2\beta}+\frac{(\gamma+\beta\lambda\nu)^2(\phi-\beta c_m)}{2\beta(-(\gamma+\beta\lambda\nu)^2+4\beta\kappa)}$
m	$\frac{(\gamma+\beta\lambda\nu)(\phi-\beta c_m)}{-(\gamma+\beta\lambda\nu)^2+2\beta\kappa}$	$\frac{(\gamma+\beta\lambda\nu)(\phi-\beta c_m)}{-(\gamma+\beta\lambda\nu)^2+4\beta\kappa}$	$\frac{(\gamma+\beta\lambda\nu)(\phi-\beta c_m)}{-(\gamma+\beta\lambda\nu)^2+4\beta\kappa}$
D	$\frac{\beta\kappa(\phi-\beta c_m)}{-(\gamma+\beta\lambda\nu)^2+2\beta\kappa}$	$\frac{\beta\kappa(\phi-\beta c_m)}{-(\gamma+\beta\lambda\nu)^2+4\beta\kappa}$	$\frac{\beta\kappa(\phi-\beta c_m)}{-(\gamma+\beta\lambda\nu)^2+4\beta\kappa}$
Π_R		$\frac{\beta\kappa^2(\phi-\beta c_m)^2}{(-(\gamma+\beta\lambda(\Delta-A))^2+4\beta\kappa)^2}$	$\frac{\beta\kappa^2(\phi-\beta c_m)^2}{(-(\gamma+\beta\lambda(\Delta-A))^2+4\beta\kappa)^2}$
Π_M		$\frac{\kappa(\phi-\beta c_m)^2}{2(-(\gamma+\beta\lambda\nu)^2+4\beta\kappa)}$	$\frac{\kappa(\phi-\beta c_m)^2}{2(-(\gamma+\beta\lambda\nu)^2+4\beta\kappa)}$
Π_T	$\frac{\kappa(\phi-\beta c_m)^2}{-2(\gamma+\beta\lambda\nu)^2+4\beta\kappa}$	$\frac{\kappa(-(\gamma+\beta\lambda\nu)^2+6\beta\kappa)(\phi-\beta c_m)^2}{2(-(\gamma+\beta\lambda\nu)^2+4\beta\kappa)^2}$	$\frac{\kappa(-(\gamma+\beta\lambda\nu)^2+6\beta\kappa)(\phi-\beta c_m)^2}{2(-(\gamma+\beta\lambda\nu)^2+4\beta\kappa)^2}$

证明： $w^{MM*}-w^{RM*}=-(\nu(\phi-\beta c_m)(\gamma+\beta\lambda\nu))/(-(\gamma+\beta\lambda\nu)^2+4\beta\kappa)<0$，故有 $w^{MM*}<w^{RM*}$。通过对最优批发价关于广告成本因子、广告营销效率因子、广告回收效率因子的一阶导数并根据假设 6 易证明命题 7-4。

命题 7-4 主要说明在 MM 模式下，由于是制造商直接回收，广告回收效率因子的增加直接使得制造商的单位成本降低，从而使得批发价降低。而在 *RM* 模式中，由于是零售商回收，因此，广告回收效率因子的增加使得零售商转卖给制造商的废旧物品的利润增加，也使得制造商的回收成本增加，制造商只有通过提高批发价平衡制造商与零售商的利润。

命题 7-5：集中回收广告决策模式的总体利润、市场需求量及广告投入较制造商广告时的两种模式大，而制造商广告时制造商回收模式除产品批发价较零售商回收模式小外，其他的均无差异。

证明：由模型计算结果可以看出 $p^{MM*}=p^{RM*}$，$m^{MM*}=m^{RM*}$，$\Pi_M^{MM*}=\Pi_M^{RM*}$，$\Pi_R^{MM*}=\Pi_R^{RM*}$，$\Pi_T^{MM*}=\Pi_T^{RM*}$，$D^{MM*}=D^{RM*}$。

而 $w^{MM*}-w^{RM*}=-(\nu(\phi-\beta c_m)(\gamma+\beta\lambda\nu))/(-(\gamma+\beta\lambda\nu)^2+4\beta\kappa)<0$，故有 $w^{MM*}<w^{RM*}$。

又因为

$D^{TT*}-D^{RM*}=2\beta\kappa(\phi-\beta c_m)/((-(\gamma+\beta\lambda\nu)^2+4\beta\kappa)(-(\gamma+\beta\lambda\nu)^2+2\beta\kappa))>0$

$\Pi_T^{TT*}-\Pi_T^{RM*}=2\beta^2\kappa^3(\phi-\beta c_m)^2/((-(\gamma+\beta\lambda\nu)^2+4\beta\kappa)^2(-(\gamma+\beta\lambda\nu)^2+2\beta\kappa))>0$

$m^{TT*}-m^{RM*}=2\beta\kappa(\phi-\beta c_m)(\gamma+\beta\nu\lambda)/((-(\gamma+\beta\lambda\nu)^2+4\beta\kappa)(-(\gamma+\beta\lambda\nu)^2+2\beta\kappa))>0$

故有 $D^{TT*}>D^{RM*}$，$\Pi_T^{TT*}>\Pi_T^{RM*}$，$m^{TT*}>m^{RM*}$。

命题 7-5 说明，在 *TT* 模式中，制造商与零售商是一个共同体，不存在博弈关系，此时其产品价格最低，广告投入最多，从而使得需求量最大，利润也最大。在制造商广告的情况下，无论制造商回收还是零售商回收，各方收益相等。在 *RM* 模式中，制造商将产品回收成本转移到产品批发价中，此时零售商的利润一部分来自自己产品回收的转卖，一部分来自产品的差价销售。在 *MM* 模式中，制造商直接回收，因此批发价相对较低，而零售商的零售价不变，虽然没有回收废旧产品的利润，但其产品的差价销售利润增加，从而使得两种情形下零售商的利润不变。相对于 *MM* 模型，在 *RM* 模型中制造商虽然增加了回收成本，但通过提高批发价来保持自己的利润不变。

命题7－6：三种决策模式下，最优广告投入、市场需求量、制造商与零售商的最优利润均随着广告营销效率因子、广告回收效率因子的增加而增加，随着广告成本因子的增加而减少。

通过对最优广告投入、市场需求量及利润对相关的因子求导易证明命题7－6。

命题7－6说明广告在回收与增加需求两个方面的效率越高，则广告投入也就越多，在增加了产品的价格同时，也增加了市场需求量，提高了制造商的利润。

为验证上述模型结论，取 $\phi=10000$，$c=10$，$\gamma=5$，$\Delta=7$，$\lambda=0.003$，$\kappa=1$，$A=4$，仿真结果如表7－4、图7－5至图7－8所示。由于命题7－6的仿真图较多且类似，因此将选择部分仿真进行说明。

表7－4　　三种模型的仿真结果

	TT	*MM*	*RM*
批发价	—	57.98	59.29
零售价	61.59	82.63	82.63
广告投入量	321	145	145
制造商利润	—	110901	110901
零售商利润	—	60736	60736
总利润	245172	171637	171637
需求量	5448	2464	2464
回收率	96.43%	43.62%	43.62%

由表7－4可以看出，*TT*模式下的零售价最低，广告投入最大，低零售价与高广告投入对需求的刺激使得此模式需求量及总利润最大，回收率也最高。*MM*模式中除批发价低于*RM*模式外，其他均相同。这再一次说明在*RM*模型中制造商虽然增加了回收成本，但

其必须通过提高批发价来保持自己的利润不变。

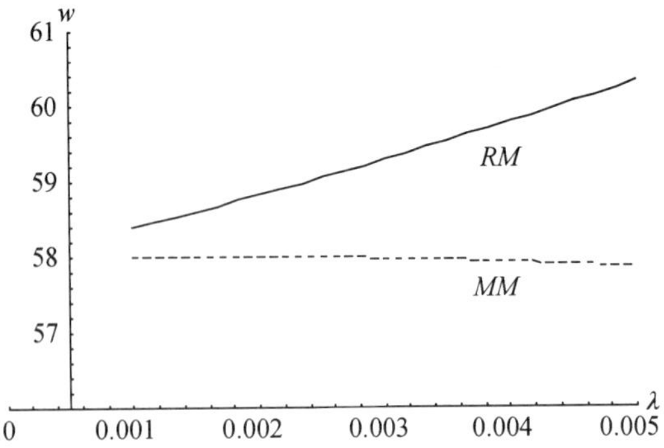

图 7-5 *MM* 与 *RM* 模式下批发价随 λ 的变化

从图 7-5 可以看出，*MM* 模式下批发价随着广告回收效率因子的增加而减小，而 *RM* 模式下则相反。

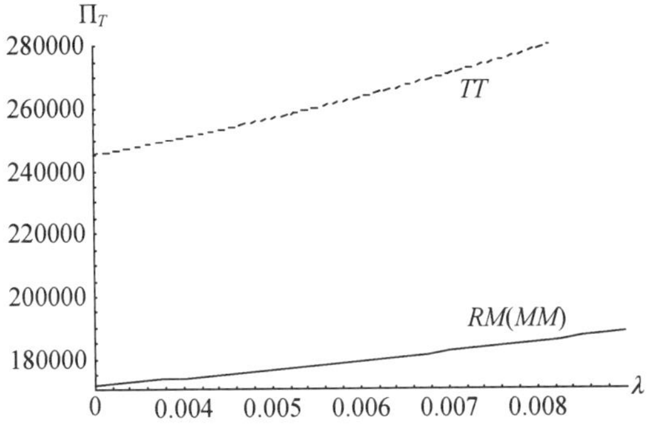

图 7-6 *TT* 与 *RM*（*MM*）模式下总利润随 λ 的变化

图 7-6 表明两种模式下闭环供应链总利润随着广告回收效率因子的增加而增加，由于广告回收效率的增加，使得废旧产品的回收量增加，从而降低了产品的制造成本，使得产品零售价降低，从而增加需求使利润增加。

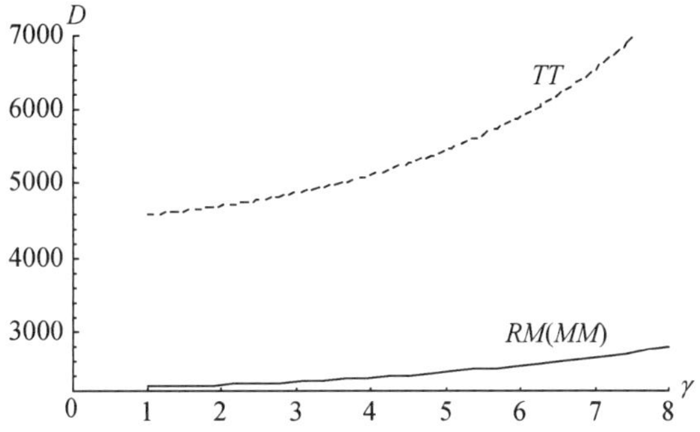

图 7-7　*TT* 与 *RM*（*MM*）模式下需求量随 γ 的变化

图 7-7 说明市场需求量随广告营销效率因子的增加而增加，广告营销效率因子的增加使得同样广告的投入量所带来的需求量增加。

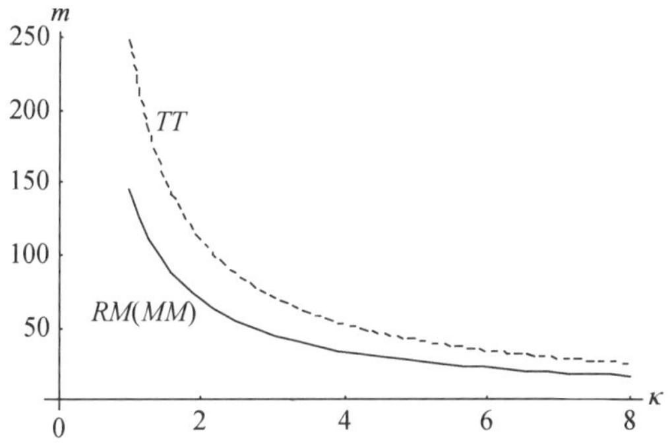

图 7-8　*TT* 与 *RM*（*MM*）模式下广告投入水平随 κ 的变化

图 7-8 说明广告投入水平随广告成本因子的增加而减少，由于广告成本因子的增加使得广告成本增加，制造商则通过减少广告投入来减少总成本。

研究结果表明：*TT* 模式在市场需求量及利润上均占有优势。*MM* 模式下的批发价较 *RM* 模式下的批发价低，且 *MM* 模式与 *RM* 模式的批发价均随着广告营销效率因子的增加而增加，均随着广告成本因子的增加而减少，但 *MM* 模式下的批发价随着广告回收效率因子的增加而降低，*RM* 模式下的批发价随着广告回收效率因子的增加而增加。制造商广告时制造商回收模式除产品批发价较零售商回收模式小外，其他均无差异。

三　制造商回收决策模型比较分析

根据前面的分析，归纳 *MM* 与 *MR* 模型结果，得到表 7－5。

表 7－5　　*MR* 与 *MM* 模型结果比较

	MR	*MM*
p	$\frac{\phi}{2\beta}+\frac{-\gamma\lambda\nu\phi-\gamma^2c_m+\kappa(\phi+\beta c_m)}{2(-\gamma^2+2\beta\kappa-\beta\gamma\lambda\nu)}$	$\frac{(3\kappa+\nu\lambda(-\gamma-\lambda\beta\nu))\phi+(-\gamma^2+\beta\kappa+\beta\gamma\nu\lambda)c_m}{-(\gamma+\beta\lambda\nu)^2+4\beta\kappa}$
w	$\frac{\phi}{2\beta}+\frac{-\gamma\lambda\nu\phi+c_m(-\gamma^2+2\beta\kappa)}{2(-\gamma^2+2\beta\kappa-\beta\gamma\lambda\nu)}$	$\frac{2\kappa(\phi+\beta c_m)-\lambda\gamma\nu(\phi+\beta c_m)-\beta\lambda^2\nu^2\phi+\gamma^2c_m}{-(\gamma+\beta\lambda\nu)^2+4\beta\kappa}$
m	$\frac{\gamma(\phi-\beta c_m)}{2(-\gamma^2+2\beta\kappa-\beta\gamma\lambda\nu)}$	$\frac{(\gamma+\beta\lambda\nu)(\phi-\beta c_m)}{-(\gamma+\beta\lambda\nu)^2+4\beta\kappa}$
D	$\frac{\beta\kappa(\phi-\beta c_m)}{2(-\gamma^2+2\beta\kappa-\beta\gamma\lambda\nu)}$	$\frac{\beta\kappa(\phi-\beta c_m)}{-(\gamma+\beta\lambda\nu)^2+4\beta\kappa}$
Π_R	$\frac{\kappa(-\gamma^2+2\beta\kappa)(\phi-\beta c_m)^2}{8(-\gamma^2+2\beta\kappa-\beta\gamma\lambda\nu)^2}$	$\frac{\beta\kappa^2(\phi-\beta c_m)^2}{(-(\gamma+\beta\lambda(\Delta-A))^2+4\beta\kappa)^2}$
Π_M	$\frac{\kappa(\phi-\beta c_m)^2}{4(-\gamma^2+2\beta\kappa-\beta\gamma\lambda\nu)}$	$\frac{\kappa(\phi-\beta c_m)^2}{2(-(\gamma+\beta\lambda\nu)^2+4\beta\kappa)}$
Π_T	$\frac{\kappa(-3\gamma^2+6\beta\kappa-2\beta\gamma\lambda\nu)(\phi-\beta c_m)^2}{8(-\gamma^2+2\beta\kappa-\beta\gamma\lambda\nu)^2}$	$\frac{\kappa(-(\gamma+\beta\lambda\nu)^2+6\beta\kappa)(\phi-\beta c_m)^2}{2(-(\gamma+\beta\lambda\nu)^2+4\beta\kappa)^2}$

命题 7－7： $w^{MR*}<w^{MM*}$，$p^{MR*}<p^{MM*}$。

证明： 根据假设有：

$$w^{MR*}-w^{MM*}=\frac{(\phi-\beta c_m)(\gamma^2((\gamma+\beta\lambda\nu)^2-2\beta\kappa)-4\beta^2\gamma\kappa\lambda\nu)}{2(-\gamma^2+2\beta\kappa-\beta\gamma\lambda\nu)(-(\gamma+\beta\lambda\nu)^2+4\beta\kappa)}<0$$

$$p^{MR*}-p^{MM*}=\frac{(\phi-\beta c_m)((\gamma^2+\beta\kappa)((\gamma+\beta\lambda\nu)^2-2\beta\kappa)-4\beta^2\gamma\kappa\lambda\nu)}{2(-\gamma^2+2\beta\kappa-\beta\gamma\lambda\nu)(-(\gamma+\beta\lambda\nu)^2+4\beta\kappa)}<0$$

因此得到 $w^{MR*}<w^{MM*}$，$p^{MR*}<p^{MM*}$。

命题 7－7 说明，制造商回收的闭环供应链的广告模型，制造商做广告时将广告成本附加到批发价中，从而导致零售商的进货成本增加，最终使得零售价升高。因此，制造商做广告时的批发价与零售价均大于零售商做广告时的批发价与零售价。

命题 7－8：当 $\gamma/\lambda>\beta\nu$ 时，$D^{MR*}>D^{MM*}$；当 $\gamma/\lambda<\beta\nu$ 时，$D^{MR*}<D^{MM*}$。

证明：由于

$$D^{MR*}-D^{MM*}=\frac{\beta\kappa(\phi-\beta c_m)(\gamma+\beta\lambda\nu)(\gamma-\beta\lambda\nu)}{2(-\gamma^2+2\beta\kappa-\beta\gamma\lambda\nu)(-(\gamma+\beta\lambda\nu)^2+4\beta\kappa)}$$

故当 $\gamma/\lambda>\beta\nu$ 时，$D^{MR*}>D^{MM*}$；当 $\gamma/\lambda<\beta\nu$ 时，$D^{MR*}<D^{MM*}$。

命题 7－8 说明制造商回收的闭环供应链的广告模型，当 $\gamma/\lambda>\beta\nu$ 时，零售商广告时的需求量大于制造商广告时的需求量。当 $\gamma/\lambda<\beta\nu$ 时，制造商广告时的需求量大于零售商广告时的需求量。因此，在制造商回收时，为扩大市场占有率，是采用制造商广告还是采用零售商广告的渠道策略取决于 γ/λ 与 $\beta\nu$ 的大小。

命题 7－9：$\Pi_R^{MR*}<\Pi_R^{MM*}$；当 $\gamma/\lambda>\beta\nu$ 时，$\Pi_M^{MR*}>\Pi_M^{MM*}$；当 $\gamma/\lambda<\beta\nu$ 时，$\Pi_M^{MR*}<\Pi_M^{MM*}$。

证明：由于

$$\Pi_M^{MR*}-\Pi_M^{MM*}=\frac{\kappa(\phi-\beta c_m)^2(\gamma+\beta\lambda\nu)(\gamma-\beta\lambda\nu)}{4(-\gamma^2+2\beta\kappa-\beta\gamma\lambda\nu)(-(\gamma+\beta\lambda\nu)^2+4\beta\kappa)}$$

故当 $\gamma/\lambda>\beta\nu$ 时，$\Pi_M^{MR*}>\Pi_M^{MM*}$；当 $\gamma/\lambda<\beta\nu$ 时，$\Pi_M^{MR*}<\Pi_M^{MM*}$。

又 $\Pi_R^{MR*}-\Pi_R^{MM*}\leqslant\dfrac{\kappa(\phi-\beta c_m)^2(\gamma^2+6\beta\kappa)(\gamma^2-2\beta\kappa+\beta\gamma\lambda\nu)}{8(-\gamma^2+2\beta\kappa-\beta\gamma\lambda\nu)^2(-(\gamma+\beta\lambda\nu)^2+4\beta\kappa)^2}<0$，

因此有 $\Pi_R^{MR*}<\Pi_R^{MM*}$。

命题 7－9 说明制造商回收的闭环供应链的广告模型，制造商广告时零售商的利润大于零售商广告时零售商的利润。而当 $\gamma/\lambda > \beta\nu$ 时，零售商广告时制造商的利润大于制造商广告时制造商的利润。当 $\gamma/\lambda < \beta\nu$ 时，制造商广告时制造商的利润大于零售商广告时制造商的利润。此命题同时也说明零售商不愿意做广告，只有当 $\gamma/\lambda < \beta\nu$ 时，零售商选择不做广告，制造商选择做广告，从而达到广告上的平衡。

为验证上述结论，现通过数值仿真进行说明。设 $\phi = 10000$，$\kappa = 1$，$\beta = 100$，$c_m = 20$，在不同的 λ，γ，ν 取值下，得到图 7－9 至图 7－14（图中-----表示 $\nu = 5$ 时，*MR* 模型下的值；-----表示 $\nu = 5$ 时，*MM* 模型下的值；·—··表示 $\nu = 1$ 时，*MR* 模型下的值；·—···表示 $\nu = 1$ 时，*MM* 模型下的值）。当 $v = 1$ 时，$\gamma/\lambda > \beta\nu$；当 $\nu = 5$ 时，$\gamma/\lambda < \beta\nu$。

由图 7－9、图 7－10 明显可以看出，无论当 $\nu = 1$ 还是当 $\nu = 5$ 时，均有 $w^{MR*} < w^{MM*}$，$p^{MR*} < p^{MM*}$。图 7－9(a) 表明随着广告回收效率因子 λ 的增加批发价减小，这主要是由于回收率的增加使得制造成本降低。图 7－9(b) 表明在 *MR* 模型下，批发价随着广告营销效率因子 γ 的增加而减小，但在 *MM* 模型下，批发价随着广告营销效率因子的增加而增加。在 *MR* 模式下，由于市场没有达到饱和状态，广告营销效率因子的增加使得广告费用投入增加（见图 7－12(b)），从而使得产品销售价格（见图 7－10(b)）及销量增加（见图 7－11（b）），制造商为了避免价格上涨过度而影响销量，必

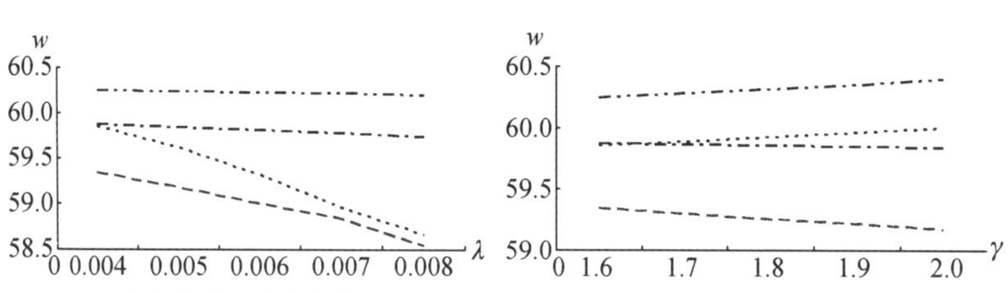

(a) λ变化时产品批发价的变化　　(b) γ变化时产品批发价的变化

图 7－9　产品批发价随 λ 和 γ 的变化

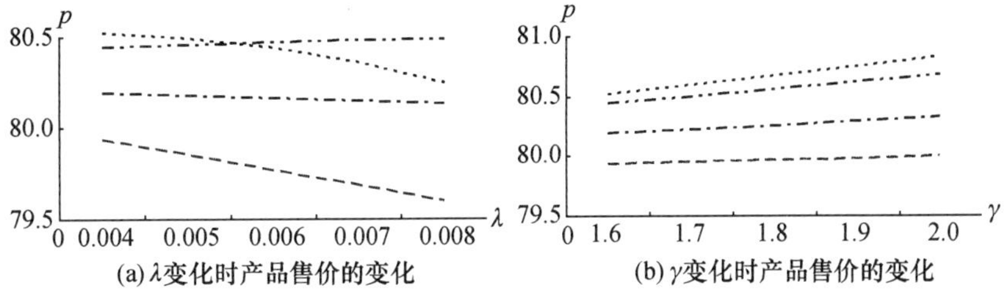

图 7-10　产品售价随 λ 和 γ 的变化

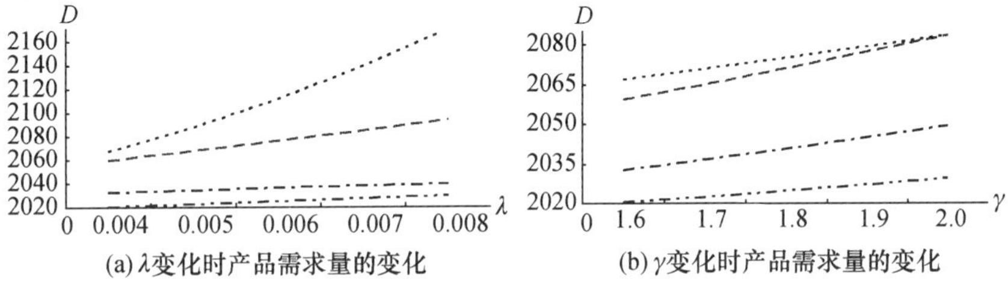

图 7-11　产品需求量随 λ 和 γ 的变化

须同时降低批发价。而在 *MM* 模型下，由于是制造商投入广告，因此广告费用投入的增加必将以提高批发价的形式来弥补，而最终导致产品售价的增加。

图 7-11 表明随着广告营销效率因子和回收效率因子的增加，需求量也随之增加。同时也可以看出当 $v=1$ 时 $D^{MR*}>D^{MM*}$，当 $\nu=5$ 时 $D^{MR*}<D^{MM*}$，即回收所节约的成本相对较小时，零售商广告时的需求量大；回收所节约的成本相对较大时，制造商广告时需求量相对较大。且 $\nu=5$ 时的需求量总比 $v=1$ 时的需求量大，即回收所节约的成本越大，其产品价格就越低，从而使得需求量也大。

图 7-12 表明随着广告营销效率与回收效率的增加广告投入随之增加，同时 *MM* 模式下的广告投入较 *MR* 模式下的广告投入大。

从图 7-13 可以看出，对于零售商而言始终有 $\prod_R^{MR*}<\prod_R^{MM*}$；图 7-14 表明，当 $v=1$ 时，$\prod_M^{MR*}>\prod_M^{MM*}$；当 $\nu=5$ 时，$\prod_M^{MR*}<\prod_M^{MM*}$，这验证了命题 7-9。同时从图 7-13、图 7-14 也可以看出

随着广告效率的增加，制造商与零售商的利润也同时增加。

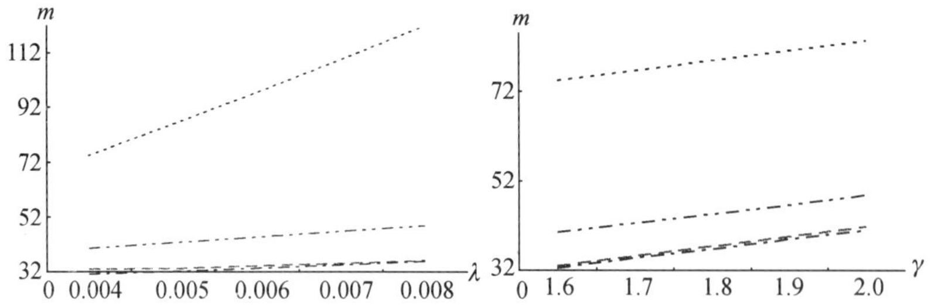

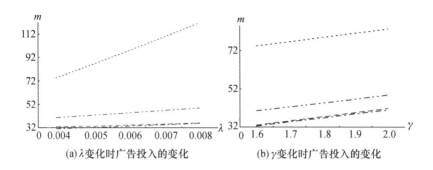

(a) λ变化时广告投入的变化　(b) γ变化时广告投入的变化

图 7－12　广告投入随 λ 和 γ 的变化

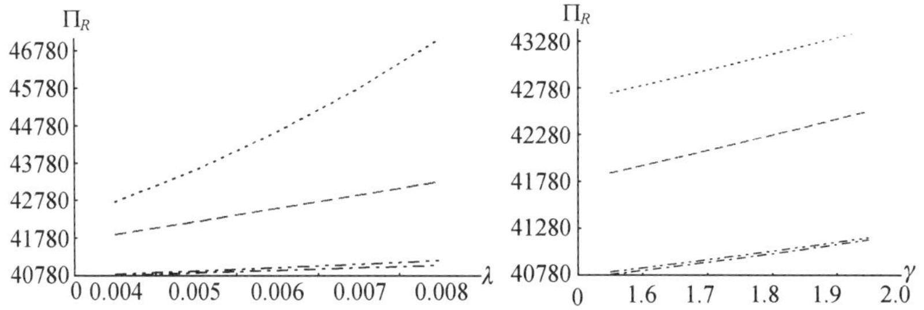

(a) λ变化时零售商利润的变化　(b) γ变化时零售商利润的变化

图 7－13　零售商利润随 λ 和 γ 的变化

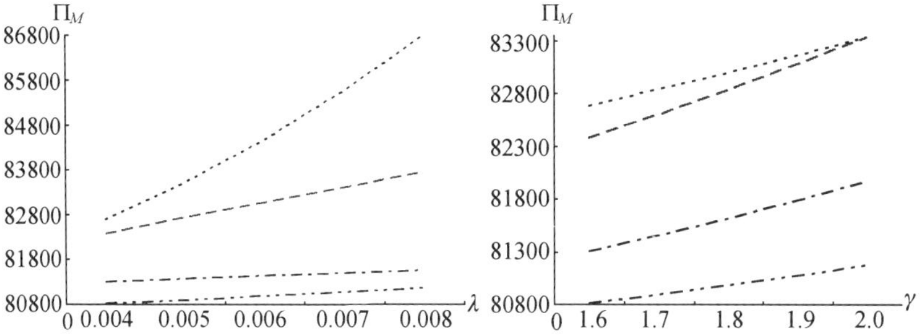

(a) λ变化时制造商利润的变化　(b) γ变化时制造商利润的变化

图 7－14　制造商利润随 λ 和 γ 的变化

研究结果表明：制造商做广告时将广告成本附加到批发价中，从而导致零售商的进货成本增加，最终使得零售价升高；为扩大市场占有率，是采用制造商广告还是零售商广告的渠道策略取决于 γ/λ 与 $\gamma/\lambda>\beta\nu$ 的大小；对于零售商的利润，在制造商广告时较零售商广告时大；对于制造商的利润，当 $\gamma/\lambda>\beta\nu$ 时，在零售商广告时利润较大，当 $\gamma/\lambda<\beta\nu$ 时，在制造商广告时利润较大。也就是说，零售商无做广告的激励，而制造商只有在 $\gamma/\lambda<\beta\nu$ 时才会选择做广告。

四　零售商广告决策模型比较分析

根据第二节的分析，归纳 *RR* 与 *MR* 模型结果，得到表 7－6。

表 7－6　　*RR* 与 *MR* 模型结果比较

	RR	*MR*
p	$\frac{\phi}{2\beta}+\frac{(\nu\gamma\lambda-\kappa)(\phi+\beta c_m)+\beta\lambda^2\nu^2\phi+\beta\gamma^2c_m}{2((\gamma+\beta\lambda\nu)^2-4\beta\kappa)}$	$\frac{\phi}{2\beta}+\frac{-\gamma\lambda\nu\phi-\gamma^2c_m+\kappa(\phi+\beta c_m)}{2(-\gamma^2+2\beta\kappa-\beta\gamma\lambda\nu)}$
w	$\frac{\phi+\beta c_m}{2\beta}$	$\frac{\phi}{2\beta}+\frac{-\gamma\lambda\nu\phi+c_m(-\gamma^2+2\beta\kappa)}{2(-\gamma^2+2\beta\kappa-\beta\gamma\lambda\nu)}$
m	$\frac{(\gamma+\beta\lambda\nu)(-\phi+\beta c_m)}{2(\gamma+\beta\lambda\nu)^2-4\beta\kappa)}$	$\frac{\gamma(\phi-\beta c_m)}{2(-\gamma^2+2\beta\kappa-\beta\gamma\lambda\nu)}$
D	$\frac{\beta\kappa(\phi-\beta c_m)}{-2(\gamma+\beta\lambda\nu)^2+4\beta\kappa}$	$\frac{\beta\kappa(\phi-\beta c_m)}{2(-\gamma^2+2\beta\kappa-\beta\gamma\lambda\nu)^2}$
Π_R	$\frac{\kappa(\phi-\beta c_m)^2}{-8(\gamma+\beta\lambda\nu)^2+16\beta\kappa}$	$\frac{\kappa(-\gamma^2+2\beta\kappa)(\phi-\beta c_m)^2}{8(-\gamma^2+2\beta\kappa-\beta\gamma\lambda\nu)^2}$
Π_M	$\frac{\kappa(\phi-\beta c_m)^2}{-4(\gamma+\beta\lambda\nu)^2+8\beta\kappa}$	$\frac{\kappa(\phi-\beta c_m)^2}{4(-\gamma^2+2\beta\kappa-\beta\gamma\lambda\nu)}$
Π_T	$\frac{3\kappa(\phi-\beta c_m)^2}{-8(\gamma+\beta\lambda\nu)^2+16\beta\kappa}$	$\frac{\kappa(-3\gamma^2+6\beta\kappa-2\beta\gamma\lambda\nu)(\phi-\beta c_m)^2}{8(-\gamma^2+2\beta\kappa-\beta\gamma\lambda\nu)^2}$

命题 7－10： 当 $\gamma/\lambda \geqslant \beta\nu$ 时，$p^{RR*} \geqslant p^{MR*}$；当 $\gamma/\lambda \leqslant \beta\nu$ 时，$p^{RR*} \leqslant p^{MR*}$；$w^{RR*} > w^{MR*}$。

证明： 由于 $p^{RR*} - p^{MR*} = \dfrac{\beta\nu\kappa\lambda(\phi - \beta c_m)(\gamma - \beta\lambda\nu)}{2(-\gamma^2 + 2\beta\kappa - \beta\gamma\lambda\nu)(-(\gamma + \beta\lambda\nu)^2 + 2\beta\kappa)}$，故当 $\gamma/\beta \geqslant \lambda\nu$ 时，$p^{RR*} \geqslant p^{MR*}$；当 $\gamma/\beta \leqslant \lambda\nu$ 时，$p^{RR*} \leqslant p^{MR*}$。又 $w^{RR*} - w^{MR*} = \dfrac{\nu\kappa\lambda(\phi - \beta c_m)}{2(-\gamma^2 + 2\beta\kappa - \beta\gamma\lambda\nu)} > 0$，因此有 $w^{RR*} > w^{MR*}$。

命题 7－10 说明，对于零售商广告的闭环供应链，由于零售商回收时所得回收利润通过高的制造商制定的批发价一部分转移至制造商，因此零售商回收时的批发价大于制造商回收时的批发价。两种情形下的零售价，则取决于广告在需求方面的效率与回收方面的效率的比例 γ/λ 以及价格敏感系数与单位回收相对于不回收时的利润之积 $\beta\nu$ 的大小。当 $\gamma/\lambda \geqslant \beta\nu$ 时，零售商回收时的零售价大于制造商回收时的零售价；当 $\gamma/\lambda \leqslant \beta\nu$ 时，零售商回收时的零售价小于制造商回收时的零售价。

命题 7－11： $m^{RR*} > m^{MR*}$；$D^{RR*} > D^{MR*}$；$\prod_M^{RR*} > \prod_M^{MR*}$，$\prod_R^{RR*} > \prod_R^{MR*}$，$\prod_T^{RR*} > \prod_T^{MR*}$。

证明： 由于

$$D^{RR*} - D^{MR*} = \frac{\kappa\beta^2\lambda(\nu\gamma + \beta\lambda\nu^2)(\phi - \beta c_m)}{2(-\gamma^2 + 2\beta\kappa - \beta\gamma\lambda\nu)(-(\gamma + \beta\lambda\nu)^2 + 2\beta\kappa)} > 0$$

$$m^{RR*} - m^{MR*} = \frac{\beta^2\nu\kappa\lambda(\phi - \beta c_m)}{(-\gamma^2 + 2\beta\kappa - \beta\gamma\lambda\nu)(-(\gamma + \beta\lambda\nu)^2 + 2\beta\kappa)} > 0$$

$$\prod_M^{RR*} - \prod_M^{MR*} = \frac{\kappa\beta\lambda(\nu\gamma + \beta\lambda\nu^2)(\phi - \beta c_m)}{4(-\gamma^2 + 2\beta\kappa - \beta\gamma\lambda\nu)(-(\gamma + \beta\lambda\nu)^2 + 2\beta\kappa)} > 0$$

$$\prod_R^{RR*} - \prod_R^{MR*} = \frac{\kappa^2\beta^3\lambda^2\nu^2(\phi - \beta c_m)}{4(-\gamma^2 + 2\beta\kappa - \beta\gamma\lambda\nu)^2(-(\gamma + \beta\lambda\nu)^2 + 2\beta\kappa)} > 0$$

故有 $m^{RR*} > m^{MR*}$，$D^{RR*} > D^{MR*}$，$\prod_M^{RR*} > \prod_M^{MR*}$，$\prod_R^{RR*} > \prod_R^{MR*}$，$\prod_T^{RR*} > \prod_T^{MR*}$。

命题 7－11 说明，在零售商广告的闭环供应链情形下，零售商回收时的广告投入水平大于制造商回收时的广告投入水平，由此而引起需求量也增加。在零售商广告时，零售商回收时的各主体及总体利润大于制造商回收时的情况。这主要是因为零售商广告时，零售商投入较多的广告使得市场需求与回收均增加，虽然此时批发价增加使得零售商回收成本增加，但零售商从回收中获得更多的利润，使得其总体利润增加，而制造商则通过提高批发价来增加自己的利润。

命题 7 - 12：零售商广告两种决策模式下，最优广告投入、市场需求量、制造商与零售商的最优利润均随着广告营销效率因子、广告回收效率因子的增加而增加，随着广告成本因子的增加而减少；*RR* 模式下的最优批发价与广告营销效率因子、广告回收效率因子、广告成本因子无关，*MR* 模式下的最优批发价随着广告营销效率因子、广告回收效率因子增加而减少，随着广告成本因子的增加而增加。

通过对最优广告投入、市场需求量及利润对相关的因子求导易证明命题 7 - 12。

为验证上述模型，取 $\phi = 10000$，$c = 10$，$\gamma = 5$，$\Delta = 7$，$\lambda = 0.003$，$\kappa = 1$，$A = 4$，两种模型下的仿真结果如表 7 - 7、图 7 - 15 至图 7 - 20 所示，其中表 7 - 7 中 $\beta = 100$ 时 $\gamma/\lambda > \beta\nu$，$\beta = 600$ 时 $\gamma/\lambda < \beta\nu$。由于命题 7 - 12 的仿真图较多且类似，因此将选择部分仿真进行说明。

表 7 - 7　　*RR* 模型与 *MR* 模型仿真结果

	$\gamma/\lambda > \beta\nu$		$\gamma/\lambda < \beta\nu$	
	MR	*RR*	*MR*	*RR*
批发价	53.81	55	13.25	13.33
零售价	80.21	80.79	15	14.99
广告投入量	132	161	8.71	19.05
制造商利润	118768	122586	3484	3664
零售商利润	60951	61293	1783	1832
总利润	179720	183879	5267	5495

续表

	$\gamma/\lambda>\beta\nu$		$\gamma/\lambda<\beta\nu$	
	MR	*RR*	*MR*	*RR*
需求量	2639	2724	1045	1099
回收率	39.59%	48.22%	2.61%	5.72%

从表7－7可以看出，当 $\gamma/\lambda>\beta\nu$ 时，*RR* 模式的零售价较高；当 $\gamma/\lambda<\beta\nu$ 时，*MR* 模式的零售价较高、批发价较低，主要原因是在制造商回收时，为协调供应链上各主体的利润，制造商需要将一部分回收所得到的利润通过增加零售商单位产品的利润差额的形式转移一部分至零售商。但无论是 γ/λ 大于 $\beta\nu$ 还是小于 $\beta\nu$，*RR* 情形下批发价、广告投入、利润、需求量及回收率均较 *MR* 情形下的大，图7－15至图7－20也表明了这一点。

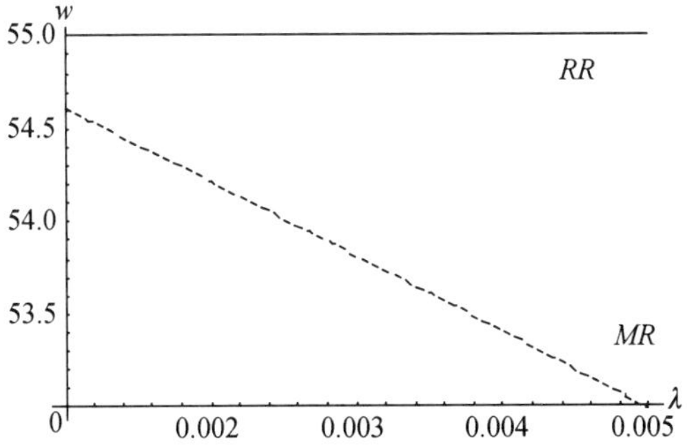

图7－15　批发价随广告回收效率因子变化曲线

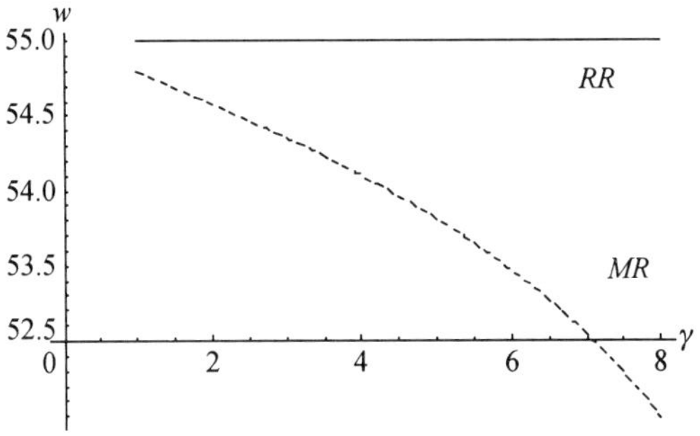

图7－16　批发价随广告营销效率因子变化曲线

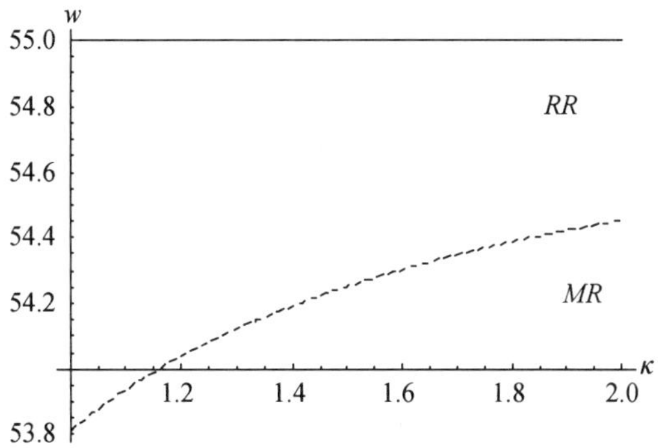

图 7－17　批发价随广告成本因子变化曲线

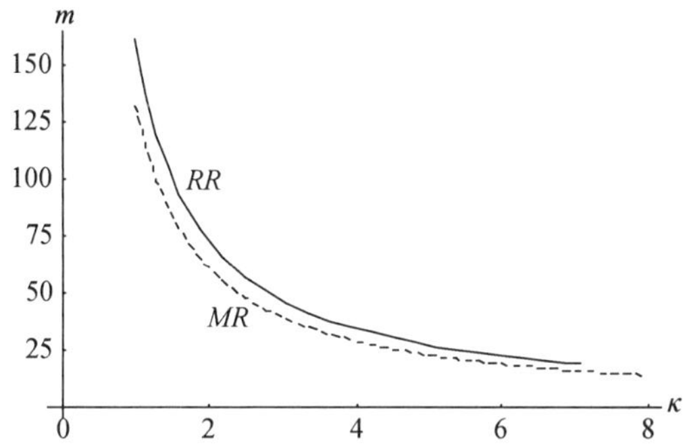

图 7－18　广告投入量随广告成本因子变化曲线

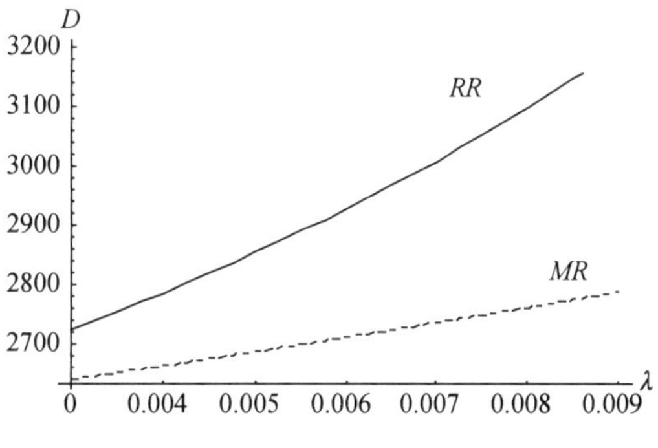

图 7－19　需求量随广告回收效率因子变化曲线

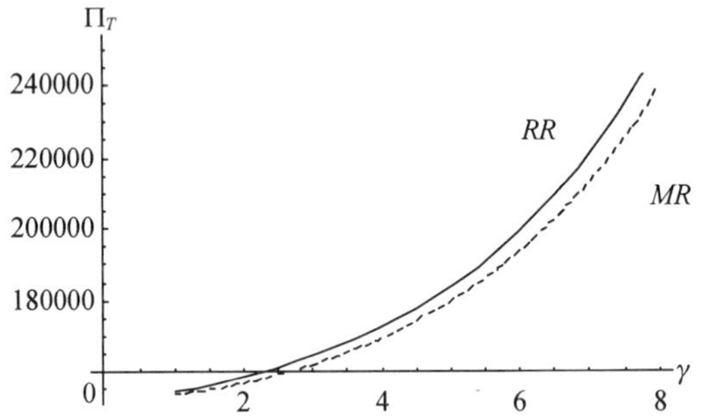

图 7－20　总利润随广告营销效率因子变化曲线

由图 7－15 至图 7－17 可以看出，*RR* 模式下的批发价与广告回收效率因子、广告营销效率因子、广告成本因子无关。而 *MR* 模式下，批发价随着广告回收效率因子、广告营销效率因子的增加而降低，随着广告成本因子的增加而增加。这主要是由于在 *MR* 模式中，广告是由零售商负责，制造商负责回收，广告回收效率与广告营销效率的提高使得需求量、零售商的广告投入、制造商的利润均增加，若此时制造商不随之降低批发价，零售商的利润会由于广告投入的增加而使其利润降低，因此，要保证供应链总是处于最优状态，制造商只有通过降低批发价的形式来补偿零售商的广告成本与分享利润。而广告成本的增加使得零售商的广告投入量减少，广告成本降低，需求量减少，制造商的利润也随之减少，此时制造通过提高批发价的形式获取零售商的一部分利润来弥补其自身的利润。

图 7－18 表明两种回收模式下的广告投入量均随着广告成本因子的增加而递减，一方面广告成本因子的增加使得广告成本增加，另一方面相同广告投入所带来的需求量不变，因此，为平衡广告成本与广告所带来的收入，当广告成本因子增加时，广告投入量必然减少。图 7－19、图 7－20 说明广告回收效率因子与广告营销效率因子的增加会使得需求量与利润均相应增加，广告在回收与增加需求两个方面的效率越高，则广告投入也就越多，在提高了产品价格的同时，也增加了市场需求量，增加了制造商的利润。

研究结果表明：在零售商广告的闭环供应链情形下，零售商回收时的批发价大于制造商回收时的批发价。两种情形下的零售价，则取决于广告在需求方面的效率与回收方面的效率的比例 γ/λ 以及价格敏感系数与单位回收相对于不回收时的利润之积 $\beta\nu$ 的大小。零售商回收时的广告投入水平与需求量均大于制造商回收时的情形，零售商回收时的各主体及总体利润大于制造商回收时的情形，因此 *RR* 模式在利润及市场占有率目标下均优于 *MR* 模式。

研究结论为闭环供应链中的企业协调提供了如下指导意义：第一，为闭环供应链中的企业间协调提供了理论指导。通过模型，为产品制定合理的零售价、批发价及广告投放量提供了理论依据，同时也为合理的产品回收量提供了理论指导，这对促进闭环供应链中成员合作稳定具有一定的现实意义。第二，对于实施闭环供应链管理的企业，若在零售商负责广告的情况下，零售商负责回收比制造商负责回收时的闭环供应链的利润、产品需求量及废旧产品的回收率都高，故零售商负责回收对闭环供应链的发展更加有利。

五　零售商回收决策模型比较分析

根据第一节计算结果，归纳得到零售商回收决策模型计算结果如表 7－8 所示。

表 7－8　　*RR* 与 *RM* 模型结果比较

	RR	*RM*
p	$\frac{\phi}{2\beta}+\frac{(\nu\gamma\lambda-\kappa)(\phi+\beta c_m)+\beta\lambda^2\nu^2\phi+\beta\gamma^2 c_m}{2(\gamma+\beta\lambda\nu)^2-4\beta\kappa}$	$\frac{(3\kappa+\nu\lambda(-\gamma-\lambda\beta\nu))\phi+(-\gamma^2+\beta\kappa+\beta\gamma\nu\lambda)c_m}{-(\gamma+\beta\lambda\nu)^2+4\beta\kappa}$
w	$\frac{\phi+\beta c_m}{2\beta}$	$\frac{\phi+\beta c_m}{2\beta}+\frac{(\gamma+\beta\lambda\nu)^2(\phi-\beta c_m)}{2\beta(-(\gamma+\beta\lambda\nu)^2+4\beta\kappa)}$
m	$\frac{(\gamma+\beta\lambda\nu)(-\phi+\beta c_m)}{2((\gamma+\beta\lambda\nu)^2-4\beta\kappa)}$	$\frac{(\gamma+\beta\lambda\nu)(\phi-\beta c_m)}{-(\gamma+\beta\lambda\nu)^2+4\beta\kappa}$

续表

	RR	RM
D	$\frac{\beta\kappa(\phi-\beta c_m)}{-2(\gamma+\beta\lambda\nu)^2+4\beta\kappa}$	$\frac{\beta\kappa(\phi-\beta c_m)}{-(\gamma+\beta\lambda\nu)^2+4\beta\kappa}$
Π_R	$\frac{\kappa(\phi-\beta c_m)^2}{-8(\gamma+\beta\lambda\nu)^2+16\beta\kappa}$	$\frac{\beta\kappa^2(\phi-\beta c_m)^2}{(-(\gamma+\beta\lambda(\Delta-A))^2+4\beta\kappa)^2}$
Π_M	$\frac{\kappa(\phi-\beta c_m)^2}{-4(\gamma+\beta\lambda\nu)^2+8\beta\kappa}$	$\frac{\kappa(\phi-\beta c_m)^2}{2(-(\gamma+\beta\lambda\nu)^2+4\beta\kappa)}$
Π_T	$\frac{3\kappa(\phi-\beta c_m)^2}{-8(\gamma+\beta\lambda\nu)^2+16\beta\kappa}$	$\frac{\kappa(-(\gamma+\beta\lambda\nu)^2+6\beta\kappa)(\phi-\beta c_m)^2}{2(-(\gamma+\beta\lambda\nu)^2+4\beta\kappa)^2}$

命题 7－13： $w^{RR*}<w^{RM*}$，$p^{RR*}<p^{RM*}$，$D^{RR*}>D^{RM*}$，$m^{RR*}<m^{RM*}$，$\Pi_R^{RR*}>\Pi_R^{RM*}$，$\Pi_M^{RR*}>\Pi_M^{RM*}$，$\Pi_T^{RR*}>\Pi_T^{RM*}$。

证明： 根据 RM 与 RR 模型的计算结果，由于

$$w^{RR*}-w^{RM*}=-\frac{(\gamma+\beta\lambda\nu)^2(\phi-\beta c_m)}{2\beta(-(\gamma+\beta\lambda\nu)^2+4\beta\kappa)}<0$$

$$p^{RR*}-p^{RM*}=-\frac{(\gamma+\beta\lambda\nu)^2(-\gamma^2+2\beta\kappa+\beta\gamma\nu)(\phi-\beta c_m)}{2\beta(-(\gamma+\beta\lambda\nu)^2+4\beta\kappa)(-(\gamma+\beta\lambda\nu)^2+2\beta\kappa)}<0$$

$$D^{RR*}-D^{RM*}=\frac{\beta\kappa(-(\gamma+\beta\lambda\nu)^2+6\beta\kappa)(\phi-\beta c_m)}{2(-(\gamma+\beta\lambda\nu)^2+4\beta\kappa)(-(\gamma+\beta\lambda\nu)^2+2\beta\kappa)}>0$$

$$m^{RR*}-m^{RM*}=-\frac{(\gamma+\beta\lambda\nu)^3(\phi-\beta c_m)}{2(-(\gamma+\beta\lambda\nu)^2+4\beta\kappa)(-(\gamma+\beta\lambda\nu)^2+2\beta\kappa)}<0$$

$$\Pi_R^{RR*}-\Pi_R^{RM*}=\frac{\kappa(\gamma+\beta\lambda\nu)^4(\phi-\beta c_m)^2}{8(-(\gamma+\beta\lambda\nu)^2+4\beta\kappa)^2(-(\gamma+\beta\lambda\nu)^2+2\beta\kappa)}>0$$

$$\Pi_M^{RR*}-\Pi_M^{RM*}=\frac{\kappa(\gamma+\beta\lambda\nu)^2(\phi-\beta c_m)^2}{4(-(\gamma+\beta\lambda\nu)^2+4\beta\kappa)(-(\gamma+\beta\lambda\nu)^2+2\beta\kappa)}>0$$

因此有 $w^{RR*}<w^{RM*}$，$p^{RR*}<p^{RM*}$，$D^{RR*}>D^{RM*}$，$m^{RR*}<m^{RM*}$，

$\Pi_R^{RR*} > \Pi_R^{RM*}$，$\Pi_M^{RR*} > \Pi_M^{RM*}$，$\Pi_T^{RR*} > \Pi_T^{RM*}$。

命题7－13说明零售商回收的闭环供应链的广告模型，制造商做广告时将广告成本附加到批发价中，从而导致零售商的进货成本增加，最终使得零售价升高。因此，制造商做广告时的批发价与零售价均大于零售商做广告时的批发价与零售价。零售商回收的闭环供应链的广告模型，制造商做广告时的广告投入比零售商做广告时的广告投入大，虽然此时产品价格较高，但总的需求量增加。零售商回收的闭环供应链的广告模型，制造商、零售商及总体利润在零售商做广告时较制造商做广告时的大。

命题7－14：两种决策模式下，最优广告投入、市场需求量、制造商与零售商的最优利润均随着广告营销效率因子的增加而增加，随着广告回收效率因子的增加而增加，随着广告成本因子的增加而减少。

通过对最优广告投入、市场需求量及利润对相关的因子求导易证明命题7－14。

命题7－14说明广告在回收与增加需求两个方面的效率越高，则广告投入也就越多，在提高了产品的价格同时，也增加了市场需求量，增加了制造商的利润。

为验证上述模型结论，取 $\phi=10000$，$c=10$，$\gamma=5$，$\Delta=7$，$\lambda=0.003$，$\kappa=1$，$A=4$，$\beta=100$ 的仿真结果如表7－9、图7－21至图7－23所示。由于命题7－14的仿真图较多且类似，因此将选择部分仿真进行说明。

由表7－9可以看出，零售商回收时，零售商广告情形时的批发价与零售价均较制造商广告时低，而广告投入、制造商与零售商的利润、需求量及回收率却较制造商广告时高。虽然 *RR* 模式时其最优零售价较 *RM* 低，但其广告投入却较多，使得 *RR* 模式下的总的需求量较高。由此可以看出，无论供应链目标是要使得市场占有率最大化还是利润最大化或者使回收率最大化，*RR* 模式均优于 *RM* 模式。

表 7－9　　　　　　*RR* 与 *RM* 模型仿真结果

	RR	*RM*
批发价	55.00	59.29
零售价	80.79	82.63
广告投入量	161	145
制造商利润	122586	110901
零售商利润	61293	60736
总利润	183879	171637
需求量	2724	2464
回收率	48.22%	43.62%

由图 7－21 至图 7－23 可以看出，两种决策模式下，最优总利润随着广告回收效率因子的增加而增加，最优广告投入随着广告成本因子的增加而减少，最优市场需求量随着广告营销效率因子的增加而增加，且 *RR* 模式下均大于 *RM* 模式的总利润、广告投入量及市场需求量。

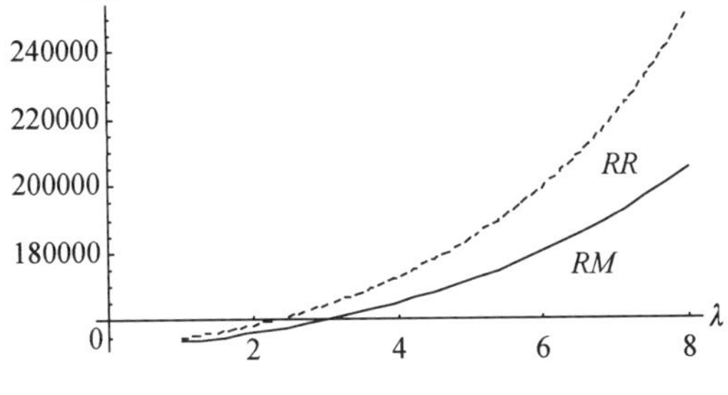

图 7－21　总利润随广告回收效率因子变化曲线

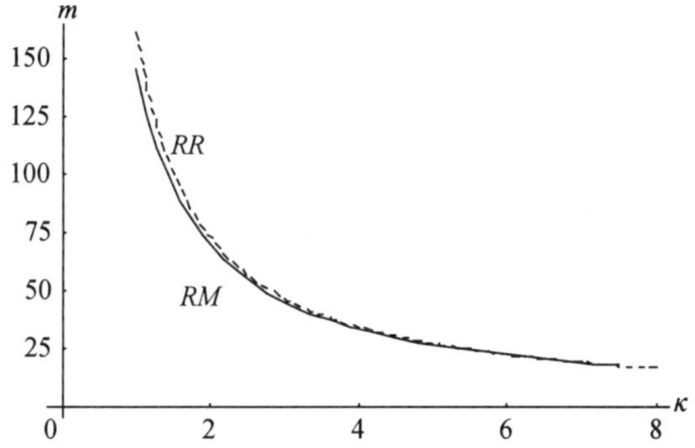

图7－22　广告投入量随广告成本因子变化曲线

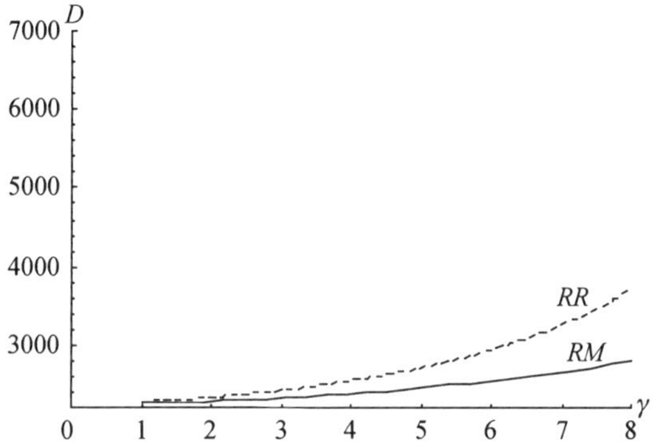

图7－23　市场需求量随广告营销效率因子变化曲线

研究结果表明：*RR* 模式在市场需求量及利润上均较 *RM* 模式有优势，且两种决策模式的最优广告投入量、市场需求量、制造商与零售商的最优利润均随着广告回收效率因子、广告营销效率因子的增加而增加，随着广告成本因子的增加而减少。

六　广告分摊决策模型比较分析

根据第一节计算结果，归纳得到零售商回收决策模型计算结果，如表7－10所示。

命题7－15：①$x^{M*}<x^{R*}$；②$\partial x^{M*}/\partial\lambda<0$，$\partial x^{M*}/\partial\gamma>0$。

证明：根据上述计算结果得到 $x^{M*}-x^{R*}=\frac{2\gamma}{3\gamma+2\beta\lambda\nu}-\frac{2}{3}<0$，

因此有 $x^{M*} < x^{R*}$。由于 $\frac{\partial x^{M*}}{\partial \lambda} = -\frac{4\beta\gamma v}{(3\gamma + 2\beta(-A+\Delta)\lambda)^2} < 0$，$\frac{\partial x^{M*}}{\partial \gamma} = \frac{4\beta v\lambda}{(3\gamma + 2\beta(-A+\Delta)\lambda)^2} > 0$，故有 $\frac{\partial x^{M*}}{\partial \lambda} < 0$，$\frac{\partial x^{M*}}{\partial \gamma} > 0$ 成立。

命题 7－15 表明零售商所分摊的广告费用在制造商回收时的比例要小。制造商回收时零售商所分摊的广告费用比例与广告回收效率因子呈负相关，与广告营销效率因子呈正相关。而 $x^{R*} = 2/3$ 则表明零售商回收时零售商所分摊的广告费用比例与回收效率因子、营销效率因子无关。

表 7－10　　　　*MX* 与 *RX* 模型结果比较

	MX	*RX*
p	$\frac{(-3\gamma^2 - 8\beta\lambda\gamma\nu - 4\beta(-3\kappa + \beta\lambda^2\nu^2))\phi + 2\beta(-3\gamma^2 + 2\beta\kappa - 2\beta\gamma\lambda\nu\lambda)c_m}{\beta(-(3\gamma + 2\beta\lambda\nu)^2 + 16\beta\kappa)}$	$\frac{3(((\gamma + \beta\nu\lambda)^2 + 2\beta^2\nu^2\lambda^2) - 4\beta\kappa)\phi + 2(3\gamma^2 + 3\beta\nu\lambda\gamma - 2\beta\kappa)\beta c_m}{\beta(9(\gamma + \beta\lambda\nu)^2 - 16\beta\kappa)}$
w	$\frac{(-3\gamma^2 - 8\beta\lambda\gamma\nu - 4\beta(-2\kappa + \beta\lambda^2\nu^2))\phi + 2\beta(-3\gamma^2 + 4\beta\kappa - 2\beta\gamma\lambda\nu)\lambda c_m}{\beta(-(3\gamma + 2\beta\lambda\nu)^2 + 16\beta\kappa)}$	$\frac{3((\gamma + \beta\nu\lambda)^2 - 8\beta\kappa)\phi + 6((\gamma + \beta\nu\lambda)^2 - 4\beta\kappa)\beta c_m}{\beta(9(\gamma + \beta\lambda\nu)^2 - 16\beta\kappa)}$
m	$\frac{2(3\gamma + 2\lambda\beta\nu)(\phi - \beta c_m)}{-(3\gamma + 2\beta\lambda\nu)^2 + 16\beta\kappa}$	$\frac{6(\gamma + \nu\beta\lambda)(\phi - \beta c_m)}{-9(\gamma + \beta\lambda\nu)^2 + 16\beta\kappa}$
D	$\frac{4\beta\kappa(\phi - \beta c_m)}{-(3\gamma + 2\beta\lambda\nu)^2 + 16\beta\kappa}$	$\frac{4\kappa\beta(\phi - \beta c_m)}{-9(\gamma + \beta\lambda\nu)^2 + 16\beta\kappa}$
Π_R	$\frac{4\kappa(-3\gamma^2 + 4\beta\kappa - 2\beta\gamma\lambda\nu)(\phi - \beta c_m)^2}{(-(3\gamma + 2\beta\lambda\nu)^2 + 16\beta\kappa)^2}$	$\frac{4\kappa(-3(\gamma + \nu\beta\lambda)^2 + 4\beta\kappa)(-\phi + \beta c_m)^2}{(-9(\gamma + \beta\lambda\nu)^2 + 16\beta\kappa)^2}$
Π_M	$\frac{2\kappa(\phi - \beta c_m)^2}{-(3\gamma + 2\beta\lambda\nu)^2 + 16\beta\kappa}$	$\frac{2\kappa(\phi - \beta c_m)^2}{-9(\gamma + \beta\lambda\nu)^2 + 16\beta\kappa}$
Π_T	$\frac{2\kappa(-15\gamma^2 + 16\beta\kappa - 16\beta\gamma\lambda\nu + 4\beta^2\lambda^2\nu^2)(\phi - \beta c_m)^2}{(-(3\gamma + 2\beta\lambda\nu)^2 + 16\beta\kappa)^2}$	$\frac{6\kappa(-5(\gamma + \nu\beta\lambda)^2 + 8\beta\kappa)(-\phi + \beta c_m)^2}{(-9(\gamma + \beta\lambda\nu)^2 + 16\beta\kappa)^2}$
x	$\frac{2\gamma}{3\gamma + 2\beta\lambda\nu}$	$\frac{2}{3}$

命题 7 - 16：① $w^{M*} < w^{R*}$；② $\partial w^{M*}/\partial\lambda < 0$，$\partial w^{R*}/\partial\lambda > 0$；③$\partial w^{M*}/\partial\gamma > 0$，$\partial w^{M*}/\partial\gamma > 0$。

证明：根据假设有：

$$w^{M*} - w^{R*} = -\frac{(4\beta v\lambda)(\phi - \beta c_m)(9\gamma(-(\gamma+\beta v\lambda)^2 + 2\beta\kappa) + 2\beta\kappa\gamma + \beta v\lambda(-12\gamma\beta v\lambda - 6\gamma^2 + 14\beta\kappa))}{\beta(9\gamma^2 + 12\beta\gamma v\lambda + 4\beta(-4\kappa + \beta v^2\lambda^2))(9\gamma^2 + 18\beta\gamma v\lambda + \beta(-16\kappa + 9\beta v^2\lambda^2))}$$

$$< -\frac{(4\beta v\lambda)(\phi - \beta c_m)(9\gamma(-(\gamma+\beta v\lambda)^2 + 2\beta\kappa) + 2\beta\kappa\gamma + \beta v\lambda(-7(\gamma+\beta v\lambda)^2 + 14\beta\kappa))}{\beta(9\gamma^2 + 12\beta\gamma v\lambda + 4\beta(-4\kappa + \beta v^2\lambda^2))(9\gamma^2 + 18\beta\gamma v\lambda + \beta(-16\kappa + 9\beta v^2\lambda^2))} < 0$$

因此 $w^{M*} < w^{R*}$ 成立。

由于 $$\frac{\partial w^{M*}}{\partial\lambda} = -\frac{4v(\phi - \beta c_m)(-9\gamma(\gamma+\beta v\lambda)^2 + 18\gamma\beta\kappa + 5\gamma(\gamma^2 - (\gamma - \beta v\lambda)^2) + 16\beta^2 v\kappa\lambda)}{(9\gamma^2 + 12\beta\gamma v\lambda + 4\beta(-4\kappa + \beta v^2\lambda^2))^2} < 0$$

$$\frac{\partial w^{R*}}{\partial\lambda} = \frac{48\beta v\kappa(\gamma + \beta v\lambda)(\phi - \beta c_m)}{(9\gamma^2 + 18\beta\gamma v\lambda + \beta(-16\kappa + 9\beta v^2\lambda^2))^2} > 0$$，因此有 $\frac{\partial w^{M*}}{\partial\lambda} < 0$，$\frac{\partial w^{R*}}{\partial\lambda} > 0$ 成立。

由于 $$\frac{\partial w^{M*}}{\partial\gamma} = \frac{48\kappa(\gamma + \beta v\lambda)(\phi - \beta c_m)}{(9\gamma^2 + 18\beta\gamma v\lambda + \beta(-16\kappa + 9\beta v^2\lambda^2))^2} > 0$$

$$\frac{\partial w^{M*}}{\partial\gamma} = \frac{4(\phi - \beta c_m)(v\lambda(-9(\gamma+\beta v\lambda)^2 + 20\beta\kappa + 5\beta^2 v^2\lambda^2 + 6\beta v\lambda\gamma) + 12\gamma\kappa)}{(9\gamma^2 + 12\beta\gamma v\lambda + 4\beta(-4\kappa + \beta v^2\lambda^2))^2} > 0$$，因此 $\frac{\partial w^{M*}}{\partial\gamma} > 0$，$\frac{\partial w^{M*}}{\partial\gamma} > 0$ 成立。

命题 7 - 16 表明制造商回收时产品的批发价低于零售商回收时产品的批发价，其主要原因是制造商回收较零售商回收节约了部分回收成本，而此部分节约成本通过制造商降低批发价的形式与零售商共享。制造商回收时产品的批发价与广告回收效率因子呈负相关，此现象的发生是由于广告回收效率因子的增加，使得制造商在同量广告的情形下回收量增加，从而使得再制造成本降低，制造商需要降低批发价平衡供应链的利润；批发价与广告营销效率因子正相关则是由于同量广告的情形下销售量增加，零售商利润增加，同样为了平衡供应链的利润制造商提高批发价。零售商回收时产品的批发价与广告回收效率因子、广告营销效率因子均正相关，在广告回收效率因子或者广告营销效率因子增加时，零售商的利润随之增加，为了平衡供应链的利润制造商提高批发价。

命题 7－17：①$\Pi_M^{R*}>\Pi_R^{R*}$，$\Pi_M^{M*}>\Pi_R^{M*}$，$\Pi_M^{R*}>\Pi_M^{M*}$，$\Pi_R^{R*}<\Pi_R^{M*}$；

②$\partial\Pi_M^{R*}/\partial\gamma>0$，$\partial\Pi_R^{R*}/\partial\gamma>0$，$\partial\Pi_M^{M*}/\partial\gamma>0$，$\partial\Pi_R^{M*}/\partial\gamma>0$；

③$\partial\Pi_M^{R*}/\partial\lambda>0$，$\partial\Pi_R^{R*}/\partial\lambda>0$，$\partial\Pi_M^{M*}/\partial\lambda>0$，$\partial\Pi_R^{M*}/\partial\lambda>0$。

证明：根据计算结果有

$$\Pi_M^{M*}-\Pi_R^{M*}=\frac{2\kappa(-4(\gamma+\beta v\lambda)^2+8\beta\kappa+\gamma^2)(\phi-\beta c_m)^2}{(9\gamma^2+12\beta\gamma v\lambda+4\beta(-4\kappa+\beta v^2\lambda^2))^2}>0$$

$$\Pi_M^{R*}-\Pi_R^{R*}=\frac{2\kappa(-3(\gamma+\beta v\lambda)^2+8\beta\kappa)(\phi-\beta c_m)^2}{(9\gamma^2+18\beta\gamma v\lambda+\beta(-16\kappa+9\beta v^2\lambda^2))^2}>0$$

$$\Pi_M^{R*}-\Pi_M^{M*}=\frac{2\kappa(\phi-\beta c_m)^2\beta v\lambda(6\gamma+5\beta v\lambda)}{(-9\gamma^2+18\beta\gamma v\lambda+\beta(16\kappa-9\beta v^2\lambda^2))(-9\gamma^2+12\beta\gamma v\lambda-4\beta(-4\kappa+\beta v^2\lambda^2))}>0$$

$$\Pi_R^{R*}-\Pi_R^{M*}<4\kappa(\phi-\beta c_m)^2\frac{-4\beta\gamma v\lambda-3\beta^2v^2\lambda^2}{(9\gamma^2+12\beta\gamma v\lambda+4\beta(-4\kappa+\beta v^2\lambda^2))^2}<0$$

因此命题 7－17 中①成立。

由于

$$\frac{\partial\Pi_M^{R*}}{\partial\gamma}=\frac{36\kappa(\gamma+\beta v\lambda)(\phi-\beta c_m)^2}{(9\gamma^2+18\beta\gamma v\lambda+\beta(-16\kappa+9\beta v^2\lambda^2))^2}>0$$

$$\frac{\partial\Pi_R^{R*}}{\partial\gamma}=\frac{24\kappa(\gamma+\beta v\lambda)(-9(\gamma+\beta v\lambda)^2+18\kappa\beta)(\phi-\beta c_m)^2}{(-9\gamma^2-18\beta\gamma v\lambda+\beta(16\kappa-9\beta v^2\lambda^2))^3}>0$$

$$\frac{\partial\Pi_R^{M*}}{\partial\gamma}=\frac{8\kappa(-27\gamma(\gamma+\beta v\lambda)^2+54\beta\kappa\gamma+32\beta^2v\kappa\lambda+27\gamma\beta^2v^2\lambda^2+27\gamma^2\beta\lambda\kappa+4\beta^3v^3\lambda^3)(\phi-\beta c_m)^2}{(-9\gamma^2-12\beta\gamma v\lambda+4\beta(4\kappa-\beta v^2\lambda^2))^3}>0$$

$$\frac{\partial\Pi_M^{M*}}{\partial\gamma}=\frac{12\kappa(3\gamma+2\beta v\lambda)(\phi-\beta c_m)^2}{(9\gamma^2+12\beta\gamma v\lambda+4\beta(-4\kappa+\beta v^2\lambda^2))^2}>0$$

因此命题 7－17 中②成立。

又因为$\frac{\partial \prod_R^{R*}}{\partial \lambda}=\frac{24\beta v\kappa(\gamma+\beta v\lambda)(-9(\gamma+\beta\kappa\lambda)^2+18\kappa\beta)(\phi-\beta c_m)^2}{(-9\gamma^2-18\beta\gamma v\lambda+\beta(16\kappa-9\beta v^2\lambda^2))^3}>0$

$$\frac{\partial \prod_M^{R*}}{\partial \lambda}=\frac{36\beta v\kappa(\gamma+\beta v\lambda)(\phi-\beta c_m)^2}{(9\gamma^2+18\beta\gamma v\lambda+\beta(-16\kappa+9\beta v^2\lambda^2))^2}>0$$

$$\frac{\partial \prod_R^{M*}}{\partial \lambda}=\frac{8\beta v\kappa(-27\gamma(\gamma+\beta v\lambda)^2+54\beta\kappa\gamma+32\beta^2 v\kappa\lambda+15\gamma\beta^2 v^2\lambda^2+18\gamma^2\beta\lambda\kappa)(\phi-\beta c_m)^2}{(-9\gamma^2+12\beta\gamma v\lambda+4\beta(4\kappa-\beta v^2\lambda^2))^3}>0$$

$$\frac{\partial \prod_M^{M*}}{\partial \lambda}=\frac{8\beta v\kappa(3\gamma+2\beta v\lambda)(\phi-\beta c_m)^2}{(9\gamma^2+12\beta\gamma v\lambda+4\beta(-4\kappa+\beta v^2\lambda^2))^2}>0$$

故命题7－17中③成立。

命题7－17表明无论是制造商或者零售商回收模式，制造商的利润总是比零售商的利润大。制造商的利润在零售商回收模式时较制造商回收模式时大，零售商的利润在制造商回收时较零售商回收时大。制造商与零售商的利润均与广告回收效率因子、营销效率因子呈正相关。

综合上述命题，可以看出：

（1）制造商回收模式能提高零售商的利润，零售商回收模式则能提高制造商的利润。

（2）在制造商回收模式下，广告回收效率的提高，降低了产品制造成本，使得批发价降低，零售价提高。虽然零售价的提高会使需求量减少，但是总的需求量会因广告投入量的提高仍呈上升趋势。此情形下制造商承担的广告分摊比例增加，其利润上升来源于回收的废旧产品成本节约而增加的批发利润，而零售商的利润增加则来源于销售利润增加与广告分摊比例的下降，即此时闭环供应链主要通过降低批发价与广告分摊比例来协调各成员的利润。广告营销效率的增加，使得批发价、零售价、广告投入量、需求量均上升，而零售商承担的广告分摊比例上升，此时制造商与零售商的利润均主要来源于销售量增加所增加的利润，即此时闭环供应链主要通过提高批发价、零售价及广告分摊比例来协调各成员的利润。

（3）在零售商回收模式下，广告分摊比例不变，广告回收效率的提高使得零售商回收更多的废旧产品，从而通过转卖给制造商获得更多的回收利润，使得产品批发价、产品零售价、产品市场需求量、广告投入水平以及零售商的利润均增加。此时制造商的利润增加主要来源于批发价与需求量提高所增加的批发利润，零售商的利润增加主要来源于转卖回收废旧商品数量的增加，即此时闭环供应链主要通过提高批发价协调各成员的利润。广告营销效率的增加，使得需求量、批发价、零售价、广告投入量与利润均增加。此情形下制造商的利润增加则来源于批发价与需求量的提高，零售商的利润增加则主要来源于零售价与需求量提高所增加的利润，即此时闭环供应链主要通过提高批发价与零售价协调各成员的利润。

为验证上述模型，取 $\phi=10000$，$c=10$，$\gamma=5$，$\Delta=7$，$\lambda=0.003$，$A=4$，$\kappa=1$。由于本部分主要研究在闭环供应链中考虑广告因素后给不同主体利润产生的影响以及不同主体间广告的发布与费用分摊的问题，因此通过仿真对广告营销效率因子与广告回收效率因子对利润的影响进行分析。仿真结果如图 7－24 至图 7－33 所示。

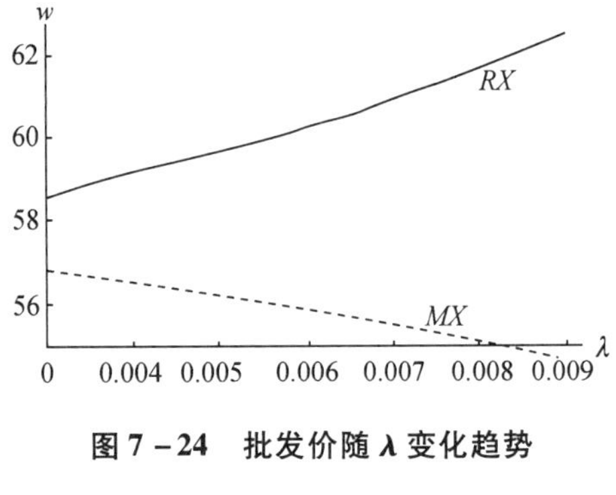

图 7－24　批发价随 λ 变化趋势

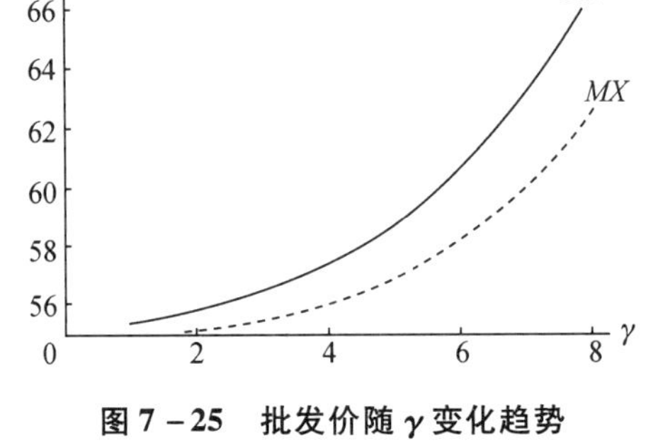

图 7－25　批发价随 γ 变化趋势

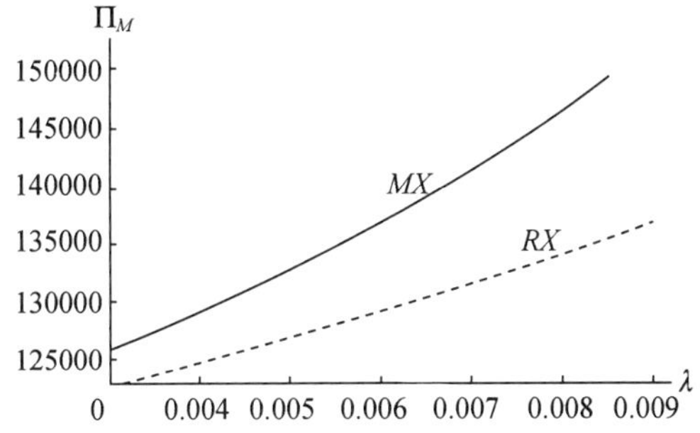

图 7－26　制造商利润随 λ 变化趋势

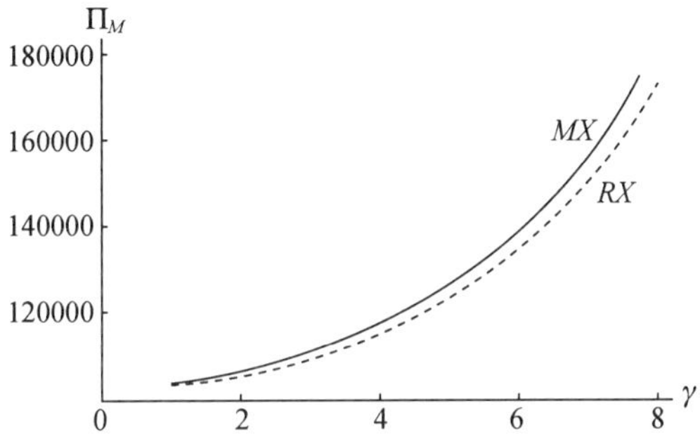

图 7－27　制造商利润随 γ 变化趋势

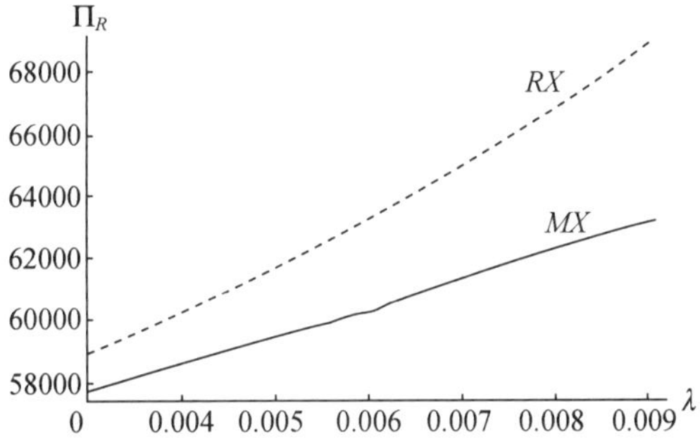

图 7－28　零售商利润随 λ 变化趋势

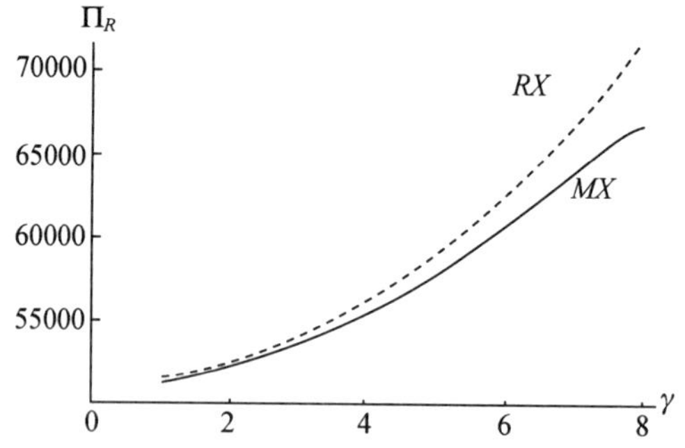

图 7-29　零售商利润随 γ 变化趋势

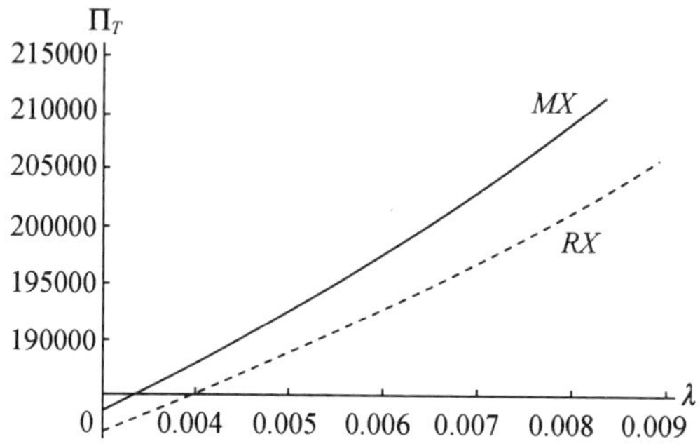

图 7-30　总利润随 λ 变化趋势

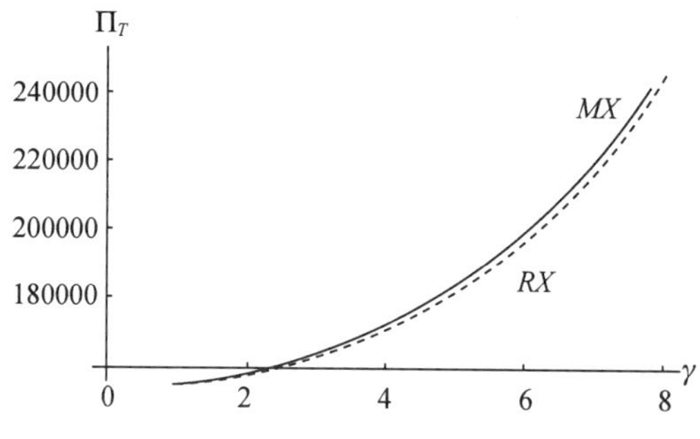

图 7-31　总利润随 γ 变化趋势

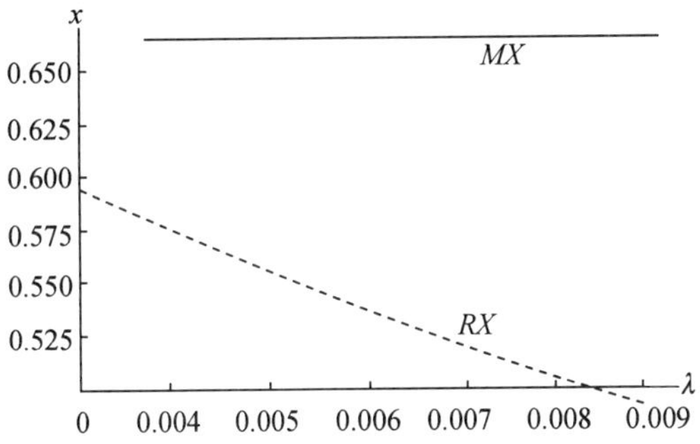

图 7 - 32　广告分摊比例随 λ 变化趋势

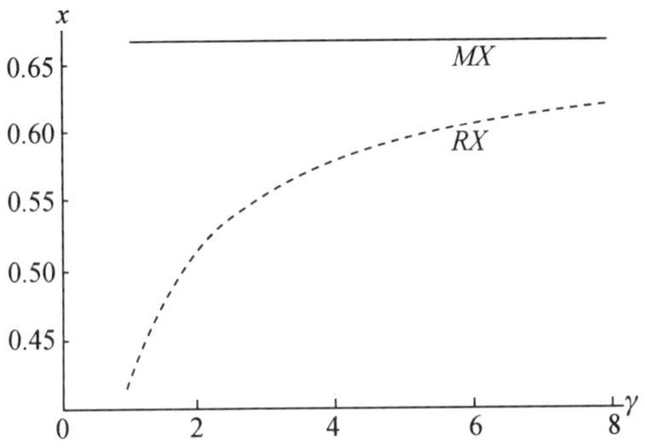

图 7 - 33　广告分摊比例随 γ 变化趋势

由图 7 - 24 和图 7 - 25 可以看出，在制造商回收模式下，批发价随广告回收效率因子增加而减小，但随着广告营销效率因子增加而升高。在零售商回收模式下，批发价与广告回收效率因子和广告营销效率因子均呈正相关，此结论验证了命题 7 - 16 的成立。

由图 7 - 26 至图 7 - 31 可以看出，制造商利润、零售商利润和总利润三者均随着广告回收效率因子和广告营销效率因子的增加而增加。制造商的利润在零售商回收模式下较制造商回收模式下利润大。零售商的利润在制造商回收模式下较零售商回收模式下利润大，而总利润在零售商回收模式下较制造商回收模式下利润大，此结论与命题 7 - 17 相吻合。

由图 7 – 32 至图 7 – 33 可以看出，零售商回收模式下的广告分摊比例较制造商回收模式下的高，且零售广告分摊比例固定不变。制造商回收模式下的广告分摊比例随广告营销效率因子的增加而增加，随广告回收效率因子的增加而减少，这也验证了命题 7 – 15 结论。

本部分在广告能同时影响需求量和废旧产品回收的情形下，研究了制造商回收、零售商回收时两种情形下闭环供应链的价格决策与广告协调策略，通过仿真分析了不同回收模式下不同的协调策略。研究结果表明：制造商回收模式会使零售商利润增加，零售商回收模式会使制造商利润增加。在制造商回收模式下，若广告回收效率提高，闭环供应链主要通过降低批发价与广告分摊比例来协调各成员的利润；若广告营销效率提高，闭环供应链主要通过提高批发价、零售价及广告分摊比例来协调各成员的利润。在零售商回收模式下，若广告回收效率提高，闭环供应链主要通过提高批发价协调各成员的利润；若广告营销效率提高，闭环供应链主要通过提高批发价与零售价协调各成员的利润。

研究结论为闭环供应链中制造商与零售商之间的协调提供的指导意义如下：第一，为闭环供应链中制造商与零售商之间的协调提供了理论指导。基于本部分的模型与仿真，为批发价、零售价、广告投入水平以及广告费用分摊比例的制定提供了理论指导，有利于制造商与零售商之间的合作与协调，对维持闭环供应链的稳定有着现实意义。第二，为闭环供应链在不同回收模式下广告回收效率与营销效率的变化时提供相应的协调策略。

七　决策模型仿真比较分析

本部分拟对上述所有模型进行数值仿真比较分析。取 $\phi=10000$，$c=10$，$\gamma=5$，$\Delta=7$，$\lambda=0.003$，$A=4$，$\kappa=1$。由于本章重点考察闭环供应链中广告对需求量及利润的影响，因此仿真主要分析广告营销效率因子与广告回收效率因子对需求量与利润的影响。仿真结果如表 7 – 11、表 7 – 12 所示，灵敏性仿真如图 7 – 34 至图 7 – 47 所示。

表 7－11　　$\beta=100$ 时，$\gamma/\lambda>\beta\nu$ 的仿真结果

	TT	*MR*	*MM*	*MX*	*RR*	*RM*	*RX*
批发价	—	53.81	57.98	56.84	55.00	59.29	58.65
零售价	61.59	80.21	82.63	84.15	80.79	82.63	84.40
广告投入量	321	132	145	229	161	145	248
制造商利润	—	118768	110901	122936	122586	110901	125902
零售商利润	—	60951	60736	58960	61293	60736	57842
总利润	245172	179720	171637	181896	183879	171637	183745
需求量	5448	2639	2464	2732	2724	2464	2798
回收率	96.43%	39.59%	43.62%	68.84%	48.22%	43.62%	74.28%

表 7－12　　$\beta=600$ 时，$\gamma/\lambda<\beta\nu$ 的仿真结果

	TT	*MR*	*MM*	*MX*	*RR*	*RM*	*RX*
批发价	—	13.25	13.33	13.28	13.33	13.49	13.46
零售价	13.32	15.00	15.07	15.07	14.99	15.07	15.08
广告投入量	38.10	8.71	18.15	23.10	19.05	18.15	28.93
制造商利润	—	3484	3491	3582	3664	3491	3709
零售商利润	—	1783	1828	1821	1832	1828	1785
总利润	7327	5267	5318	5403	5495	5318	5494
需求量	2198	1045	1047	1075	1099	1047	1113
回收率	11.43%	2.61%	5.45%	6.93%	5.72%	5.45%	8.68%

由表 7－11、表 7－12 可以看出，无论 γ/λ 与 $\beta\nu$ 的关系如何，集中（*TT*）模式下零售价最低，广告投入量最多，总利润最大，需求量最大，回收率也最高。若不考虑集中（*TT*）模式，制造商回收零售商广告（*MR*）模式下批发价最低，零售商回收零售商广告（*RR*）模式下总利润最大，零售商利润最大，*RX* 模式下广告投入最多，制造商利润最高，需求量最大，回收率最高。而当 $\gamma/\lambda>\beta\nu$ 时，*MR* 模式零售价最低，*MR* 模式下需求量及制造商利润均较 *MM* 模式下的量大，当 $\gamma/\lambda<\beta\nu$ 时，*RR* 模式零售价最低，*MM* 模式下需求量及制造商利润均较 *MR* 模式下的量大。

从上面也可看出，当价格需求弹性β较大时，相对于价格而言，广告的影响较小，因此其主要方法是通过降低价格来获得市场，而广告投入量也较小，由于此时产品零售价较低，单位产品的利润也相对较低，此时回收再制造所获得的利润也非常低，再加上广告投入量较少，因此最终导致产品的回收率较低。

由图7－34和图7－35可以看出，*RM*模式下的批发价最大，*MR*模式下的批发价最小。因为在*RM*模式下，一方面零售商回收后将产品转卖给制造商而获得部分利润，制造商通过提高批发价而获得其中的一部分利润；另一方面制造商广告使得制造商通过提高批发价来使得零售商来承担一部分广告费用，因此*RM*模式下的批发价最大。*MR*模式则与*RM*模式相反。

图7－34和图7－35还表明，*RR*模式下的批发价与广告回收效率因子、广告营销效率因子无关。同时，*MR*模式下的批发价随广告营销效率因子与广告回收效率因子的增加而减少。这主要是由于在*MR*模式中，广告是由零售商负责，制造商负责回收，广告回收效率与广告营销效率的提高使得需求量（如图7－40、图7－41所示）、零售商的广告投入量（如图7－38、图7－39所示）、制造商

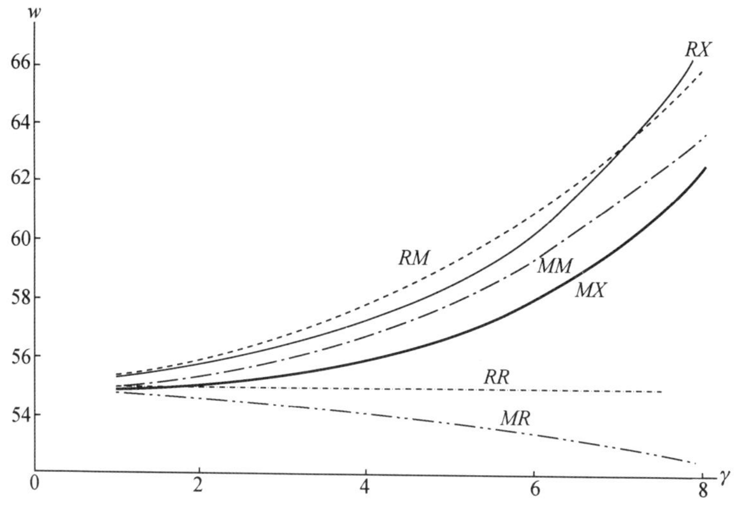

图7－34　批发价随广告营销效率因子变化趋势

的利润（如图 7 - 42、图 7 - 43 所示）均增加，若此时制造商不随之降低批发价，零售商的利润会由于广告投入量的增加而使其利润降低，因此，要保证供应链处于最优状态，制造商只有通过降低批发价的形式来补偿零售商的广告成本与分享利润。

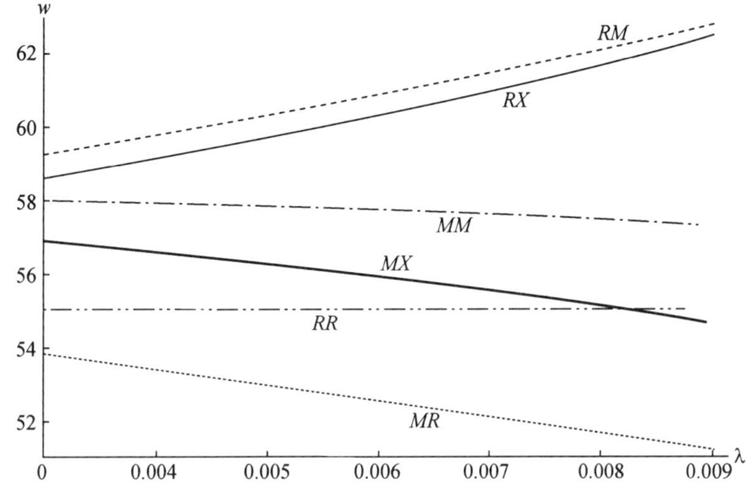

图 7 - 35　批发价随广告回收效率因子变化趋势

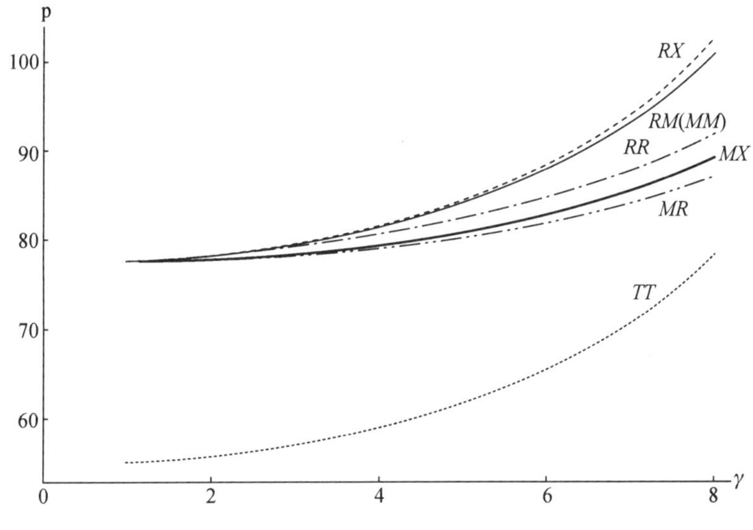

图 7 - 36　零售价随广告营销效率因子变化趋势

图 7 - 36 和图 7 - 37 表明，*RX* 模式下的零售价最大，*TT* 模式下的零售价最小。且 *TT* 模式下零售价随着广告回收效率因子的增加逐渐降低，随着广告营销效率因子的增加而增加。

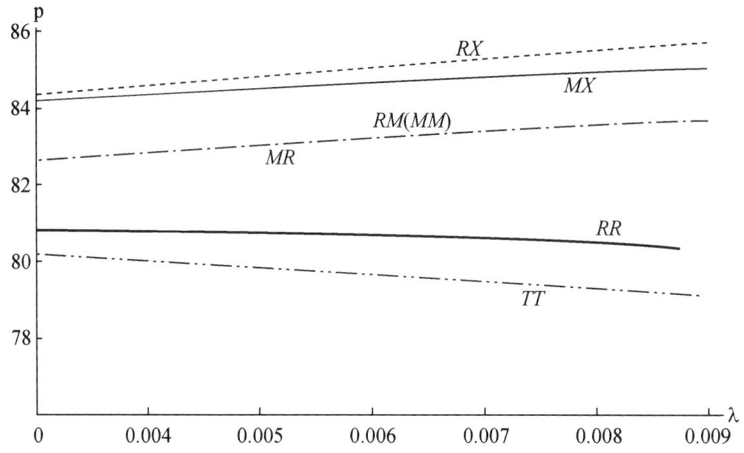

图 7 - 37　零售价随广告回收效率因子变化趋势

广告在回收与营销效率两方面的增加，激励了制造商或者零售商投入更多的广告量，如图 7 - 38、图 7 - 39 所示。同时由这两个图可以看出，*TT* 模式下的广告投入量最高，在一定范围内，*MR* 模式下的广告投入量最小。

由图 7 - 40、图 7 - 41 可以看出，*TT* 模式下的需求量最大。在分散决策中，*RX* 模式下的需求量最大。说明在以市场占有率为目标时，采用集中策略。若采用分散策略，则采用零售商回收，共同分摊广告费用策略。而且，在其他条件相同时，*TT* 模式的需求量远大于 *RX* 模式，这也解释了为什么很多企业在市场扩张时往往采用收购策略，而不是合作策略。同时，从图 7 - 40、图 7 - 41 中可以看出，市场需求量在各种决策模式下，均随着广告回收效率因子与广告营销效率因子的增加而增加。

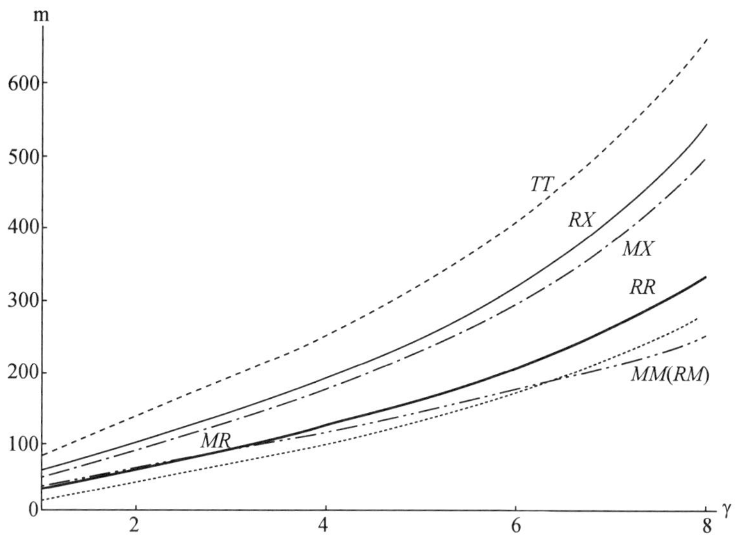

图 7－38　广告投入量随广告营销效率因子变化趋势

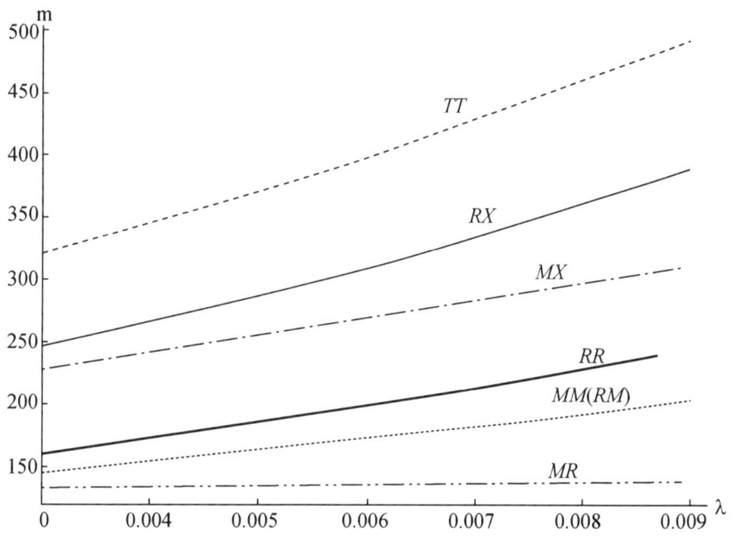

图 7－39　广告投入量随广告回收效率因子变化趋势

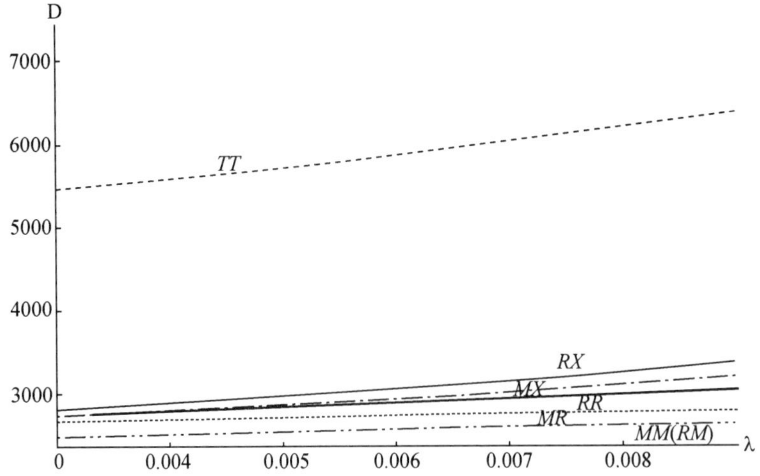

图 7-40　需求量随广告回收效率因子变化趋势

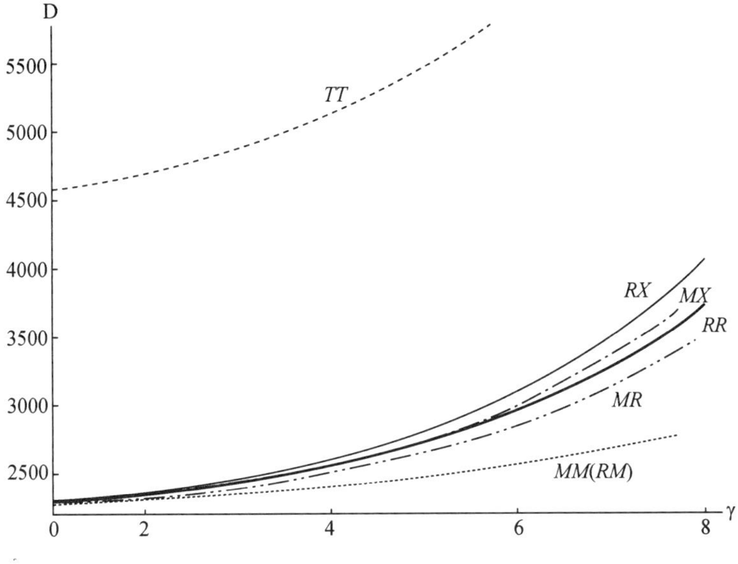

图 7-41　需求量随广告营销效率因子变化趋势

由图 7-42、图 7-43 中可以看出，对于制造商而言，在闭环供应链中占有主导地位，若要使自己利润最大化，则采用 *RX* 策略，即让零售商负责回收，广告费用共同承担的方式合作。同时表明，制造商广告策略时，制造商回收与零售商回收时，制造商的利润相同，同时也是最小的，对制造商最不利。制造商的利润也随着广告回收效率因子与广告营销效率因子的增加而增加。

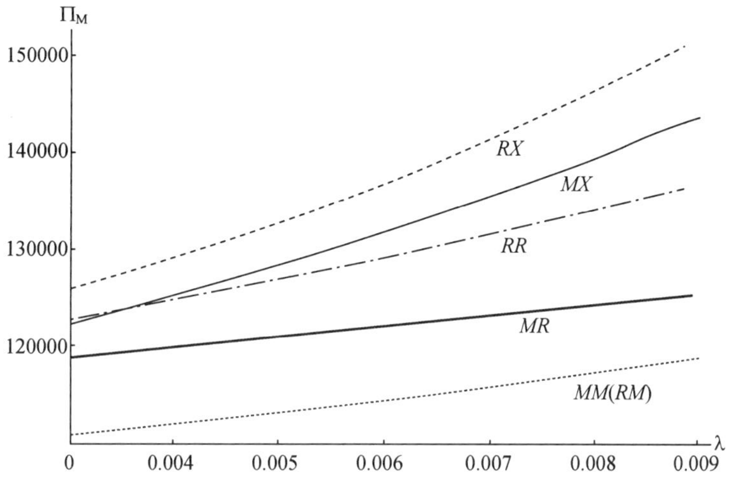

图 7－42　制造商利润随广告回收效率因子变化趋势

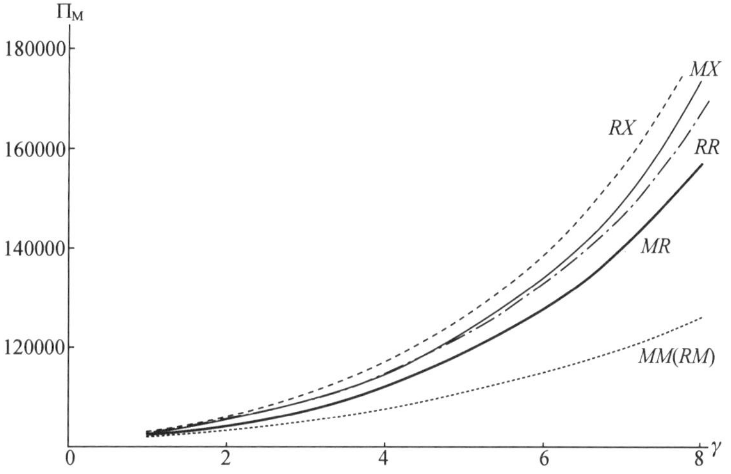

图 7－43　制造商利润随广告营销效率因子变化趋势

图 7－44、图 7－45 表明，*RR* 模式下零售商的利润最大，即零售商负责回收与广告时对零售商最为有利。零售商的利润也随着广告回收效率因子与广告营销效率因子的增加而增加。说明在供应链中，制造商可通过将回收与广告全部外包给零售商的方式来吸引更

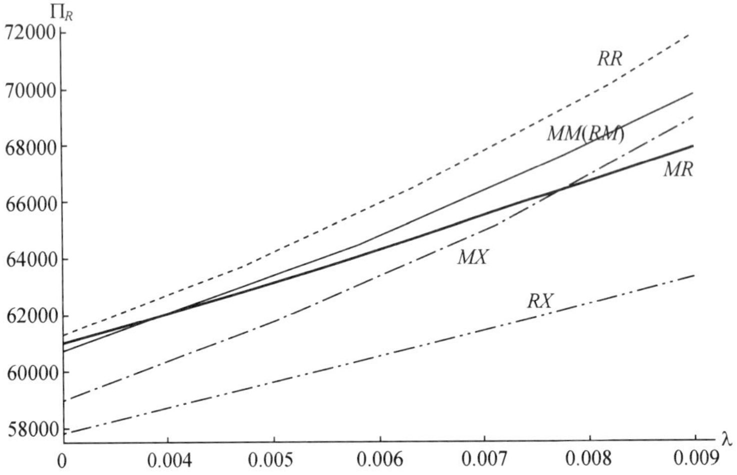

图 7－44　零售商利润随广告回收效率因子变化趋势

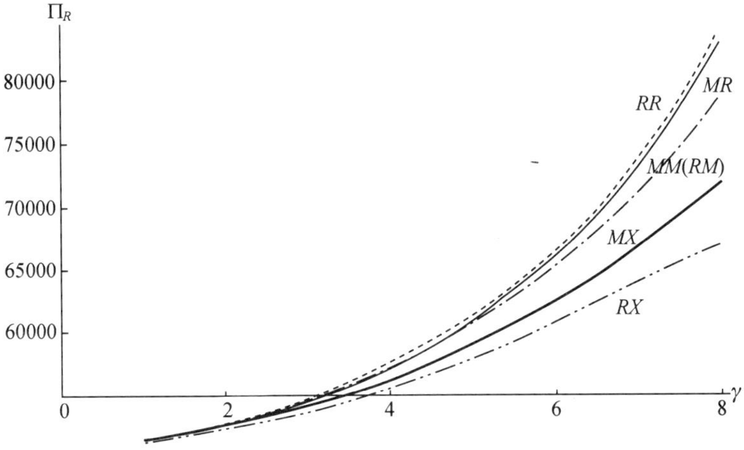

图 7－45　零售商利润随广告营销效率因子变化趋势

多的零售商。

由图 7－46、图 7－47 可以看出，集中模式下的总体利润最大，在分散决策模式中，*RR* 模式下的总体利润最大。且总体利润随着广告回收效率因子与广告营销效率因子的增加而增加。由此可见，闭环供应链中以总体最大化为目标时可采用 *TT* 模式或者 *RR* 模式。

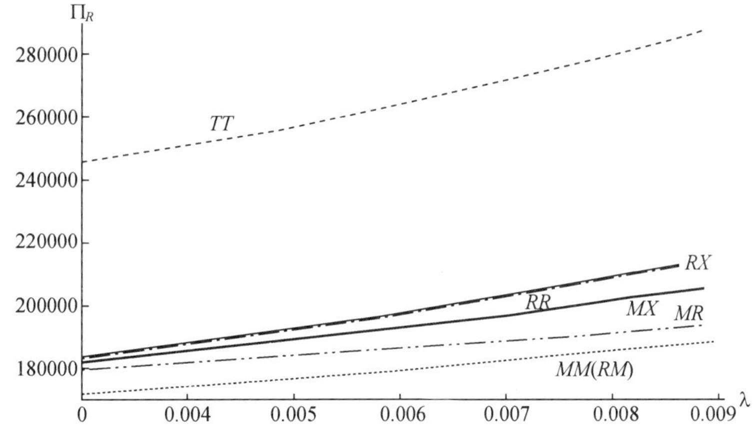

图 7－46　总利润随广告回收效率因子变化趋势

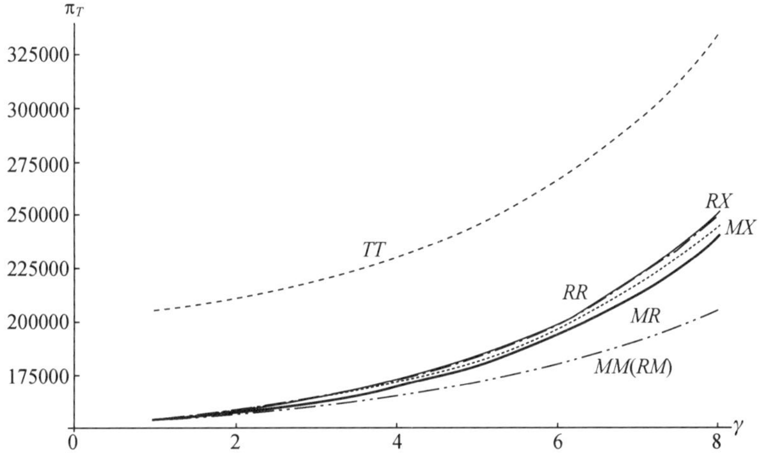

图 7－47　总利润随广告营销效率因子变化趋势

本章基于闭环供应链管理的基础上，假设广告既能影响市场需求量又能影响回收的条件下，研究了广告在不同的回收渠道的作用，分析了在集中决策、制造商回收、零售商回收三种不同的回收渠道下，制造商广告、零售商广告、按比例分摊广告费用三种方式下，制造商、零售商的利润达到最大化时最优广告水平、产品批发价、产品零售价的选择，然后通过模型比较分析了在不同目标下如何选择回收渠道及广告，最后进行了模型仿真。

第八章　供应链网络信息传播研究

第一节　以员工为节点的企业供应链网络信息传播模型

一　信息传播模型的构造

大量的实证研究发现，大多数现实生活中的网络都具备小世界特性，即高集聚、短路径，即是小世界网络或无标度网络（Wilkins et al.，1997；朱少英和徐渝，2003）。网络结构与行为的关系研究是复杂网络理论的一个重要研究方向，如传染病模型、谣言传播模型等（Krenga and Tsai，2003；Herie and Martin，2002；Morone and Taylor，2004），引起了学者们极大的兴趣。供应链网络中的信息传播的主体是人，而人与人之间则是一种朋友或同事关系，在供应链网络中，更多的是在工作中互相往来的同事关系，而这些关系所组成的网络，则与 *NW* 小世界网络的构成方式极为相似，所以本书以该模型的构造方式来考虑信息在供应链网络中的传播行为。

建立一个有 N 个节点的 *NW* 小世界网络，每个节点代表一个个体，即供应链网络企业中的员工，他只能影响和他相连的节点（汪小帆，2006）。其构造方法如下：

从规则图开始：考虑一个含有 N 个点的最近邻耦合网络，它们围成一个环，其中每个节点都与它左右相邻的各 $k/2$ 节点相连，k 是偶数。

随机化加边：以概率 P 在随机选取的一对节点之间加上一条边。其中，任意两个不同的节点之间至多只能有一条边，并且每一个节点都不能有边与自身相连。

该模型反映了社会关系网络的一种特性，即大部分人的朋友都是和他们在同一单位工作的同事或者是住在一起的邻居。另一方面，也有些人是住得较远的，甚至是远在异国他乡的朋友，这种情形则对应于 NW 小世界模型中通过加入连线产生的远程连接。

二 模型假设与建立

为了便于建模，本书只考虑关键的因素并进行合理假设。

假设 1：组织中的人数为常数 N，即不考虑组织内个体的调入和调出，时间以天为单位。

假设 2：考虑网络中只有两类个体：一类是拥有某种信息的个体，本书称之为信息传播者；另一类是不拥有该信息的个体，本书称之为易知者，用 $i(t)$ 和 $s(t)$ 分别表示在 t 时刻这两类个体在个体总数 N 中所占的比例，显而易见，有 $i(t)+s(t)=1$。

假设 3：假设供应链网络为均匀网络，由于信息传播需要组织内个体以某种方式接触（交流）才能进行。因此，设每个信息拥有者单位时间内交流的人数是 k。在网络中，k 表示网络节点的平均度。在均匀网络中，k 为一个常数。

假设 4：将供应链网络中的个体定义为节点，个体之间存在的关联途径定义为节点之间的边，任意两个节点相连表示两者之间有交流的可能性。

根据 NW 小世界网络的构造规则，本书制定信息传播规则：假定节点者 a（信息传播）在随机化加边过程中遇到节点 b，如果节点 b 是易知者，则 b 以概率 λ 成为信息拥有者。

根据假设，每个信息传播者单位时间可使 $\lambda ks(t)$ 个易知者成为信息传播者，因为总的信息传播者为 $Ni(t)$，故单位时间内共有 $Ni(t)\lambda ks(t)$ 个易知者成为信息传播者，于是 $Ni(t)\lambda ks(t)$ 就是单位时间信息传播者的增加，即有：

$$N\frac{di}{dt}=Ni(t)\lambda ks(t) \tag{8-1}$$

又因为

$$s(t)+i(t)=1 \tag{8-2}$$

再记初始时刻（$t=0$）信息传播者的比例为 i_0，则：

$$\begin{cases}\dfrac{di}{dt}=i(t)\lambda ks(t)\\ i(0)=i_0\end{cases} \tag{8-3}$$

其解为：

$$i(t)=\frac{1}{1+\left(\frac{1}{i_0}-1\right)(e^k)^{-\lambda t}} \tag{8-4}$$

令$\frac{di}{dt}=0$，则有 $Ni(t)\lambda ks(t)=0$，由于 λ、k、N 均为常数，又由式（8-2）得 $i(1-i)=0$，即当 $i=0$ 或 $i=1$，根据现实意义，$i=0$ 不存在，故在此条件下的最终稳态为供应链网络中没有信息传播者即全部为易知者或者全部为信息传播者。此结论表明，若信息开始在供应链网络中传播，则最终会全部成为信息传播者。图 8-1 也正好说明了这一结论。

$i(t)\sim t$ 图形（见图 8-1）即为随时间 t 的变化供应链网络中信息传播者占供应链网络中总人数的比例。$\frac{di}{dt}\sim i$ 图形（见图 8-2）表明随着时间 t 的变化信息传播者增加的速率。

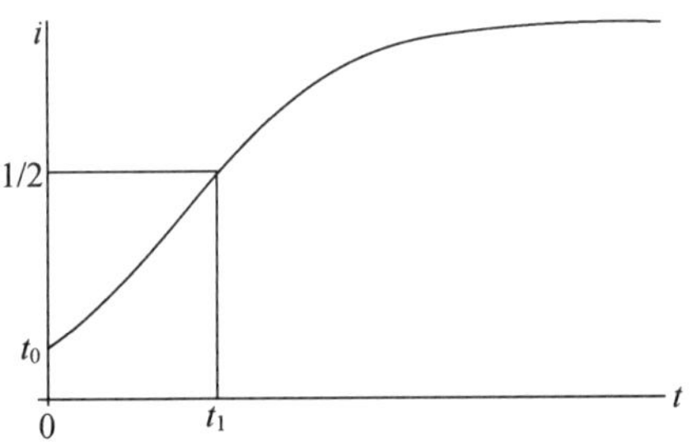

图 8-1　$i(t)\sim t$ 随时间 t 的变化供应链网络中信息传播者占供应链网络中总人数的比例

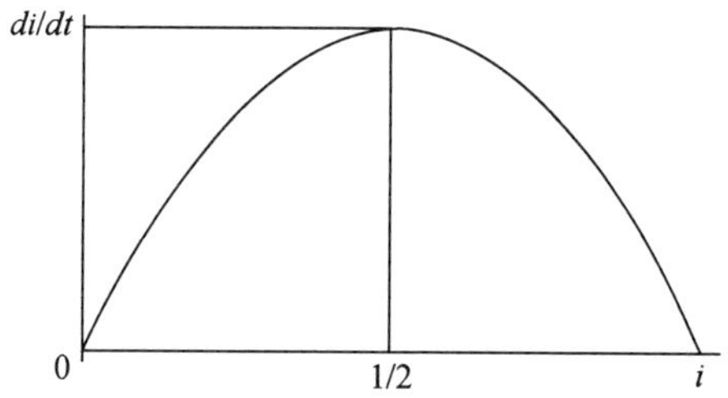

图8-2 $di/dt \sim i$ 随着时间 t 的变化信息传播者增加的速率

由式(8-3)、式(8-4)及上图可知，$\frac{d[i(t)\lambda ks(t)]}{di}=0$，即当 $i=1/2$ 时 di/dt 达到最大，将 $i=1/2$ 代入式（8-4）得 $t_m=(\lambda k)^{-1}\ln(1/i_0-1)$，即在 t_m 时刻信息传播者增加得最快，预示着到达信息传播的高峰期，这是供应链网络组织应关注的时刻。又由于 t_m 与 λ、k 成反比。而 λ 则与员工对信息的接受能力有关，故为了使供应链网络信息的传播周期缩短，供应链网络管理者应把握好人才关，选择素质高的人员进入供应链网络，而且，要全方位培养供应链网络人员的个人素质及交流能力。同时，对于平均度 k 越大的网络，其传播速度越快，即对于员工而言，交流的对象越多，其传播周期越短。这就要求供应链网络要经常性地组织集体活动，为员工之间的广泛交流建立平台，扩大网络中的平均度 k。又当 $t\to\infty$ 时 $i\to 1$，即最终所有员工将拥有该信息。这也正是供应链网络管理者所希望的。但是，事实并非如此，因为供应链网络中每个员工的能力均存在差异，由于能力的差异，导致每个人的信息接受能力、理解能力、记忆能力、传播能力都不一样，而这些能力所导致的结果是，由于工作人员对信息的掌握不牢或遗忘，又成为信息易知者。

三 模型改进

假设5：员工因为个体素质的差异导致对信息的掌握不牢或遗忘，假设这类人又成为易知者，且需要重新学习。

则信息传播规则为：节点者 a（信息传播）在随机化加边过程中遇到节点 b，如果节点 b 是易知者，则 b 以概率 λ 成为信息拥有者；如果节点 b 是信息传播者，则 b 以遗忘概率 μ 成为易知者，此时，b 需重新学习。

依据上述假设，则信息拥有者单位时间内减少 $N\mu i(t)$，则式（8－3）修正为：

$$\begin{cases}\dfrac{\mathrm{d}i}{\mathrm{d}t}=i(t)\lambda k(1-i(t))-\mu i(t)\\ i(0)=i_0\end{cases} \tag{8-5}$$

该方程的解为：

$$i(t)=\begin{cases}\left[\dfrac{\lambda k}{\lambda k-\mu}+\left(\dfrac{1}{i_0}-\dfrac{\lambda}{\lambda-\mu}\right)e^{-(\lambda-\mu)kt}\right]^{-1} & \lambda\neq\mu\\ \left(\lambda kt+\dfrac{1}{i_0}\right)^{-1} & \lambda=\mu\end{cases} \tag{8-6}$$

令 $\dfrac{\mathrm{d}i}{\mathrm{d}t}=0$，则有：$i=\begin{cases}0 & \lambda<\lambda_c\\ \dfrac{\lambda-\dfrac{u}{k}}{\lambda} & \lambda\geqslant\lambda_c\end{cases}$

其中，传播临界值为：$\lambda_c=\dfrac{u}{k}$。

这说明在供应链网络中存在一个有限的正的传播临界值 λ_c。如果传播率 λ 大于临界值 λ_c，信息传播者能够将该信息传播扩散，并使得整个网络中的信息拥有者总数最终稳定于某一平衡状态，此时称网络处于激活相态；如果传播率低于此临界值，则信息传播者呈指数衰减，无法大范围传播，网络此时处于吸收相态。如图 8－3 所示。

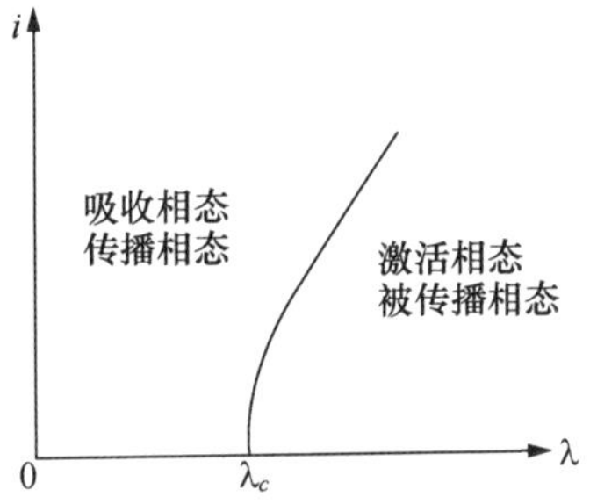

图 8－3　网络处于激活相态与吸收相态

令 $\gamma=\lambda k$，且 $\delta=\gamma\cdot\frac{1}{\mu}$。此处 γ 相当于每个信息传播者平均单位时间传播的有效人数，$\frac{1}{\mu}$表示信息的平均传播期，而 δ 相当于是在一个单位时间内每个信息传播者有效传播的平均人数，此处称 δ 为交流数。

由式（8－6）知，当 $t\to\infty$ 时，即

$$\lim_{t\to\infty}\left[\frac{\lambda k}{\lambda k-\mu}+\left(\frac{1}{i_0}-\frac{\lambda}{\lambda-\mu}\right)e^{-(\lambda-\mu)kt}\right]^{-1}=\begin{cases}1-\frac{1}{\delta} & \delta>1\\ 0 & \delta\leqslant 1\end{cases}$$

由式（8－5），令$\frac{d[i(t)\lambda k(1-i(t))-\mu i(t)]}{di}=0$，即当 $i=\frac{1}{2}\left(1-\frac{1}{\delta}\right)$时，$\frac{di}{dt}$达到最大值，此时 $t_m=(\lambda k-\mu)^{-1}\ln\left(\frac{1}{i_0}\left(1-\frac{1}{\delta}\right)-1\right)$，即在 t_m 时刻信息传播者增加得最快，预示着到达信息传播的高峰期。与不考虑遗忘的模型相比，其传播高峰期滞后（$(\lambda k-\mu)^{-1}\ln\left(\frac{1}{i_0}\left(1-\frac{1}{\delta}\right)-1\right)<(\lambda k)^{-1}\ln\left(\frac{1}{i_0}-1\right)$），且最终信息拥有的比率也小$\left(1-\frac{1}{\delta}<1\right)$，这与实际是相符的。

此处交流数 $\delta=1$ 是一个阈值。当 $\delta<1$ 时，即 $\gamma<\mu$ 时，即每个信息传播者平均单位时间内传播的有效人数小于遗忘人数，信息传播者比例 $i(t)$ 越来越小，最终趋向于零，即不会出现信息传播高峰期。$\delta>1$ 时，其极限值 $i(\infty)=1-1/\delta$ 为一个常数，其大小取决于 δ，且随 δ 的增加而增加。故要使供应链网络的更多人员掌握该信息，应在 δ 处着手，即不断提高 δ 值，从而增加供应链网络最终掌握新信息的人数。而 $\delta=\gamma/\mu$，因此，供应链网络可通过降低遗忘率、提高供应链网络的平均度、提高员工的基本素质来增加 δ 值。这就要求供应链网络内部人员要不断地相互交流且扩大自己的交流圈，使供应链网络更具有竞争力。

在实际供应链网络中，某些工作人员会认为某些信息对其无用，例如，供应链网络中电脑信息普及对于包装线上的员工来说可能对

其工作没有任何帮助，虽然，这些员工也知道这些信息。同时，信息的遗忘也很大程度是这方面的原因，如果信息对该员工的工作有用，作为一个上进的员工，那么该员工定会努力地学好该信息。以上这些员工，他们吸收了信息，但认为信息对其无用，故其再向外传播也是不可能的。本书称其为信息免疫者。再者，对于信息传播者而言，在他交流的过程中，若碰到若干个均为信息传播者或信息免疫者，则他会认为他已没有再传播信息的必要，因此，他也以一定的概率成为信息免疫者。在以上模型下再进一步改进。

假设 6：所有的员工都是上进的，且对本职工作很负责，遗忘是由于信息对其工作无用造成的，且对其认为工作无用的信息不再传播。本书将这类人称为信息免疫者。

假设 7：若某信息传播者遇到的为信息免疫者或者信息传播者，没有人对他的信息感兴趣，或者他认为所有的人都已拥有该信息，打击其信息传播兴趣，则该信息传播者也以一定的概率成为信息免疫者。

由假设 6 与假设 7，在此处本书将掌握了信息但不传播或者曾接收过信息但信息对其没有作用而造成遗忘的个体统称为信息免疫者。

信息传播规则：节点者 i（信息传播者）在随机化加边过程中遇到节点 j，如果节点 j 是易知者，则 j 以概率 λ 成为信息传播者；如果节点 j 是信息传播者或信息免疫者，则 i 成为信息免疫者的概率为 μ。

此时 μ 值的大小与信息对供应链网络中普遍员工的适用性有关，信息越适用，即表示有更多的人可以运用该信息获得帮助，此时 μ 越小。

依据上述假设，则供应链网络人群分为信息传播者、易知者及信息免疫者，三类人在总人数 N 中所占的比例分别记为 $i(t)$、$s(t)$、$r(t)$。由此条件，显然有

$$i(t)+s(t)+r(t)=1 \tag{8-7}$$

对于信息免疫者而言就有

$$N\frac{dr(t)}{dt}=\mu Ni \tag{8-8}$$

再记初始时刻的易知者和信息传播者的比例分别为 $s_0(>0)$ 和 $i_0(>0)$，此处记信息免疫者的初始值 $r_0=0$。

由式（8-5）、式（8-7）、式（8-8），得此模型的方程为：

$$\begin{cases}\frac{di}{dt}=i(t)\lambda ks(t)-\mu i(t)\\ \frac{ds}{dt}=-i(t)\lambda ks(t)\end{cases} \tag{8-9}$$

其中 $i(0)=i_0$，$s(0)=s_0$。

本书在相平面 $s\sim i$ 上来讨论解的性质。相轨线的定义域 $(s,\ i)\in D$ 应为：

$D=\{(s,\ i)\mid s\geqslant 0,\ i\geqslant 0,\ s+i\leqslant 1\}$

在式（8-9）中消去 dt，可得：

$$\frac{di}{dt}=\frac{1}{\delta s}-1 \tag{8-10}$$

其中 $\delta=\gamma\cdot\frac{1}{\mu}$，易求得式（8-10）的解为：

$$i=s_0+i_0-s+\frac{1}{\delta}\ln\frac{s}{s_0} \tag{8-11}$$

在定义域 D 内，式（8-11）表示的曲线即为相轨线。如图 8-4 所示，其中箭头表示随着时间 t 的增加 $s(t)$ 和 $i(t)$ 的变化趋势。

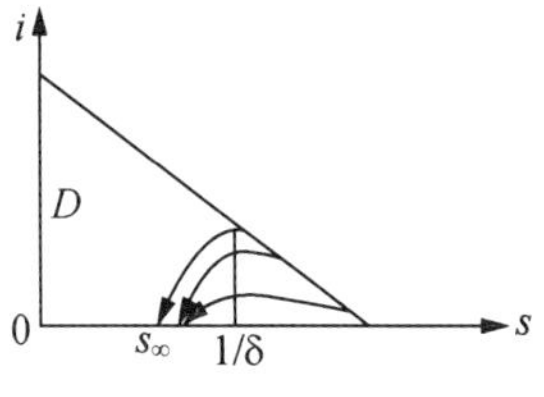

图 8-4 随着时间 t 的增加 $s(t)$ 和 $i(t)$ 的变化趋势

下面根据式(8-9)、式(8-11)和图 8-4 分析 $t\to\infty$ 时 $s(t)$、$i(t)$ 和 $r(t)$ 的变化情况，其中它们的极值分别记作 s_∞、i_∞ 和 r_∞。

（1）由式(8－9)可知 $\mathrm{d}s/\mathrm{d}t\leqslant 0$，即 $s(t)$ 随着时间 t 的增加而递减，而 $s(t)\geqslant 0$ 有下界，故 s_∞ 存在；由式(8－8)知 $\mathrm{d}r/\mathrm{d}t\geqslant 0$，即 $r(t)$ 随着时间 t 的增加而增加，而 $r(t)\leqslant 1$ 存在上界，故 r_∞ 存在，而 $i(t)+s(t)+r(t)=1$，故 i_∞ 存在。其次，设存在常数 $\varepsilon>0$，使得 $i_\infty=\varepsilon>0$，则由式(8－8)可知，对于充分大的 t 有 $\frac{\mathrm{d}r(t)}{\mathrm{d}t}>\mu\frac{\varepsilon}{2}$，这将导致 $r_\infty=\infty$，这与 r_∞ 存在矛盾。综上知 i_∞ 存在且 i_∞ 不能大于 0，故有 $i_\infty=0$。

（2）由于最终易知者的比例是 s_∞，在式（8－11）中令 $i=0$ 得到，s_∞ 是方程

$$s_0+i_0-s_\infty+\frac{1}{\delta}\ln\frac{s_\infty}{s_0}=0 \qquad (8-12)$$

在（0，$1/\delta$）内的单根。如图 8－4 所示。

（3）若 $s_0>1/\delta$，则 i（t）先增加，当 $s=1/\delta$ 时，i（t）达到最大值，$i_m=s_0+i_0-\frac{1}{\delta}$（$1+\ln\delta s_0$），然后 i（t）减小且趋于零，$s(t)$ 则单调减小至 s_∞。可以看出，如果仅当信息传播者比例 $i(t)$ 有一段增长时期才认为信息在蔓延，那么 $1/\delta$ 是一个阈值，当 $s_0>1/\delta$ 时信息就会传播，即在 s_0 固定的前提下，要使信息传播，唯有提高 δ。本书注意到 $\delta=\gamma/\mu=\lambda k/\mu$，人们的接受能力越强，供应链网络的平均度越大，即交流越广泛，信息对供应链网络普遍人群越适用（此时 μ 越小），于是 δ 越大。

由以上三点可以看出，整个供应链网络信息传播的过程可简单地概括如下：在 $s_0>1/\delta$ 的前提下，首先，系统里只有少量的传播者，其他都为易知者，信息免疫者的数量为 0。随着传播者开始传播信息，易知者的数量很快减少，传播者的数量急剧增加，而传播者的数量达到一个峰值以后开始下降。最后，传播者的数量变为 0，而网络里就只剩下信息免疫者和少量的易知者。

我们看到在此模型中 δ 是一个重要的参数。δ 可以由实际数据估计，由式（8－12）可知，在传播结束时，有 $i(t)=0$，故有 $\delta=$

$\dfrac{\ln s_0 - \ln s_\infty}{s_0 - s_\infty + i_0}$。

因为信息传播者比例的初始值 i_0 通常很小，在式（8－12）中略去 i_0 得到：

$$\delta = \frac{\ln s_0 - \ln s_\infty}{s_0 - s_\infty} \tag{8-13}$$

根据以往供应链网络信息传播完后的经验，可以获得 s_0 和 s_∞，由式（8－13）就可以算出 δ。

在一次信息传播过程中，被传播信息者的比例是易知者人数比例的初始值 s_0 和 s_∞ 之差，记作 x，即 $x = s_0 - s_\infty$，假定 i_0 很小，则 s_0 接近于1，由式（8－12）可得 $x + \dfrac{1}{\delta}\ln\left(1 - \dfrac{x}{s_0}\right) \approx 0$。

取对数函数泰勒展开的前两项有：

$$x\left(1 - \frac{1}{s_0\delta} - \frac{x}{2s_0^2\delta}\right) \approx 0 \tag{8-14}$$

记 $s_0 = \dfrac{1}{\delta} + \sigma$，$\sigma$ 可视为供应链网络易知者比例超过阈值$\dfrac{1}{\delta}$的部分。当 σ 远小于$\dfrac{1}{\delta}$时，由式（8－14）可得 $x \approx 2s_0\delta\left(s_0 - \dfrac{1}{\delta}\right) \approx 2\sigma$。这个结果表明，被传播人数比例约为 σ 的2倍。对于供应链网络的信息传播，若人员素质不变、供应链网络结构不变及信息的适用度均不变，即 δ 不变时，这个比例就不会改变。而当 $1/\delta$ 减小时，σ 就会增大，此时，拥有信息的人比率也会提高。

第二节　以企业为节点的供应链网络信息传播模型

一　供应链网络中企业间的信息传播

自20世纪80年代以来，信息技术的迅猛发展使人类社会开始步入一个以信息的创新、发展和应用为主体的“新经济”时代。作为供应链网络的企业，正在由资源型企业向信息型企业转变。信息型企业将是信息经济条件下最具生命力和推动信息经济发展的核心经济单元。信息型企业选择信息管理模式来取代科学管理，如同科学管理取代经验管理那样已是大势所趋，不可逆转。而管理模式的变革又必然会促使企业组织模式的创新，以使其能适应信息型企业的管理变革要求。在信息型企业中，基于信息管理的组织创新过程的本质在于实施有效的信息管理。而实现有效信息管理则须考虑以下三方面问题：一是要建立一个能为公开的组织学习和交流提供完好基础设施的网络，以充分组织内部和外部大量显性信息，使组织创新和学习建立在高效的信息网络基础上。二是建立有利于组织个体彼此进行合作的创造性方式和激励组织个体参与信息共享的机制。通过企业的局域网、广域网、客户/服务器等先进的技术手段把员工联系起来，使信息在人们的相互交流中得到充分的发展和利用。三是借助组织创新形成创造型组织视野和相应的文化氛围，鼓励职能部门、项目组和组织个体之间建立广泛、及时、不间断的交流制度，以利于组织的学习与创新。

二　供应链网络内各生产企业的关系

供应链网络内由于资源的共享性，使得众多相关联的企业聚集于这个网络，实现信息共享，克服单个企业创新资源的不足，并互为创新成果的传播者和使用者。供应链网络中的网络结构非常重要，网络中原料供应企业、制造企业、销售企业、物流服务企业、客户以及其他合作伙伴之间的关系，信息、物质及能量在该网络中的流向等。这就要求优化供应链网络，使该网络保持稳定并向更优网络演化。

传统企业之间的关联如同规则网络，各企业之间的联系呈相对稳定、单一的状态。在经济竞争日趋激烈的今天，谁能更快掌握市场信息、推陈出新谁就能占领市场，而固守传统模式会阻碍企业的发展。在传统企业中，各企业间信息闭塞，互联网等技术的出现使企业能够重新审视组织结构和业务流程，广泛寻求合作伙伴，构建供应链网络。供应链网络是基于利益优先的原则，在利润最大化的前提下与更多的企业集聚，故供应链网络的网络结构既有一定的规律可循，又存在一定的随机性，无法用标准的规则网络或是随机网络来解释供应链网络。

供应链网络是企业组织活动所发生的网络，即企业在生产过程中为适应市场竞争加剧的系统性挑战而形成的包括正式与非正式合作关系的基本制度安排。这种正式与非正式的合作关系都是由具有社会特征的人来完成的。所以，相应的供应链网络具有社会网络的特征，故小世界网络模型能恰当地反映供应链网络的结构特征。小世界理论的独特之处在于对于规则网络，任意两个节点之间的平均距离长，但聚类系数高；对于随机网络，任意两个节点之间的平均距离短，但聚类系数低；而对于小世界网络，节点之间平均距离小，接近随机网络，而聚类系数依旧相当高，接近规则网络。

如果用小世界网络来描述供应链网络的特征，那么“节点”是供应链网络中的企业、科研院所、政府部门等机构，“连接”是各个节点之间的互动交流。这样，就可以用小世界网络的特征路径长度 L、聚类系数 C、断键重连概率 P 等数量特征来描述和分析供应链网络的特征。因此可以把供应链网络中各节点之间的交流频率、集聚程度与小世界网络中的特征路径长度和聚类系数做比较模拟分析。

三　特征路径长度与供应链网络各节点间的交流频率

设定小世界网络连通图为 G。根据小世界网络模型的定义可知，网络连通图 G 的特征路径长度 $L(G)$ 与图中 i，j 两节点间的最短路径长度 d_{ij}关系可以用式（8－15）来描述：

$$L(G) = \frac{1}{\frac{1}{2}N(N+1)}\sum_{i\geqslant j}\mathrm{d}_{ij} \qquad (8-15)$$

式中 N 为节点数，d_{ij}的大小等于 i 到 j 的最短路径上的连接边数。特征路径长度与供应链网络中节点间交流频率的关系可以分解为节点间最短路径长度与交流频率的关系。如果每个节点都通过网络传递信息，那么假设两节点间的交流频率 ε_{ij}与其最短路径长度 d_{ij}

呈倒数关系，如式（8－16）所示。

$$\varepsilon_{ij} = k/\mathrm{d}_{ij} \tag{8-16}$$

式中 k 是一个常数。考虑到供应链网络中，各节点之间交流的难易程度不同，可以给连接边赋予不同的权重值。权重值说明两节点交流的困难度。权重值越低，交流越容易，节点关系越紧密。当两节点之间不存在交流，权重值是无穷大。好比交通网络中，A、B两个城市距离越近，则它们地理关系越紧密。在建模时引入权重值的概念，将会更贴近现实的交流网络特点。

研究表明，供应链网络各节点之间的相似程度越高，它们的交流频率就越大。例如，属于相同的行业或者属于产业链上下游关系的节点之间可能会有更多的交流，也更加容易建立交流。在小世界网络中它们之间的最短路径长度，自然会小于那些不相似的个体。这样，相似的节点间，交流频率高，最短路径长度就小。交流频率 ε_{ij} 与最短路径长度 d_{ij} 之间近似存在倒数关系。这一点与本章的假设相同，进而可以得出特征路径长度 L 与交流频率 ε_{ij} 之间也存在这样的关系。

四　聚类系数和供应链网络中各节点间的集聚程度

小世界网络模型中聚类系数 C，反映节点的平均集团化程度。设 G_i 中的连接边数为 m，最多连接边数为 M。对于节点 i，其局部聚类系数 C_i 定义如式（8－17）所示。

$$C_i = \frac{m}{M} = \frac{m}{k_i(k_i - 1)/2} \tag{8-17}$$

则网络聚类系数 C 可由式（8－18）来计算：

$$C(G) = \frac{1}{N}\sum_{i \in G} C_i \tag{8-18}$$

其中 G_i 是节点 i 的邻居局部图，k_i 是节点 i 的邻居数目。G_i 中最多有 $k_i(k_i - 1)/2$ 条边，当 G_i 全连通时，C_i 表示实际存在的边的数目与允许存在的边的数目的比值，聚类系数 $C(G)$ 表示图 G 中所有节点 i 的 C_i 的平均值。

由公式可以看出，当某企业与其他的企业连接增加时，即 m 值增大，而该企业的最大的连接数不变，即分母不变，此时该企业的聚类系数增大。高的聚类系数会提高企业集聚的效率，降低企业交易费用。故提高供应链网络的合作效率，可以通过对聚类系数的调控来控制集聚程度。供应链网络中的合作是竞争型的合作，必须保持企业自身的独立性和优势，对应于小世界网络局部特征 C 值不宜过小，否则就会陷入如同随机模型的无序网络中。同时，在构建供应链网络时，只有在实现帕累托优化的前提下，企业间才可形成真正获利的联盟。

供应链网络中各节点的集聚程度描述了节点间的集中趋势，可以用来区分每个节点的网络连接差别；差别越大，某些节点的连接比率越高，它们在企业创新网络中就占据中心位置。C_i 反映了各企业的合作程度，它用来区分每个企业的网络连接差别，聚类系数越大，该企业的连接比率越高，即与其他企业联系合作更多，同时也说明该企业在供应链网络中就占据中心位置。

按照聚类系数的定义，当网络中一个节点成为中心节点，它与别的非中心节点的连接增加。C_i 的分母不变，分子增大。这也就导致了 $C(G)$ 聚类系数的增大。可见供应链网络的集聚程度与小世界聚类系数同步增长。这也为用聚类系数来模拟控制集聚程度带来了可能。高的集聚程度会提高企业集聚的效率，降低企业交易费用，提高供应链网络的运作效率。可以通过对聚类系数的调整来控制集聚程度。在小世界网络中，通过断键重连会使得聚类系数提高。这一过程就相当于在企业创新网络中，提高节点间的集聚程度，从而促进创新和优化企业组织的网络功能。在供应链网络这个小世界网络模型中，各节点代表供应链网络中的企业，节点之间的边表示各企业间的合作，为研究方便，假设该网络为对等网络，即各边权重均为 1，且联系是对称的。模型中用特征路径长度代表网络中任意两家企业相互联系合作需要多少中间环节，用聚类系数表示各企业间合作的紧密程度。

在小世界网络模型中，以较小的概率 P 在网络中将少量边“断键重连”或直接加入少量捷径保持网络基本结构不变，而节点间的特征路径长度下降很快，该网络就同时具有短特征路径长度和高聚类系数特征，且只要改变很少的几个连接，就可以剧烈地改变网络的性能。同时，它也揭示了客观事物运动中某种最为快捷的信息传递方式和传导路径，可用来描述在一定时期内发生的、引人关注的诸多生活事件。根据小世界理论，小的最短路径特征体现为深化速度快的特征。例如在 $N=100$，$K=10$ 的规则网络中（$P=0$），则 $L=50$，即在该网络中两结点的连通路径长度为 50。但当 $P=0.1$ 时，$L=4.5$，可以看出尽管“断键重连”概率 P 很小，但是得出的特征路径长度与先前的 50 相比下降了整整一个数量级。这样，对于企业而言，既节省了资源消耗，降低了交易成本，同时也加快了供应链网络的技术创新扩散速度和信息流通速度。

因此可以通过在供应链网络传播网络中加入一些“捷径”，即通过改变企业间的关系或者引进其他企业等方法，就可以使信息传播速度加快，这样，供应链网络的整体发展速度也会明显加快。

加快企业间的信息传播速度，一方面可以通过改变企业间的关系或引进其他企业的方法；另一方面我们可以通过控制供应链网络中影响信息传播的关键企业。在供应链网络中找出影响信息传播的关键企业，必须对供应链网络这个复杂网络进行模块划分。

第三节　供应链网络中的社团结构

现实中很多网络并不存在绝对的彼此独立的模块结构，相反，它们是同许多彼此重叠互相关联的模块构成。比如，每个人根据不同的分类方法都会属于多个不同的模块（如学校、家庭、不同的兴趣小组等）。在这种情况下，很难单独地将这些模块划分出来。根据 Palla 等人提出的一种派系过滤算法（CP）可以很好地来分析这种互相重叠的模块结构。

一　K－派系模块

Palla 等人认为，一个模块从某种意义上可以看成是一些互相连通的“小的全部耦合网络”的集合（Palla et al.，2005）。这些“全耦合网络”称为“派系”，而 K – 派系则表示该全耦合网络的节点数目为 K。如果两个 K – 派系有 $K-1$ 个公共节点，就称前后这两个 K – 派系相邻。如果一个 K – 派系可以通过若干个相邻的 K – 派系到达另一个 K – 派系，就称这两个 K – 派系为彼此连通的。在这个意义上，网络中的 K – 派系可以看成是由所有彼此连通的 K – 派系构成的集合。在网络中，某些节点可能是多个 K – 派系内的节点，而它所在的这些 K – 派系又不相邻（没有 $K-1$ 个公共节点）。因此，这些节点就会是不同 K – 派系模块的“重叠”部分。如图 8 – 5 所示，其中浅色的模块与半浅色和深色的模块分别有三个和一个节点的重叠。所以，利用 CP 算法通常可以找到网络中模块重叠的节点，该节点即为关键节点。

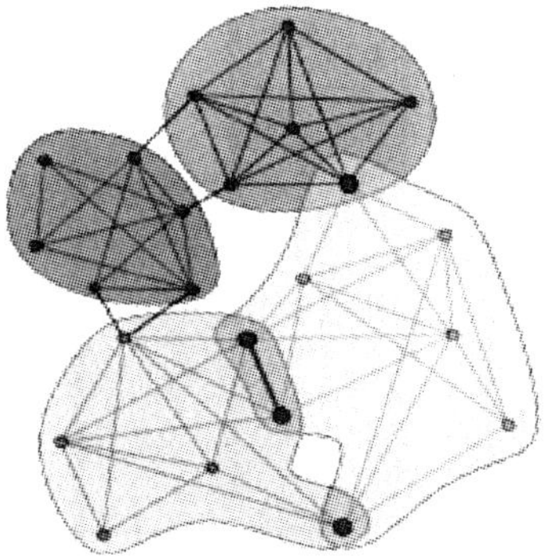

图 8 – 5　派系社团

二　寻找关键节点的算法

在 CP 算法中，采用由大到小、迭代回归的算法来寻找网络中的派系。首先，从网络中各节点的度可以判断网络中可能存在的最大全耦合网络的大小 s。从网络中一个节点出发，找到所有包含该节点的大小为 s 的派系后，删除该节点及连接它的边。然后，另选一个节点，再重复上面的步骤直到网络中没有节点为止。至此，找

到了网络中大小为 s 的所有派系。接着，逐步减小 s（每次 s 减小 1），再用上述方法。然后便寻找到网络中所有不同大小的派系。

从上面的步骤可知，算法中最关键的问题是如何从一个节点 v 出发寻找包含它的所有大小为 s 的派系。对于这个问题，CP（clique percolation）算法采用了迭代回归的算法。

首先，对于节点 v，定义两个集合 A 和 B。其中，A 为包括节点 v 在内的两两相连的所有点的集合，而 B 则为与 A 中各节点都相连的节点的集合。为了避免重复选到某个节点，在算法中，对集合 A 和 B 中的节点都按节点的序号顺序排列。

在定义了集合 A 和 B 的基础上，算法如下：

初始集合 $A=\{v\}$，$B=\{v$ 的邻居$\}$。

从 B 中移动一个节点到集合 A，同时调整集合 B，删除 B 中不再与 A 中所有节点相连的节点。

如果 A 大小未达到 s 前集合 B 已为空集，或者 A、B 为已有一个较大的派系中的子集，则停止往下计算，返回递归的前一步。否则，当 A 达到 s，就得到一个新的派系，记录该派系，然后返回递归的前一步，继续寻找新的派系。

由此，就可以得到从 v 点出发的所有大小为 s 的派系。得到派系后，即确定了各模块之间的连接关系，由此，可以找到各模块间的重合点。

三 社团划分在供应链网络信息传播中的应用

供应链网络常以模块生产为基础而呈现较大的创新空间。供应链网络中的相近单位主要是有着产业联系的成品企业、半成品的部件企业与零件企业，其中部件企业所占比重较多。在模块化理论中，部件就是模块。这意味着，供应链网络常以模块化生产为基础。作为经典的供应链网络，硅谷就被称为“模块的集约地”。根据模块化理论，模块化是在显性规则的约束下，通过隐性规则的自由发挥而使模块呈现出较大的创新空间。事实上，在供应链网络中，产品的技术主要体现在模块之中，而集成技术相对简单。另外，由于模块不同组合的便利性与多样性又导致了集成品具有较大的产品创新空间。模块化生产深刻地改变了供应链网络的组织结构，它将分散化的网络治理和集中化的企业治理有机地结合起来。故对供应链网络模块的合理划分，对供应链网络的发展都有着非常积极的作用。

通过 CP（clique percolation）算法对模块的划分，更好地了解供应链网络内部及结构，利于管理。模块化最典型的应用领域则是计算机产业，一台电脑的生产完全可以分解为驱动系统、主板、显示屏、操作系统和沟通装置等模块，这些模块可以通过一定的界面规则联系起来，各模块保持相对的独立性。供应链网络治理的关键是效率，这也是供应链网络获取竞争优势的必要条件。当供应链网络存在一个良好的治理结构时，就会有效地避免供应链网络在其演进过程中的锁定而保持长期的活力和竞争力。模块化生产的激励机制为供应链网络的治理提供了良好的思路。首先，模块化实现了网络治理与公司治理的同步性和协调性。按照模块化理论对产业系统进行分解，使价值链顺序式的上下游关系转变为模块间平行的立体网状关系，也降低了模块之间的相互依赖，减少了网络依赖带来的治理成本。其次，模块化改变了供应链网络的组成形式和供应链网络的权力分配属性。每一模块的技术标准和性能将直接影响整个系统的性能和技术水平，这使供应链网络内的权力分配所呈现的集中性又具有相互牵制性和相互依赖性特征。最后，模块化内生性地促进了供应链网络技术创新。模块化研发竞争中的研发努力溢出越大，对自己研发价值的确定越不利，这会促使模块供应商进行有效的技术保护，在研发过程中进行信息异化和技术异化，这不但有效避免了技术模仿，也使模仿失去了价值。这样，竞争既跳出了价格竞争的陷阱，也不会在同一层次上进行低水平重复，而是呈现台阶式的跳跃性发展。通过 CP 算法，能有效地了解供应链网络结构特性，并据此制定供应链网络管理措施。

由于 CP 算法可以找到供应链网络中各模块的重叠点，该重叠点即为供应链网络的关键种企业。关键种理论是生态学的基本理论，它确定了物种在生态系统中的地位和作用。关键种是指一些珍稀、特有、庞大的对其他物种具有不成比例影响的物种。它们在维护生物多样性和生态系统的稳定方面起着重要作用。如果它们消失或削弱，整个生态系统可能会发生根本性的变化。关键种有两个显著特点，一是它的存在对于维持生态系统群落的组成和多样性具有决定性作用；二是同群落中的其他物种相比是很重要的，但又是相对的。这也是它与优势种的区别。关键种理论用于供应链网络，就是在设计供应链网络时，指导设计人员选定“关键种企业”作为供应链网络的主要种群，构筑企业共生体。“关键种企业”就是这样一些企业，在企业群落中，它们使用和传输的物质最多，能量流动的规模最为庞大，能带动和牵制其他企业、行业的发展，居于中心地位，是生态产业链的“链核”，它对构筑企业共生体，对供应链网络的稳定和发展起着关键的、重要的作用。通过 CP 算法，找到关键种企业，有针对性地对网络中的关键种企业施加反馈控制，与此牵一发而动全身，从而能够将规模庞大的复杂动态网络稳定到平衡点，获得很高的控制效率。

在复杂网络理论、管理学、系统工程理论、产业生态学等学科相关理论的基础上采用定性分析结合模型演绎分析，本章对供应链网络中的信息传播特性进行总结，并分别以供应链网络中的员工与企业作为网络的节点，对信息传播规律进行了研究。将小世界网络的思想引入供应链网络中，运用小世界网络的构成方式，以供应链网络员工为网络节点，建立了基于复杂网络理论的供应链网络信息传播模型，描述了信息在供应链网络中的传播机理，探讨了信息在供应链网络中的传播规律，分析了在加快供应链网络信息传播中员工的主体作用。根据复杂网络的统计特征，以供应链网络中的企业作为供应链网络的节点，分析了信息传播网络的聚类系数与特征路径长度，并就这两个参数对供应链网络的信息传播控制进行了分析。并指出在以企业为网络节点时，关键种企业在网络中对信息传播的重要作用，为此，引入了模块化算法，分析了网络的社团结构的划分、关键种企业的确定及社团结构对知识的传播的重要作用。

第九章　现代农业组织背景下绿色农产品质量供应链管理研究

第一节　供应链视角下的农产品种植规模及质量决策研究

农业现代化、工业化和城镇化“三化”相随同行、相互促进，这是各国现代化进程已经证明了的客观规律（韩俊，2011）。农业现代化发展离不开农业产业化经营，龙头企业与农户通过契约为纽带而形成的农业产业化经营模式中，企业为了使自己利润最大化，往往存在农民收益得不到保障，导致农民积极性不高，从而直接影响种植规模与质量。那么，作为龙头企业，如何通过设置农产品收购价格、种植规模、质量，在最大化自身利润的同时也能维护农民的利益呢?

目前有不少学者从质量管理与效益之间关系这一角度做了研究。Banker 等（1998）将目前的竞争环境分为了三种不同的类型，分析了每种类型下的质量与竞争强度的关系。Zhu 等（2007）从供应链的角度分析了参与者与质量的关系，得出的结论是，供应链成员之间的配合会有效改进产品的质量。鲁其辉和朱道立（2009）将质量和价格因素同时纳入到了供应链竞争环境中，研究了二者对供应链策略的影响，并提出了相关改进意见。也有不少学者对种植规模与效益之间的关系做了探讨。辛良杰等（2009）利用土地规模—土地生产率关系模型、影子工资率模型分析了土地规模与生产效率之间的关系，得出土地规模与土地生产率之间并非呈简单的线性关系，并提出大规模农户可适度增加物质费用和劳动力等相关措施。考虑到农民种植积极性会直接影响农作物的产量和质量（周立群和曹利群，2002），因此本书将质量因素、种植规模、委托者（龙头企业）利润和代理者（农民）利润等多方面因素加以考虑，从供应链视角研究龙头企业与农民在最优种植规模与最优质量方面的协调问题。

一　模型假设

龙头企业为了实现计划种植面积，根据价格和补贴的激励，农民对此的反应，达到目标规模。设单位面积的平均产量固定为1，p 为单位面积平均收购价格，l 为单位面积补贴，A 为规模参数，s_0 为计划种植面积，c 为农民单位面积种植成本，r 为农民种植其他农产品的平均收入，即种植农产品的机会成本。设 ν 为龙头企业通过加工农产品平均单位面积所得到的收入。

设 t 表示农产品平均质量，μ 为农产品平均质量提高1个单位时工业公司单位面积所提高的收入，ω 为农产品平均质量提高1个单位时农民单位面积所提高的收入，S 为农产品实际种植面积，γ 为质量成本系数，$0\leqslant\rho\leqslant1$ 为质量提高成本分摊比例，p_m 为工业公司通过农产品加工单位面积所获得的收益，且 $p_m>p$。为了使质量达到 t 的支出为 $S\gamma t^2$，其中二次项表示当 t 越大提高产品质量的支出越多。根据道格拉斯生产函数，种植规模函数为 $S=Ap^{\alpha}l^{\beta}$，其中 $\alpha+\beta\leqslant1$。

二　模型建立

（一）最优种植规模模型

为了达到种植计划面积，龙头企业的目标是实现实际种植面积与计划种植面积差距尽量小，在此情形下企业的目标函数为：$\pi_Y=(Ap^{\alpha}l^{\beta}-S_0)^2$。若企业的目标是最大化自己的利润，此时其目标函数为：$\pi_Y=vAp^{\alpha}l^{\beta}$。农民的目标是保证其利润 $\pi_L=l+p-c-r\geqslant0$。得到如下两个非线性规划问题：

规模差距最小模型：

$$\pi_Y=\min_{p,l}(Ap^{\alpha}l^{\beta}-S_0)^2 s.t\quad l+p-c-r\geqslant 0 \tag{9-1}$$

利润最大化模型：

$$\pi_Y=\max_{p,l} vAp^{\alpha}l^{\beta}-Ap^{\alpha}l^{\beta}(l+p) s.t\quad l+p-c-r\geqslant 0 \tag{9-2}$$

对于式（9－1），取 $\alpha=\beta=1/2$，构造拉格朗日函数：

$$L_1(p,\ l,\ \lambda)=-(Ap^{1/2}l^{1/2}-S_0)^2+\lambda(l+p-c-r)$$

根据 $K-T$ 条件，得到 $p^*=\frac{c+r}{2}+\frac{\sqrt{A^2(c+r)^2-4S_0^2}}{2A}$，$l^*=\frac{c+r}{2}-\frac{\sqrt{A^2(c+r)^2-4S_0^2}}{2A}$，$S^*=S_0$ 或者 $p^*=l^*=\frac{c+r}{2}$，$S^*=\frac{A(c+r)}{2}$。

对于式（9－2）构造拉格朗日函数，$L_2(p,\ l,\ \zeta)=Ap^{\alpha}l^{\beta}(v-l-q)+\zeta(l+p-c-r)$，根据 $K-T$ 条件，得到：

$$p^*=\frac{(c+r)\alpha}{\alpha+\beta},\ l^*=\frac{(c+r)\beta}{\alpha+\beta}$$

$$S^*=A(\frac{(c+r)\alpha}{\alpha+\beta})^{\alpha}(\frac{(c+r)\beta}{\alpha+\beta})^{\beta}=A(\frac{c+r}{\alpha+\beta})^{\alpha+\beta}\alpha^{\alpha}\beta^{\beta}$$

当 $\alpha=\beta=1/2$ 时，同理有 $p^*=l^*=\frac{c+r}{2}$，$S^*=\frac{A\ (c+r)}{2}$。

（二）最优质量模型

农产品的种植一方面达到计划面积的要求，同时也要求质量。工业公司与农民均进行质量投入，均关注质量投入成本分配比例及质量要求程度。

由于工业公司在农产品种植与收购中占主导方，对收购价格与质量成本分摊比例决策。而农民主要负责农产品实际种植，决定农产品质量。因此，博弈顺序：①工业公司制定相应的农产品质量成本分摊比例。②农民根据质量成本分摊比例决定农产品质量。由于该博弈为完全信息动态博弈，其均衡是子博弈精炼纳什均衡，因此可以采用逆向归纳法来求解博弈。因此，对于工业公司给定的质量成本分摊比例 α，农民的问题是：

$$\max_{t>0}\pi_L=(l+(1+\omega t)p-c-r)S-(1-\rho)(S\gamma t^2) \tag{9-3}$$

可以看出，π_L 是关于 t 的凸函数，根据一阶条件得到农民的反

应函数为 $t(\rho)=\omega p/(2\gamma-2\rho\gamma)$。由于工业公司预测到农民会根据此式对质量做出选择，因此，工业公司的问题是：$\max\limits_{\rho>0}\pi_Y=(1+\mu t)p_m S-(l+(1+\omega t)p-r)S-\rho(S\gamma t^2)$。

将 $t(\rho)$ 代入上式，根据一阶条件，得到 $\rho^*=\dfrac{2\mu p_m-\omega p}{2\mu p_m+\omega p}$，因 $\rho\geqslant 0$，故此处假设 $2\mu p_m\geqslant\omega p$，即提高单位质量时公司增加的收入须不小于农民增加收入的一半。此时 $t^*=\dfrac{2\mu p_m+\omega p}{4\gamma}$，工业公司的利润为：

$$\pi_Y^*=-\frac{S(16(l-r)\gamma-4\mu^2p_m^2+16\gamma p+3\omega^2p^2+p_m(-16\gamma+4\mu\omega p))}{16\gamma}$$

农民的收入为

$$\pi_L^*=\frac{S(-8(c-l+r)\gamma+2(4\gamma+\mu\omega p_m)p+\omega^2p^2)}{8\gamma}$$

三　模型分析

命题 9-1：最优种植规模模型中，无论是利润最大化还是与计划种植规模差距最小，公司给农民的收购价格及补贴之和等于农民的种植成本与机会成本之和。

证明：根据最优种植规模模型结果，得到 $p+l=c+r$。

命题 9-1 说明，为了鼓励农民种植农产品的同时保证公司的种植规模或者利润，农民所得到的收购价格与补贴能够弥补其种植成本与机会成本。

命题 9-2：最优质量模型中，$\partial\rho/\partial\omega<0$，$\partial\rho/\partial\mu>0$。

证明：根据最优质量模型结果，有 $\dfrac{\partial\rho}{\partial\omega}=-\dfrac{4\mu p_m p}{(2\mu p_m+\omega p)^2}<0$，$\dfrac{\partial\rho}{\partial\mu}=\dfrac{4\omega p_m p}{(2\mu p_m+\omega p)^2}>0$。

命题 9-2 说明，单位质量提高给农民带来收益 ω 越大，公司所承担的质量成本比例越小。单位质量提高给公司带来的收益 μ 越大，公司所承担的质量成本比例越大。

命题 9-3：最优质量模型中，$\partial\pi_Y/\partial\omega<0$，$\partial\pi_L/\partial\omega>0$，$\partial\pi_Y/$

$\partial\mu > 0$，$\partial\pi_L/\partial\mu > 0$。

证明：根据最优质量模型结果，有 $\frac{\partial\pi_Y}{\partial\mu}=\frac{Sp_m(2\mu p_m-\omega p)}{4\gamma}>0$，$\frac{\partial\pi_L}{\partial\omega}=\frac{Sp_s(\mu p_m+\omega p)}{4\gamma}>0$，$\frac{\partial\pi_Y}{\partial\omega}=-\frac{Sp(2\mu p_m+3\omega p)}{8\gamma}<0$，$\frac{\partial\pi_L}{\partial\mu}=\frac{S\omega p_m p}{4\gamma}>0$。

由命题 9－3 可以看出，农民的收益均随着 μ、ω 的增加而增加，而公司的收益随着 μ 的增加而增加，随着 ω 的增加而减少。

命题 9－4：最优质量 t 是 μ、ω 的增函数，是质量成本系数 γ 的减函数。

通过优化理论与博弈论建立了农业最优种植规模及最优质量模型，由模型结果可知，农民所得到的收购价格与补贴应能够弥补其种植成本与机会成本，质量提高程度与收益及价格呈正相关，单位质量的提高给谁带来的收益大，则谁承担的质量成本比例大。若单位质量的提高给公司带来的收益不变的情况下，其给农民带来的收益越大，则公司的利润越小。根据结论，得到如下建议：

（1）政府需制定合理的农产品收购价格和农业补贴机制，从而实现计划种植规模水平。为了维护农民的基本利益，提高农民和公司的利润，减小实际种植规模与计划种植规模之间的差距，制定农产品的收购价格和农民补贴时需要充分考虑估计农民的种植成本和机会成本。当农产品收购价格和农业补贴水平之和与农民种植成本和机会成本之和相当时，会达到计划种植规模水平。

（2）引进先进的生产技术和机械化生产设备，提高单位面积农作物质量。由上文的结论可知，单位面积质量的提高，会增加农民和企业的收入水平。农民和企业收入的增加会提高自身劳动积极性，从而反作用于农作物的生产，使农作物质量不断提高。另外，制定合理的质量成本系数也会改进农作物的质量，在不考虑其他因素的前提下，质量成本系数越小时，农作物质量水平越高。

（3）通过品牌推广的方式促进农产品的销售和质量的改进。品牌推广是促进质量不断提高的良好途径，单位面积产品质量的提高，会增加企业单位面积的收入。由前述理论推导知，因质量引起的企业单位面积收入的增加，企业分摊质量成本的比例就会增加，但是却不会影响企业的总利润，而且还会提高农民的总利润，达到事半功倍的效果。

第二节　供应链视角下农民专业合作组织激励机制研究

农业产业化能从整体上有效地推进传统农业向现代化农业转变，是加速农业现代化发展的有效方式，农业产业化的基本类型有市场连接型、龙头企业带动型、农科教结合型、专业协会带动型。农民专业合作社是农业产业化基本类型下的一种具体方式，有着不同的组织形式，但这些组织形式都离不开两类主体，即经营者与合作社社员，合作社社员由农民担任。合作社与农民间建立良好的利益协调机制，一方面可以降低合作社的经营成本；另一方面可以激励农民，使其劳作积极性提高，得到农民的高度认可与配合，可以增强合作社的凝聚力和竞争力，使合作社健康有序稳定地发展。因此，研究农民专业合作社的激励机制有着广泛的现实意义。

对农民专业合作社激励机制的研究，近些年来有些国内外学者进行过探讨。Zusman（1992）根据合作社集体选择两阶段博弈模型分析认为，成员之间存在不完全信息、有限理性和生产不确定性等情况，在这些情况下会影响合作社的稳定。Cook（1995）认为，合作社成员之间存在的利益分歧必然产生相应的代理成本和合作社内部控制问题。曾明星和杨宗锦（2011）通过建立交易额返利率分配模型，认为交易额返利率的高低是合作社利益分配的核心，利益分配机制同时是激励机制的核心，是一种根本的驱动力。谭智心和孔祥智（2011）通过建立委托—代理模型分析影响合作社经营者努力程度的相关因素，认为合作组织代理人的努力行为与其自身经营农产品量占合作社经营农产品总量的比重、对互惠关注的敏感性程度、合作社盈余分配的比例等因素存在正相关关系。徐龙至和包忠明（2012）认为社员行为激励机制应包括显性激励机制和隐性激励机制，若从合作组织的发展周期进行分析，每一发展阶段应分别采取不同激励机制。苏楠等（2012）、汪志强和冷原（2012）通过实证分析合作社农户合作意愿，均指出利益分配与互惠程度的重要性。孙宏艳（2014）则从市场运行的角度分析了发展合作社对农户激励的重要性。赵启平（2014）通过构建合作组织与农户之间的委托—代理模型分析合作组织与农户间的互惠效应对产量的影响。

根据《中华人民共和国农民专业合作社法》规定，合作社总收入的分配比例按照该成员与本社的交易量（额）比例确定，上述文献研究激励机制问题时只考虑了一种情况，即只考虑了农民获得收益的途径是通过按交易量或者交易额的比例对总收入进行分配这一种方式。然而，在实际中，合作社农民获得的收益还包括固定工资、补贴等，结合这个实际，本书试图构建更符合我国农民专业合作社运行实践的理论模型来分析其内部激励机制问题。

一　模型假设

假设 1：设 α 为农民固定收入，包括合作社发放给农民的固定工资、补贴和红利等，固定工资用 w 表示。π为农民的总产出，$\pi = a + \theta$，其中 a 为农民的努力程度，会对总产出有影响；θ 为外生的不确定性因素，是均值等于零、方差等于 σ^2 服从正态分布的随机变量。故有 $E(\pi) = a$，$\text{var}(\pi) = \sigma^2$，即农民的努力水平决定总产出的均值，但不影响总产出的方差。

假设 2：设农业专业合作社是风险中性者，农民是风险规避者，农民的努力成本 $C(a) = ba^2/2$，b 代表成本系数，$b > 0$。当农民付出的努力程度相同时（即 a 不变），b 越大，农民的努力成本 c 越大，此时带来的负效用也越大。

假设 3：设 β 为对总收入的分配比例，由合作社分配给农民的交易产量占总交易产量的值决定，其中 $0 \leqslant \beta \leqslant 1$。$\gamma$ 为互惠系数，是因为合作社与农民之间存在着明显的互惠行为，其中 $0 \leqslant \gamma \leqslant 1$。

假设 4：设 ρ 是绝对风险规避度量系数，根据上述假设，得到农民所承担的风险成本为 $\rho(1+\gamma)^2\beta^2\sigma^2/2$。

根据上述假设，得到合作社的期望效用，即期望利润为：$(1-\beta)(1+\gamma)a-\alpha$。农民的确定性等价利润为：$\alpha+\beta(1+\gamma)a-b(1-\gamma)a^2/2-\rho(1+\gamma)^2\beta^2\sigma^2/2$。

二　模型建立

（一）信息对称时的最优激励机制

当信息对称时，合作社可观测到农民的努力程度 a，a 可以通过合作社与农民订立强制性的合同督促农民实现。因此，合作社需要考虑的是对农民的固定工资水平 α，对总收入分配比例 β 以及农民的努力程度 a 三者的确定问题。通过选择（α，β，a），使合作社利润达到最大。得到下列最优化问题：

$$\max_{a,\beta,\alpha}(1-\beta)(1+\gamma)a-\alpha$$
$$s.t(IR)\ \alpha+\beta(1+\gamma)a-b(1-\gamma)a^2/2-\rho(1+\gamma)^2\beta^2\sigma^2/2\geqslant w \tag{9-4}$$

在最优情况下，式（9－4）中参与约束的等式成立，得到的最优解为：$\beta^*=0$，$a^*=\dfrac{1+\gamma}{b-b\gamma}$，$\alpha^*=\dfrac{1+2bw+2\gamma-2bw\gamma+\gamma^2}{2b-2b\gamma}=w+\dfrac{1}{2}b\left(\dfrac{1+\gamma}{b-b\gamma}\right)^2$，农民所承担的风险成本 $\rho(1+\gamma)^2\beta^2\sigma^2/2=0$。

从计算结果可以看出，在合作社与农民信息对称的情况下，帕累托最优时 $\beta^*=0$，即合作社不会把卖农产品后的总收入分配给农民，农民此时的收入即为他的固定收入，固定收入的值恰为农民的固定工资与劳动成本之和。帕累托最优时，农民不承担任何风险。

（二）信息不对称时的最优合同

信息不对称时，合作社观测不到农民的努力水平 a。对于给定的总收入分配比例 β，农民将选择 a 使得自己利润最大化。农民的利润函数为：

$$\pi(a)=\alpha+\beta(1+\gamma)a-b(1-\gamma)a^2/2-\rho(1+\gamma)^2\beta^2\sigma^2/2 \tag{9-5}$$

式(9－5)两边同时关于 a 的二阶导数得到 $\partial^2\pi(a)/a^2=-b(1-\gamma)<0$，因此存在 a 值可使农民利润达到最大。根据一阶条件得到 $a=\beta(1+\gamma)/(b(1-\gamma))$。当 $\beta=0$ 时，$a=0$，因而在信息不对

称的情况下，不能实现帕累托最优。

根据上述分析，对于给定的$(\alpha,\ \beta)$，农民的激励相容约束即为$a=\beta(1+\gamma)/(b(1-\gamma))$，合作社的问题是选择$(\alpha,\ \beta)$使得自己利润最大化，此时最优化问题为：

$$\max_{a,\beta,\alpha}(1-\beta)(1+\gamma)a-\alpha$$

$$s.t(IR)\alpha+\beta(1+\gamma)a-b(1-\gamma)a^2/2-\rho(1+\gamma)^2\beta^2\sigma^2/2\geqslant w$$

$$(IC)\ a=\beta(1+\gamma)/(b(1-\gamma)) \tag{9-6}$$

通过最优化一阶条件，得到次优解 $\alpha^{SB}=w+\frac{(1+\gamma)^2(1+b(-1+\gamma)\rho\sigma^2)}{2b(-1+\gamma)(-1+b(-1+\gamma)\rho\sigma^2)^2}$，$\beta^{SB}=\frac{1}{1+b(1-\gamma)\rho\sigma^2}$，$a^{SB}=\frac{1+\gamma}{b(1-\gamma)(1+b(1-\gamma)\rho\sigma^2)}$，农民的风险成本$\frac{(1+\gamma)^2\rho\sigma^2}{2(1+b(1-\gamma)\rho\sigma^2)^2}$。

根据上述结果，农民总产出$\pi=a+\theta$，a 决定农民总产出，由于信息的不对称，因此产量损失可以由努力损失表示，即：

$$\Delta a=a^*-a^{SB}=\frac{1+\gamma}{b-b\gamma}-\frac{1+\gamma}{b(-1+\gamma)(-1+b(-1+\gamma)\rho\sigma^2)}=\frac{(1+\gamma)\rho\sigma^2}{1+b(1-\gamma)\rho\sigma^2}$$

努力成本节约为：

$$\Delta C=C(a^*)-C(a^{SB})=\frac{(1+\gamma)^2\rho\sigma^2(2+b(1-\gamma)\rho\sigma^2)}{2(1-\gamma)(1+b(1-\gamma)\rho\sigma^2)^2}$$

激励成本是指较低努力水平导致的期望产出的净损失与努力成本节约之差，从而得到激励成本为：

$$\Delta a-\Delta C=\frac{(1+\gamma)\rho\sigma^2}{1+b(1-\gamma)\rho\sigma^2}-\frac{(1+\gamma)^2\rho\sigma^2(2+b(1-\gamma)\rho\sigma^2)}{2(1-\gamma)(-1+b(-1+\gamma)\rho\sigma^2)^2}$$

$$=\frac{(1+\gamma)\rho\sigma^2(b\rho\sigma^2+3b\gamma^2\rho\sigma^2-4\gamma(1+b\rho\sigma^2))}{2(1-\gamma)(1+b(1-\gamma)\rho\sigma^2)^2}$$

总代理成本为风险成本与激励成本之和，总代理成本为：

$$\frac{1}{2}\rho(1+\gamma)^2\beta^2\sigma^2+\frac{(1+\gamma)\rho\sigma^2(b\rho\sigma^2+3b\gamma^2\rho\sigma^2-4\gamma(1+b\rho\sigma^2))}{2(1-\gamma)(-1+b(-1+\gamma)\rho\sigma^2)^2}=$$

$$\frac{(1+\gamma)\rho\sigma^2(1+b\rho\sigma^2-4\gamma(1+b\rho\sigma^2)+\gamma^2(-1+3b\rho\sigma^2))}{2(1-\gamma)(1+b(1-\gamma)\rho\sigma^2)^2}$$

三　模型分析

命题9－5：信息对称时，最优分摊比例为 $\beta^{*}=0$；信息不对称时，次优分摊比例为 $\beta^{SB}=(1+b(1-\gamma)\rho\sigma^{2})^{-1}$，且 β^{SB} 是 γ 的增函数，是 b、ρ 的减函数。

由命题9－5可以看出在信息对称时，合作社不会将总收入分配给农民，农民的收入为固定收入；在信息不对称时，为了激励农民努力，合作社需分配一个严格正的利益比例给农民。同时信息不对称时，互惠程度越高，农民所分摊的比例越大；农民成本系数越小，农民所分摊的比例越小；农民风险规避度越大，利益分配比例越小。

命题9－6：信息对称时，农民最优努力程度为 $a^{*}=\dfrac{1+\gamma}{b-b\gamma}$，$a^{*}$ 为 b 的减函数，γ 的增函数；信息不对称时，农民次优努力程度为 $a^{SB}=\dfrac{1+\gamma}{b(1-\gamma)(1+b(1-\gamma)\rho\sigma^{2})}=\dfrac{1+r}{b(1-r)}\times\beta^{SB}$。

命题9－6说明在信息对称时，农民努力程度不受分摊比例的影响，为了激励农民努力，应该降低农民付出努力的成本系数，提高合作社与农民之间的互惠系数。在信息不对称时，农民的努力程度受分摊比例的影响，为了激励农民努力，不仅需要降低农民付出努力的成本系数，提高合作社与农民之间的互惠系数，而且还需增大利益的分摊比例，既考虑 b，γ，β^{SB} 这三个因素。由命题9－5可知分摊比例 β^{SB} 受 b，γ，ρ 的影响，所以在信息不对称时只需考虑 b，γ，ρ 三个因素即可，降低农民付出努力的成本系数 b，提高合作社与农民之间的互惠系数 γ，降低风险规避度 ρ 可以在信息不对称的情况下提高农民的努力程度。

命题9－7：$a^{*}>a^{SB}$，$C(a^{*})>C(a^{SB})$，且 a^{*}、a^{SB}、Δa、ΔC 是 γ 的增函数，是 b 的减函数。

命题9－7说明最优努力水平严格大于次优努力水平，从而最优努力的成本严格大于次优努力的成本；由于信息不对称所造成的产出损失与努力成本的节约随着互惠系数的增加而增加，随着努力成本系数的增加而降低。可知无论信息对称与否，努力水平均随着互惠系数的增加而增加，随着努力成本系数的增加而降低。

命题9-8：在信息对称时，农民的风险成本为0；信息不对称时，农民的风险成本为$\frac{(1+\gamma)^2\rho\sigma^2}{2(1+b(1-\gamma)\rho\sigma^2)^2}$。

命题9-8说明单从风险角度考虑，风险规避的农民更偏好于信息对称的情形，因为在此时农民不需要担心风险问题，风险发生时农民承担的风险成本为0。在信息不对称时，会增大农民的风险成本。

从以上模型结果可以看出，在信息对称时，既可以提高农民的努力水平，又可以降低农民对风险成本的承担比例。信息不对称时，农民的努力程度下降，农民的风险成本增加，代理成本增加。合作社给农民的利益分配比例与他们之间的互惠程度、劳动力成本及农民的风险规避程度相关。

因此，为了保障合作社的健康发展，促进农民的合作积极性，在本书的研究结论基础之上提出如下相关建议。

首先，建立账务透明机制减少信息的不对称，建立风险保障制度来降低农民的风险成本。合作社与农民合作前可以签订相关的合同，合作社可以通过合同中的条款来监督农民的努力程度，从而保证农民的生产水平。农作物的生长极容易受到环境、气候等不确定因素的影响，在合同中制定相关的风险保障措施，保障农民在农作物受灾时能获得收益，从而提高农民劳作的积极性。

其次，合作社完善内部协调机制，即建立良好的利益分配机制及奖励制度。在现实生活中，合作社与农民之间或多或少都会出现信息不对称的情况，此时农民的努力程度将会受合作社利益分配机制的严重影响。完善一套适合当地合作社与农民之间的协调与奖励制度，不仅能促进农民劳动的积极性，而且还会提高合作社与农民的利润水平，达到双方共赢。

最后，合作社完善生产管理机制、生产技术引进等措施来帮助农民。合作社可以通过购买先进的技术设备来帮助农民生产，机械化程度的提高会降低农民的努力成本系数，提高农民的劳动生产率；引进相关领域的专家来指导农民生产，有效提高生产技术水平和农作物的生产率。生产机械化、规模化、效率化水平的提高，会提高合作社与农民之间的互惠系数，增加双方的利润，保障农民的基本利益，改善农民生活水平，促进合作社健康有序稳定的发展。

第三节　农产品供应链协调：价格与绿色水平

随着全球经济的快速发展，消费者对生活水平和生活环境的需求也在很大程度上提高。消费者需求的变化促使经济发展模式发生转变，在供应链管理模型中，基于资源消耗和环境影响形成了一种绿色供应链模式。随着绿色、有机、无污染的发展，农产品供应链成为食品质量和安全管理的重要平台。同时，“绿色”或“环保理念”进入整个供应链过程中，也带动了农产品供应链从传统供应链到绿色供应链的研究。产业发展与环境保护之间的矛盾按照传统的供应链管理方法是难以克服的。理论研究和实践经验表明，农业经济与生态环境的协调发展和相互作用的共生机制不仅是可能的，而且是农业可持续发展的新途径。因此，研究农产品绿色供应链是农业经济发展的现实需要。在这样的背景下，农产品供应链的成员如何有效地合作，以提高整个绿色供应链的性能，从而为社会提供更多更好的绿色产品，成为供应链成员面临的真正问题。因此，分析绿色供应链中的制造商和供应商的博弈行为以及协调契约的设计具有重要的现实意义。

近几年，不少学者对绿色供应链开展了广泛的研究。有些学者从实证的角度进行了分析（Walton et al.，1998；Sarkis，2003；Darnall et al.，2008）。在理论分析中，Ghosh 和 Shah（2012，2014）针对在需求由价格和绿色水平决定的情形下，运用两部制契约模型研究了包含一个制造商与一个零售商的供应链协调机制问题。Barari，Agarwal 和 Zhang（2012）从环境管理的视角运用演化博弈研究了多制造商与多零售商的均衡问题。Jiang 和 Li（2015）运用 Stackerberg 博弈与纳什均衡理论研究了绿色供应链中的收益共享契约协调问题。Cheng 和 Li（2015）则运用博弈模型讨论了在一致定价策略下，供应链在分散决策与集中决策时的定价与绿色程度决策。Debabrata 和 Janat（2015）探讨了绿色供应链的绿色倡议中关键决策的成本分摊合同等问题。Ashkan（2015）建立了政府在财政干预的影响下的绿色供应链价格竞争模型，分析了供应链中各成员的最优策略以及税收对供应链的影响。Huang 等（2015）针对包含多供应商、一个制造商和多零售商组成的绿色供应链，运用博弈论，研究了产品线设计、供应商选择、运输方式选择和定价策略对利润和温室气体排放的影响。Yang 等（2015）建立了产品族和供应链博弈数学模型，采用了双层次、嵌套遗传算法对模型进行了求解与仿真。

从上述文献可以看出，关于绿色供应链的研究取得丰硕的成果，但很少有学者针对农产品供应链的协调问题进行全面的分析。在上述文献的基础上，本书运用博弈论研究农产品供应链的协调问题，以期为农产品供应链管理提供参考。

一　模型描述

在本书中绿色农产品供应链包含一个进行农产品加工的制造商和一个农产品供应商（农民）。制造商以价格 w 每单位从农民购买农产品，通过加工，制造商以价格 p 每单位将加工产品销售至市场。为了生产高质量的农产品，制造商质量努力水平为 θ，农民则提高农产品的绿色程度 g。

根据 Dixit 等（1979），假设需求信息在供应链中对所有成员是共同知识，且市场需求是关于制造商的努力水平、农产品绿色水平和价格的线性函数：

$$d(p,\ g,\ \theta)=\phi-\beta p+\lambda g+\gamma\theta \tag{9-7}$$

其中 ϕ 为市场需求基数，β、λ 和 γ 分别表示市场需求关于绿色供应链的价格、绿色水平和质量努力程度的反应。制造商产品质量努力成本为 $\omega\theta^2/2$，其中 ω 是质量努力成本固定参数。

根据 Banker 等（1998），农产品绿色供应链中农民的成本函数为：

$$c(g,\ x) = (v + \varepsilon g)\mathrm{d} + \xi g^2/2 \tag{9-8}$$

因此，农民绿色水平对其成本的影响由两方面来决定。首先，提高绿色水平增加了固定生产成本 $\xi g^2/2$，它是关于绿色水平的单调递增的凸函数，ξ 为固定成本参数。其次，绿色水平对每单位产品的成本也有影响，其中 v 表示与绿色无关的单位产品的生产成本。对于给定的农民所决定的绿色水平 g，单位可变成本增加 εg，其中 $\varepsilon > 0$。在此假设 $\lambda/\beta > \varepsilon$。

假设 π^F，π^E 和 π^T 分别表示农民、制造商和绿色供应链的利润。下标 C、W 和 R 分别代表集中决策、批发契约和效益共享模型，上标 * 表示最优解。

二　不同契约下的绿色供应链均衡

（一）集中决策模型

集中决策模型是将企业与农民作为一个整体，其目标是最大化整体的利润。根据式（9－7）和式（9－8），得到绿色供应链的利润函数为：

$$\pi_C^T(\theta,\ p,\ g) = (p - v - \varepsilon g)(\phi - \beta p + \lambda g + \gamma\theta) - \omega\theta^2/2 - \xi g^2/2 \tag{9-9}$$

根据其一阶条件，得到其均衡条件为：

$$\frac{\partial \pi_C^T}{\partial\theta} = p\gamma - v\gamma - g\gamma\varepsilon - \theta\omega = 0 \tag{9-10}$$

$$\frac{\partial \pi_C^T}{\partial p} = -2p\beta + v\beta + g\beta\varepsilon + \gamma\theta + g\lambda + \phi = 0 \tag{9-11}$$

$$\frac{\partial \pi_C^T}{\partial g} = -\gamma\varepsilon\theta - v\lambda - 2g\varepsilon\lambda + p(\beta\varepsilon + \lambda) - g\xi - \varepsilon\phi = 0 \tag{9-12}$$

由于 $\partial^2 \pi_C^T/\partial\theta^2 = -\omega < 0$，$\partial^2 \pi_C^T/\partial p^2 = -2\beta < 0$，$\partial^2 \pi_C^T/\partial g^2 = -2\varepsilon\lambda - \xi < 0$，注意到对于所有的 θ 值，p 值和 g 值，若 $-2\beta\omega + \gamma^2\xi + (\beta\varepsilon - \lambda)^2\omega < 0$，$\pi_C^T$ 关于 θ，p 和 g 的海赛矩阵为负值。

通过求解式（9－10）至式（9－12），得到绿色供应链的均衡价格、农民的最优绿色水平和制造商的最优努力水平：

$$\theta_C^* = \frac{\gamma\xi(v\beta-\phi)}{\gamma^2\xi+(\beta^2\varepsilon^2+\lambda^2-2\beta(\varepsilon\lambda+\xi))\omega} \tag{9-13}$$

$$p_C^* = \frac{(\beta\varepsilon^2-\varepsilon\lambda-\xi)\phi\omega+v(\gamma^2\xi+(\lambda^2-\beta(\varepsilon\lambda+\xi))\omega)}{\gamma^2\xi+(\beta^2\varepsilon^2+\lambda^2-2\beta(\varepsilon\lambda+\xi))\omega} \tag{9-14}$$

$$g_C^* = -\frac{(\beta\varepsilon-\lambda)(v\beta-\phi)\omega}{\gamma^2\xi+(\beta^2\varepsilon^2+\lambda^2-2\beta(\varepsilon\lambda+\xi))\omega} \tag{9-15}$$

将式（9－13）至式（9－15）代入到式（9－9）得到：

$$\pi_C^{T*} = \frac{\xi(\phi-v\beta)^2\omega}{2(-\gamma^2\xi-(\beta^2\varepsilon^2+\lambda^2-2\beta(\varepsilon\lambda+\xi))\omega)} \tag{9-16}$$

$$\mathrm{d}_C^{T*} = \frac{\beta\xi(v\beta-\phi)\omega}{\gamma^2\xi+(\beta^2\varepsilon^2+\lambda^2-2\beta(\varepsilon\lambda+\xi))\omega} \tag{9-17}$$

（二）批发价契约模型

在批发价契约模型中，农民制定批发价格 w，制造商以价格 w 每单位农产品从农民手中采购，通过加工，以市场价格 p 销售至市场。此时，绿色供应链成员利润函数分别为：

$$\pi_W^E(p,\ \theta) = (p-w)(\phi-\beta p+\lambda g+\gamma\theta)-\omega\theta^2/2 \tag{9-18}$$

$$\pi_W^F(w,\ g) = (w-v-\varepsilon g)(\phi-\beta p+\lambda g+\gamma\theta)-\xi g^2/2 \tag{9-19}$$

由于制造商是从农民手中采购农产品，因此农民在选择其策略（w，g）时要考虑制造商的反应。对于农民给定的（w，g），制造商的最优反应函数由式（9－18）的一阶导数得出：

$$\frac{\partial \pi_W^E}{\partial\theta} = p\gamma-w\gamma-\theta\omega = 0 \tag{9-20}$$

$$\frac{\partial \pi_W^E}{\partial p} = -2p\beta+w\beta+\gamma\theta+g\lambda+\phi = 0 \tag{9-21}$$

由于 $\partial^2\pi_W^E/\partial\theta^2 = -\omega<0$，$\partial^2\pi_W^E/\partial p^2 = -2\beta<0$，注意到对于所有的 θ 和 p 值，若 $-\gamma^2+2\beta\omega>0$，关于 θ 和 p 的海赛矩阵为负值。通过求解式（9－20）和式（9－21）得到：

$$\theta_W^* = \frac{\gamma(-w\beta+g\lambda+\phi)}{-\gamma^2+2\beta\omega} \tag{9-22}$$

$$p_W^* = \frac{-w\gamma^2+w\beta\omega+g\lambda\omega+\phi\omega}{-\gamma^2+2\beta\omega} \tag{9-23}$$

将式（9－22）、式（9－23）代入式（9－19）中，根据式（9－19），并关于 w 和 g 的一阶条件得到：

$$\frac{\partial \pi_W^F}{\partial w}=\frac{\beta(v\lambda-w(\beta\varepsilon+\lambda)+\varepsilon\phi)\omega+g(-\gamma^2\xi+2\beta(\varepsilon\lambda+\xi)\omega)}{\gamma^2-2\beta\omega}=0 \tag{9-24}$$

$$\frac{\partial \pi_W^F}{\partial g}=\frac{\beta(v\beta-2w\beta+g\beta\varepsilon+g\lambda+\phi)\omega}{-\gamma^2+2\beta\omega}=0 \tag{9-25}$$

通过求解式（9－24）和式（9－25）得到农民最优批发价和最优绿色水平：

$$g_W^*=-\frac{(\beta\varepsilon-\lambda)(v\beta-\phi)\omega}{2\gamma^2\xi+(\beta^2\varepsilon^2+\lambda^2-2\beta(\varepsilon\lambda+2\xi))\omega} \tag{9-26}$$

$$w_W^*=\frac{\phi(\gamma^2\xi+\beta(\beta\varepsilon^2-\varepsilon\lambda-2\xi)\omega)+v\beta(\gamma^2\xi+(-\beta\varepsilon\lambda+\lambda^2-2\beta\xi)\omega)}{\beta(2\gamma^2\xi+(\beta^2\varepsilon^2+\lambda^2-2\beta(\varepsilon\lambda+2\xi))\omega)} \tag{9-27}$$

将式（9－26）和式（9－27）代入式（9－22）和式（9－23）中得到制造商的最优质量努力水平和产品零售价：

$$\theta_W^*=\frac{\gamma\xi(v\beta-\phi)}{2\gamma^2\xi+(\beta^2\varepsilon^2+\lambda^2-2\beta(\varepsilon\lambda+2\xi))\omega} \tag{9-28}$$

$$p_W^*=\frac{\phi(\gamma^2\xi+\beta(\beta\varepsilon^2-\varepsilon\lambda-3\xi)\omega)+v\beta(\gamma^2\xi+(\lambda^2-\beta(\varepsilon\lambda+\xi))\omega)}{\beta(2\gamma^2\xi+(\beta^2\varepsilon^2+\lambda^2-2\beta(\varepsilon\lambda+2\xi))\omega)} \tag{9-29}$$

从而得到市场需求量、制造商的利润、零售商的利润及供应链的总利润：

$$\mathrm{d}_W^*=\frac{\beta\xi(v\beta-\phi)\omega}{2\gamma^2\xi+(\beta^2\varepsilon^2+\lambda^2-2\beta(\varepsilon\lambda+2\xi))\omega} \tag{9-30}$$

$$\pi_W^{E*}=\frac{\xi^2(\phi-v\beta)^2\omega(-\gamma^2+2\beta\omega)}{2(2\gamma^2\xi+(\beta^2\varepsilon^2+\lambda^2-2\beta(\varepsilon\lambda+2\xi))\omega)^2} \tag{9-31}$$

$$\pi_W^{F*}=-\frac{\xi(\phi-v\beta)^2\omega}{2(2\gamma^2\xi+(\beta^2\varepsilon^2+\lambda^2-2\beta(\varepsilon\lambda+2\xi))\omega)} \tag{9-32}$$

$$\pi_W^{T*}=-\frac{\xi(\phi-v\beta)^2\omega(3\gamma^2\xi+(\beta^2\varepsilon^2+\lambda^2-2\beta(\varepsilon\lambda+3\xi))\omega)}{2(2\gamma^2\xi+(\beta^2\varepsilon^2+\lambda^2-2\beta(\varepsilon\lambda+2\xi))\omega)^2} \tag{9-33}$$

（三）收益共享契约模型

收益共享契约是指农民以低于成本的价格将农产品卖给制造商，为了补偿农民的损失，制造商通过与农民协商将其利润的一定比例 ρ（$0<\rho<1$）返还给农民，从而实现绿色供应链最优绩效。绿色供应链各成员利润函数如式（9－34）和式（9－35）所示：

$$\pi_R^E(p,\ \theta)=(1-\rho)((p-v-\varepsilon g)(\phi-\beta p+\lambda g+\gamma\theta))-\omega\theta^2/2 \tag{9-34}$$

$$\pi_R^F(\rho,\ g)=\rho((p-v-\varepsilon g)(\phi-\beta p+\lambda g+\gamma\theta))-\xi g^2/2 \tag{9-35}$$

采用逆向求解法，对于农民给定的（w，g），制造商的最优反应函数由式（9－34）的一阶条件得到：

$$\frac{\partial\pi_R^E}{\partial\theta}=-\gamma(p-v-g\varepsilon)(-1+\rho)-\theta\omega=0 \tag{9-36}$$

$$\frac{\partial\pi_R^E}{\partial p}=(-1+\rho)(2p\beta-v\beta-g\beta\varepsilon-\gamma\theta-g\lambda-\phi)=0 \tag{9-37}$$

由于 $\partial^2\pi_R^E/\partial\theta^2=-\omega<0$，$\partial^2\pi_W^E/\partial p^2=2\beta(-1+\rho)<0$，当 $(-1+\rho)(\gamma^2(-1+\rho)+2\beta\omega)>0$ 时，关于 θ 和 p 的海赛矩阵为负值。求解式（9－36）和式（9－37）得到：

$$\theta_R^*=\frac{\gamma(-1+\rho)(v\beta+g\beta\varepsilon-g\lambda-\phi)}{\gamma^2(-1+\rho)+2\beta\omega} \tag{9-38}$$

$$p_R^*=\frac{\phi\omega+v(\gamma^2(-1+\rho)+\beta\omega)+g(\gamma^2\varepsilon(-1+\rho)+(\beta\varepsilon+\lambda)\omega)}{\gamma^2(-1+\rho)+2\beta\omega} \tag{9-39}$$

将式（9－38）和式（9－39）代入式（9－35），根据其关于 w 和 g 的一阶条件得到：

$$\frac{\partial\pi_R^F}{\partial g}=\frac{\begin{array}{c}2\beta(\beta\varepsilon-\lambda)\rho(v\beta-\phi)\omega^2-g(\gamma^4\xi(-1+\rho)^2+4\beta\gamma^2\xi(-1+\rho)\omega\\-2\beta(\beta^2\varepsilon^2\rho+\lambda^2\rho-2\beta(\xi+\varepsilon\lambda\rho))\omega^2)\end{array}}{(\gamma^2(-1+\rho)+2\beta\omega)^2}=0 \tag{9-40}$$

$$\frac{\partial\pi_R^F}{\partial\rho}=\frac{\beta(-v\beta+g(-\beta\varepsilon+\lambda)+\phi)^2\omega^2(-\gamma^2(1+\rho)+2\beta\omega)}{(\gamma^2(-1+\rho)+2\beta\omega)^3}=0 \tag{9-41}$$

通过求解式（9－40）和式（9－41）得到最优绿色水平与最优共享比例：

$$\rho_R^* = -1 + \frac{2\beta\omega}{\gamma^2} \tag{9-42}$$

由于 $0<\rho<1$，因此条件 $\beta\omega<\gamma^2<2\beta\omega$ 须成立。

$$g_R^* = -\frac{\beta(\beta\varepsilon-\lambda)(v\beta-\phi)\omega^2}{2\gamma^4\xi-4\beta\gamma^2\xi\omega+\beta(-\beta\varepsilon+\lambda)^2\omega^2} \tag{9-43}$$

将式（9－42）和式（9－43）代入到式（9－40）和式（9－41）得到制造商的质量努力水平零售价格为：

$$\theta_R^* = \frac{2\gamma\xi(v\beta-\phi)(\gamma^2-\beta\omega)}{2\gamma^4\xi-4\beta\gamma^2\xi\omega+\beta(-\beta\varepsilon+\lambda)^2\omega^2} \tag{9-44}$$

$$p_R^* = \frac{\phi\omega(-\gamma^2\xi+\beta\varepsilon(\beta\varepsilon-\lambda)\omega)+v(2\gamma^4\xi-3\beta\gamma^2\xi\omega+\beta\lambda(-\beta\varepsilon+\lambda)\omega^2)}{2\gamma^4\xi-4\beta\gamma^2\xi\omega+\beta(-\beta\varepsilon+\lambda)^2\omega^2} \tag{9-45}$$

根据上述计算，从而得到：

$$d_W^* = \frac{\beta\gamma^2\xi(v\beta-\phi)\omega}{2\gamma^4\xi-4\beta\gamma^2\xi\omega+\beta(-\beta\varepsilon+\lambda)^2\omega^2} \tag{9-46}$$

$$\pi_W^{E*} = -\frac{2\gamma^2\xi^2(-v\beta+\phi)^2\omega(\gamma^2-2\beta\omega)(\gamma^2-\beta\omega)}{(2\gamma^4\xi-4\beta\gamma^2\xi\omega+\beta(-\beta\varepsilon+\lambda)^2\omega^2)^2} \tag{9-47}$$

$$\pi_W^{F*} = -\frac{\beta\xi(-v\beta+\phi)^2\omega^2}{2(2\gamma^4\xi-4\beta\gamma^2\xi\omega+\beta(-\beta\varepsilon+\lambda)^2\omega^2)} \tag{9-48}$$

$$\pi_W^{T*} = -\frac{\xi(-v\beta+\phi)^2\omega(4\gamma^6\xi-10\beta\gamma^4\xi\omega+4\beta^2\gamma^2\xi\omega^2+\beta^2(-\beta\varepsilon+\lambda)^2\omega^3)}{2(2\gamma^4\xi-4\beta\gamma^2\xi\omega+\beta(-\beta\varepsilon+\lambda)^2\omega^2)^2} \tag{9-49}$$

三　结果讨论

（一）绿色水平

命题 9－9： 当 $\gamma<\sqrt{\beta\omega}$ 时，$g_T^*>g_W^*>g_R^*$；当 $\gamma>\sqrt{\beta\omega}$ 时，$g_T^*>g_R^*>g_W^*$。

证明： 由于

$$g_T^*-g_W^* = \frac{(\beta\varepsilon-\lambda)\xi(v\beta-\phi)\omega(-\gamma^2+2\beta\omega)}{(\gamma^2\xi+(\beta^2\varepsilon^2+\lambda^2-2\beta(\varepsilon\lambda+\xi))\omega)(2\gamma^2\xi+(\beta^2\varepsilon^2+\lambda^2-2\beta(\varepsilon\lambda+2\xi))\omega)}>0$$

$$g_T^* - g_R^* = \frac{(\beta\varepsilon - \lambda)\xi(v\beta - \phi)\omega(2\gamma^2 - \beta\omega)(-\gamma^2 + 2\beta\omega)}{(\gamma^2\xi + (\beta^2\varepsilon^2 + \lambda^2 - 2\beta(\varepsilon\lambda + \xi))\omega)(2\gamma^4\xi - 4\beta\gamma^2\xi\omega + \beta(-\beta\varepsilon + \lambda)^2\omega^2)} > 0$$

因此有 $g_T^* > g_W^*$，$g_T^* > g_R^*$。

因为

$$g_W^* - g_R^* = \frac{2(\beta\varepsilon - \lambda)\xi(\phi - v\beta)\omega(-\gamma^2 + \beta\omega)(-\gamma^2 + 2\beta\omega)}{(2\gamma^2\xi + (\beta^2\varepsilon^2 + \lambda^2 - 2\beta(\varepsilon\lambda + 2\xi))\omega)(2\gamma^4\xi - 4\beta\gamma^2\xi\omega + \beta(-\beta\varepsilon + \lambda)^2\omega^2)}$$

根据模型假设，有 $\beta\varepsilon - \lambda < 0$，$-\gamma^2 + 2\beta\omega > 0$，$v\beta - \phi < 0$。因此当 $-\gamma^2 + \beta\omega > 0$ 时，$g_W^* > g_R^*$，当 $-\gamma^2 + \beta\omega < 0$ 时，$g_W^* < g_R^*$。

命题 9－9 表明在集中决策模型中农产品绿色水平最高。而在分散决策模型中，绿色水平的高低由 $\beta\omega$ 和 γ^2 间的关系决定。当 $\beta\omega > \gamma^2$ 时，批发价契约的绿色水平较收益共享契约的绿色水平高，当 $\beta\omega < \gamma^2$ 时，结果则相反。仿真图 9－1 也说明了这点。

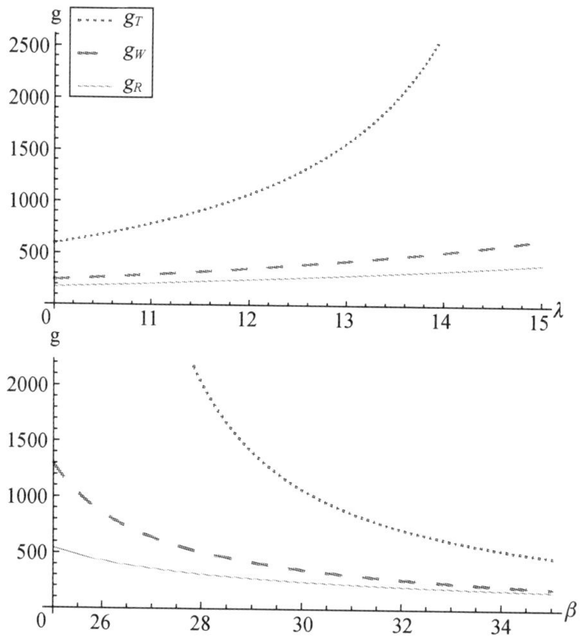

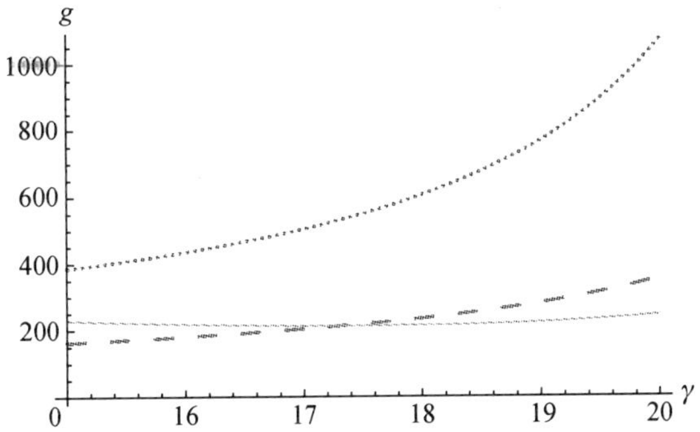

图 9－1　绿色水平随参数 λ、γ 和 β 的变化情况

注：ϕ＝10000，β＝30，v＝20，ε＝0.1，γ＝20，ξ＝8，ω＝10。

命题 9－10： $\frac{dg_T^*}{d\lambda}>0$，$\frac{dg_W^*}{d\lambda}>0$，$\frac{dg_R^*}{d\lambda}>0$；$\frac{dg_T^*}{d\beta}<0$，$\frac{dg_W^*}{d\beta}<0$，$\frac{dg_R^*}{d\beta}<0$；若 $\gamma>\sqrt{\beta\omega}$，则$\frac{dg_T^*}{d\gamma}>0$，$\frac{dg_W^*}{d\gamma}>0$，$\frac{dg_R^*}{d\gamma}>0$；若 $\gamma<\sqrt{\beta\omega}$，则$\frac{dg_T^*}{d\gamma}>0$，$\frac{dg_W^*}{d\gamma}>0$，$\frac{dg_R^*}{d\gamma}<0$。

证明： $$\frac{dg_T^*}{d\lambda}=\frac{(\phi-v\beta)\omega(-\gamma^2\xi+(\beta^2\varepsilon^2-2\beta\varepsilon\lambda+\lambda^2+2\beta\xi)\omega)}{(\gamma^2\xi+(\beta^2\varepsilon^2+\lambda^2-2\beta(\varepsilon\lambda+\xi))\omega)^2}>0$$

$$\frac{dg_R^*}{d\lambda}=\frac{\beta(\phi-v\beta)\omega^2(-2\gamma^4\xi+4\beta\gamma^2\xi\omega+\beta(-\beta\varepsilon+\lambda)^2\omega^2)}{(2\gamma^4\xi-4\beta\gamma^2\xi\omega+\beta(-\beta\varepsilon+\lambda)^2\omega^2)^2}>0$$

$$\frac{dg_W^*}{d\lambda}=\frac{(\phi-v\beta)\omega(-2\gamma^2\xi+(\beta^2\varepsilon^2-2\beta\varepsilon\lambda+\lambda^2+4\beta\xi)\omega)}{(2\gamma^2\xi+(\beta^2\varepsilon^2+\lambda^2-2\beta(\varepsilon\lambda+2\xi))\omega)^2}>0。$$

$$\frac{dg_T^*}{d\beta}=-\frac{\omega\begin{pmatrix}\phi(-\gamma^2\varepsilon\xi+(\beta^2\varepsilon^3-2\beta\varepsilon^2\lambda+\varepsilon\lambda^2+2\lambda\xi)\omega)+\\ v(-\gamma^2\lambda\xi-\lambda^3\omega-\beta^2\varepsilon(\varepsilon\lambda+2\xi)\omega+2\beta\varepsilon(\gamma^2\xi+\lambda^2\omega))\end{pmatrix}}{(\gamma^2\xi+(\beta^2\varepsilon^2+\lambda^2-2\beta(\varepsilon\lambda+\xi))\omega)^2}<0$$

$$\frac{dg_W^*}{d\beta}=-\frac{\omega\begin{pmatrix}\phi(-2\gamma^2\varepsilon\xi+(\beta^2\varepsilon^3-2\beta\varepsilon^2\lambda+\varepsilon\lambda^2+4\lambda\xi)\omega)+\\ v(-2\gamma^2\lambda\xi-\lambda^3\omega-\beta^2\varepsilon(\varepsilon\lambda+4\xi)\omega+2\beta\varepsilon(2\gamma^2\xi+\lambda^2\omega))\end{pmatrix}}{(2\gamma^2\xi+(\beta^2\varepsilon^2+\lambda^2-2\beta(\varepsilon\lambda+2\xi))\omega)^2}<0$$

$$\frac{dg_T^*}{d\gamma}=\frac{2\gamma(\beta\varepsilon-\lambda)\xi(v\beta-\phi)\omega}{(\gamma^2\xi+(\beta^2\varepsilon^2+\lambda^2-2\beta(\varepsilon\lambda+\xi))\omega)^2}>0$$

$\frac{\mathrm{d}g_W^*}{\mathrm{d}\gamma}=\frac{4\gamma(\beta\varepsilon-\lambda)\xi(v\beta-\phi)\omega}{(2\gamma^2\xi+(\beta^2\varepsilon^2+\lambda^2-2\beta(\varepsilon\lambda+2\xi))\omega)^2}>0$。因为$\frac{\mathrm{d}g_R^*}{\mathrm{d}\gamma}=\frac{8\beta\gamma(\beta\varepsilon-\lambda)\xi(v\beta-\phi)\omega^2(\gamma^2-\beta\omega)}{(2\gamma^4\xi-4\beta\gamma^2\xi\omega+\beta(-\beta\varepsilon+\lambda)^2\omega^2)^2}$，故当$-\gamma^2+\beta\omega>0$时有$\frac{\mathrm{d}g_R^*}{\mathrm{d}\gamma}<0$；当$-\gamma^2+\beta\omega<0$时有$\frac{\mathrm{d}g_R^*}{\mathrm{d}\gamma}>0$。$\frac{\mathrm{d}g_R^*}{\mathrm{d}\beta}=-\frac{\omega^2\left[\begin{array}{l}\phi(-4\beta\gamma^4\varepsilon\xi+2\gamma^4\lambda\xi+\beta^4\varepsilon^3\omega^2-\\2\beta^3\varepsilon^2\lambda\omega^2+\beta^2\varepsilon\omega(4\gamma^2\xi+\lambda^2\omega))\\-v\beta(4\gamma^4\lambda\xi+\beta^3\varepsilon^2\lambda\omega^2-2\beta^2\varepsilon\omega\\(-4\gamma^2\xi+\lambda^2\omega)+\beta(-6\gamma^4\varepsilon\xi-\\4\gamma^2\lambda\xi\omega+\lambda^3\omega^2))\end{array}\right]}{(2\gamma^4\xi-4\beta\gamma^2\xi\omega+\beta(-\beta\varepsilon+\lambda)^2\omega^2)^2}<0$

从命题9－10可以看出，随着λ的增加，绿色水平也逐渐增加，这也意味着消费者对绿色产品越敏感，绿色水平就越高。随着β的增加，绿色水平逐渐下降，这表示消费者对产品价格越敏感，绿色水平反而越低。在集中决策模型与批发价契约模型中，随着γ的增加，绿色水平逐渐上升。但在收益共享契约模型中，存在关键点$\sqrt{\beta\omega}$，当$\gamma>\sqrt{\beta\omega}$时，随着γ的增加绿色水平逐渐上升，而当$\gamma<\sqrt{\beta\omega}$时，随着γ的下降绿色水平逐渐上升。仿真图9－1也证明了这点。

（二）质量努力水平

命题9－11：$\theta_T>\theta_W>\theta_R$。

证明：由于$\theta_T-\theta_W=\frac{\gamma\xi^2(\phi-v\beta)(-\gamma^2+2\beta\omega)}{(\gamma^2\xi+(\beta^2\varepsilon^2+\lambda^2-2\beta(\varepsilon\lambda+\xi))\omega)(2\gamma^2\xi+(\beta^2\varepsilon^2+\lambda^2-2\beta(\varepsilon\lambda+2\xi))\omega)}>0$

$$\theta_W-\theta_R=\frac{\gamma\xi(\phi-v\beta)(2\gamma^4\xi+2\gamma^2(\beta^2\varepsilon^2+\lambda^2-2\beta(\varepsilon\lambda+2\xi))\omega+\beta(-3\beta^2\varepsilon^2+6\beta\varepsilon\lambda-3\lambda^2+8\beta\xi)\omega^2)}{(2\gamma^2\xi+(\beta^2\varepsilon^2+\lambda^2-2\beta(\varepsilon\lambda+2\xi))\omega)(2\gamma^4\xi-4\beta\gamma^2\xi\omega+\beta(-\beta\varepsilon+\lambda)^2\omega^2)}>0$$

因此可以得到$\theta_T>\theta_W>\theta_R$。

命题9－12：$\frac{\mathrm{d}\theta_T^*}{\mathrm{d}\beta}<0$，$\frac{\mathrm{d}\theta_W^*}{\mathrm{d}\beta}<0$，$\frac{\mathrm{d}\theta_R^*}{\mathrm{d}\beta}<0$；$\frac{\mathrm{d}\theta_T^*}{\mathrm{d}\gamma}>0$，$\frac{\mathrm{d}\theta_W^*}{\mathrm{d}\gamma}>0$

$\frac{\mathrm{d}\theta_R^*}{\mathrm{d}\gamma}>0$；$\frac{\mathrm{d}\theta_T^*}{\mathrm{d}\lambda}>0$ $\frac{\mathrm{d}\theta_W^*}{\mathrm{d}\lambda}>0$ $\frac{\mathrm{d}\theta_R^*}{\mathrm{d}\lambda}>0$，若 $\gamma>\sqrt{\beta\omega}$；$\frac{\mathrm{d}\theta_T^*}{\mathrm{d}\lambda}>0$，$\frac{\mathrm{d}\theta_W^*}{\mathrm{d}\lambda}>0$，$\frac{\mathrm{d}\theta_R^*}{\mathrm{d}\lambda}<0$，若 $\gamma<\sqrt{\beta\omega}$。

证明：

$$\frac{\mathrm{d}\theta_T^*}{\mathrm{d}\beta}=\frac{\gamma\xi(2(\beta\varepsilon^2-\varepsilon\lambda-\xi)\phi\omega+v(\gamma^2\xi+(-\beta^2\varepsilon^2+\lambda^2)\omega))}{(\gamma^2\xi+(\beta^2\varepsilon^2+\lambda^2-2\beta(\varepsilon\lambda+\xi))\omega)^2}<0$$

$$\frac{\mathrm{d}\theta_W^*}{\mathrm{d}\beta}=\frac{\gamma\xi(2(\beta\varepsilon^2-\varepsilon\lambda-2\xi)\phi\omega+v(2\gamma^2\xi+(-\beta^2\varepsilon^2+\lambda^2)\omega))}{(2\gamma^2\xi+(\beta^2\varepsilon^2+\lambda^2-2\beta(\varepsilon\lambda+2\xi))\omega)^2}<0$$

$$\frac{\mathrm{d}\theta_R^*}{\mathrm{d}\beta}=\frac{2\gamma\xi(\phi\omega(-2\gamma^4\xi+\gamma^2(3\beta^2\varepsilon^2-4\beta\varepsilon\lambda+\lambda^2)\omega+2\beta^2\varepsilon(-\beta\varepsilon+\lambda)\omega^2)+v(2\gamma^6\xi-4\beta\gamma^4\xi\omega+2\beta^2\gamma^2(-\beta\varepsilon^2+\varepsilon\lambda+2\xi)\omega^2+\beta^2(\beta^2\varepsilon^2-\lambda^2)\omega^3))}{(2\gamma^4\xi-4\beta\gamma^2\xi\omega+\beta(-\beta\varepsilon+\lambda)^2\omega^2)^2}<0$$

$$\frac{\mathrm{d}\theta_T^*}{\mathrm{d}\gamma}=\frac{\xi(\phi-v\beta)(-\gamma^2\xi+(\beta^2\varepsilon^2+\lambda^2-2\beta(\varepsilon\lambda+\xi))\omega)}{(\gamma^2\xi+(\beta^2\varepsilon^2+\lambda^2-2\beta(\varepsilon\lambda+\xi))\omega)^2}>0$$

$$\frac{\mathrm{d}\theta_W^*}{\mathrm{d}\gamma}=\frac{\xi(\phi-v\beta)(-2\gamma^2\xi+(\beta^2\varepsilon^2+\lambda^2-2\beta(\varepsilon\lambda+2\xi))\omega)}{(2\gamma^2\xi+(\beta^2\varepsilon^2+\lambda^2-2\beta(\varepsilon\lambda+2\xi))\omega)^2}>0$$

$$\frac{\mathrm{d}\theta_R^*}{\mathrm{d}\gamma}=\frac{2\xi(\phi-v\beta)(-2\gamma^6\xi+2\beta\gamma^4\xi\omega-\beta\gamma^2(-3\beta^2\varepsilon^2+6\beta\varepsilon\lambda-3\lambda^2+4\beta\xi)\omega^2-\beta^2(-\beta\varepsilon+\lambda)^2\omega^3)}{(2\gamma^4\xi-4\beta\gamma^2\xi\omega+\beta(-\beta\varepsilon+\lambda)^2\omega^2)^2}>0$$

$$\frac{\mathrm{d}\theta_T^*}{\mathrm{d}\lambda}=\frac{2\gamma(\beta\varepsilon-\lambda)\xi(v\beta-\phi)\omega}{(\gamma^2\xi+(\beta^2\varepsilon^2+\lambda^2-2\beta(\varepsilon\lambda+\xi))\omega)^2}>0$$

$$\frac{\mathrm{d}\theta_W^*}{\mathrm{d}\lambda}=\frac{2\gamma(\beta\varepsilon-\lambda)\xi(v\beta-\phi)\omega}{(2\gamma^2\xi+(\beta^2\varepsilon^2+\lambda^2-2\beta(\varepsilon\lambda+2\xi))\omega)^2}>0$$

$$\frac{\mathrm{d}\theta_R^*}{\mathrm{d}\lambda}=\frac{4\beta\gamma(\lambda-\beta\varepsilon)\xi(\phi-v\beta)\omega^2(\gamma^2-\beta\omega)}{(2\gamma^4\xi-4\beta\gamma^2\xi\omega+\beta(-\beta\varepsilon+\lambda)^2\omega^2)^2}$$

因此当 $-\gamma^2+\beta\omega>0$ 时 $\frac{\mathrm{d}\theta_R^*}{\mathrm{d}\lambda}<0$；当 $-\gamma^2+\beta\omega<0$ 时 $\frac{\mathrm{d}\theta_R^*}{\mathrm{d}\lambda}>0$。

上述两个命题表明制造商的质量努力水平在集中决策模型中最大，在收益共享契约模型中最小。质量努力水平随着 β 的增加逐渐减少，随着

γ 的增加逐渐增加。但在收益共享契约模型中，存在关键点$\sqrt{\beta\omega}$，当 $\gamma>\sqrt{\beta\omega}$时，随着 λ 的增加质量努力水平逐渐上升，而当 $\gamma<\sqrt{\beta\omega}$时，随着 λ 的下降质量努力水平逐渐上升。仿真图 9－2 也证实了上述结论。

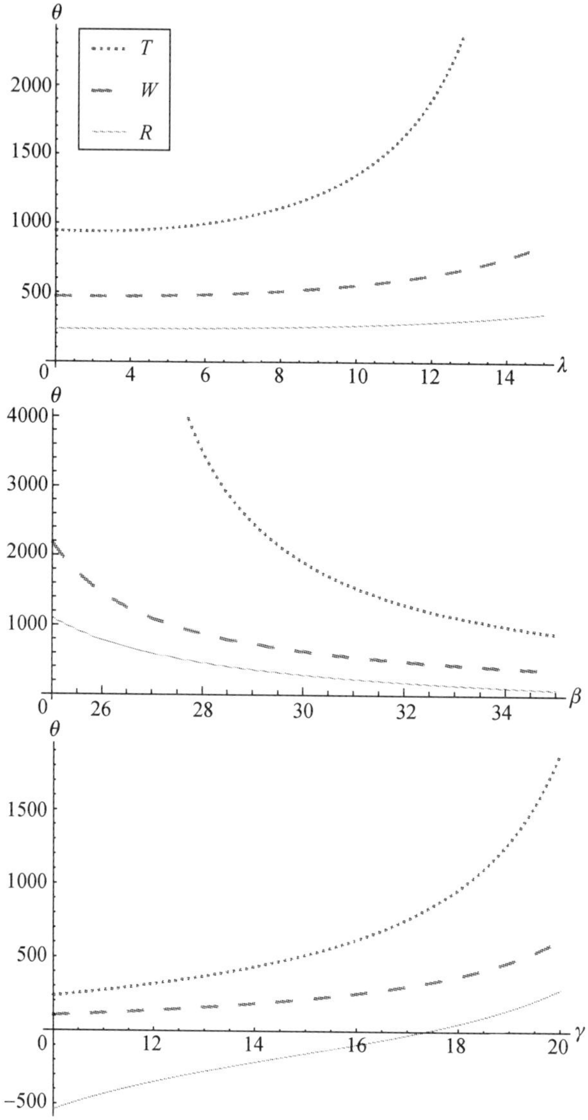

图 9－2　质量努力水平随参数 λ、γ 和 β 的变化情况

注：$\phi=10000$，$\beta=30$，$v=20$，$\varepsilon=0.1$，$\gamma=20$，$\xi=8$，$\omega=10$。

（三）利润

命题 9－13：$\pi_T^{T*} > \pi_W^{T*} > \pi_R^{T*}$；$\frac{d\pi_T^{T*}}{d\lambda} > 0$，$\frac{d\pi_W^{T*}}{d\lambda} > 0$，$\frac{d\pi_R^{T*}}{d\lambda} > 0$

$\frac{d\pi_T^{T*}}{d\beta} < 0$，$\frac{d\pi_W^{T*}}{d\beta} < 0$，$\frac{d\pi_R^{T*}}{d\beta} < 0$；$\frac{d\pi_T^{T*}}{d\gamma} > 0$，$\frac{d\pi_W^{T*}}{d\gamma} > 0$，$\frac{d\pi_R^{T*}}{d\gamma} > 0$

证明：

$$\pi_T^{T*} - \pi_W^{T*} = \frac{\xi^3(-v\beta+\phi)^2\omega(\gamma^2-2\beta\omega)^2}{2(-\gamma^2\xi-(\beta^2\varepsilon^2+\lambda^2-2\beta(\varepsilon\lambda+\xi))\omega)(2\gamma^2\xi+(\beta^2\varepsilon^2+\lambda^2-2\beta(\varepsilon\lambda+2\xi))\omega)^2} > 0$$

同样可得到$\pi_W^{T*} > \pi_R^{T*}$。因此有$\pi_T^{T*} > \pi_W^{T*} > \pi_R^{T*}$。

由于$\frac{d\pi_T^{T*}}{d\lambda} = \frac{(\lambda-\beta\varepsilon)\xi(-v\beta+\phi)^2\omega^2}{(\gamma^2\xi+(\beta^2\varepsilon^2+\lambda^2-2\beta(\varepsilon\lambda+\xi))\omega)^2} > 0$，$\frac{d\pi_T^{T*}}{d\gamma} = \frac{\gamma\xi^2(-v\beta+\phi)^2\omega}{(\gamma^2\xi+(\beta^2\varepsilon^2+\lambda^2-2\beta(\varepsilon\lambda+\xi))\omega)^2} > 0$，同理可得到$\frac{d\pi_W^{T*}}{d\lambda} > 0$，$\frac{d\pi_R^{T*}}{d\lambda} > 0$；$\frac{d\pi_T^{T*}}{d\beta} < 0$，$\frac{d\pi_W^{T*}}{d\beta} < 0$，$\frac{d\pi_R^{T*}}{d\beta} < 0$，$\frac{d\pi_W^{T*}}{d\gamma} > 0$，$\frac{d\pi_R^{T*}}{d\gamma} > 0$。

命题 9－13 表明在集中决策模型中总利润最高。在分散决策模型中，批发价契约的总利润比收益共享契约模型的大。参数 λ 和 γ 的增加有利于总利润的增加。仿真图 9－3 也证实了此结论。

命题 9－14：当$\gamma < \sqrt{\beta\omega}$时，$\pi_W^{F*} < \pi_R^{F*}$；当$\gamma > \sqrt{\beta\omega}$时，$\pi_W^{F*} > \pi_R^{F*}$

$\frac{d\pi_W^{F*}}{d\lambda} > 0$，$\frac{d\pi_R^{F*}}{d\lambda} > 0$

$\frac{d\pi_W^{F*}}{d\beta} < 0$，$\frac{d\pi_R^{F*}}{d\beta} < 0$

$\frac{d\pi_W^{F*}}{d\gamma} > 0$；当$\gamma < \sqrt{\beta\omega}$时，$\frac{d\pi_R^{F*}}{d\gamma} < 0$；当$\gamma > \sqrt{\beta\omega}$时，$\frac{d\pi_R^{F*}}{d\gamma} > 0$。

证明：由于

$$\pi_W^{F*} - \pi_R^{F*} = -\frac{\xi^2(-v\beta+\phi)^2\omega(-\gamma^2+\beta\omega)(-\gamma^2+2\beta\omega)}{(2\gamma^2\xi+(\beta^2\varepsilon^2+\lambda^2-2\beta(\varepsilon\lambda+2\xi))\omega)(2\gamma^4\xi-4\beta\gamma^2\xi\omega+\beta(-\beta\varepsilon+\lambda)^2\omega^2)}$$

因此，当$\gamma < \sqrt{\beta\omega}$时，$\pi_W^{F*} < \pi_R^{F*}$；当$\gamma > \sqrt{\beta\omega}$时，$\pi_W^{F*} > \pi_R^{F*}$。

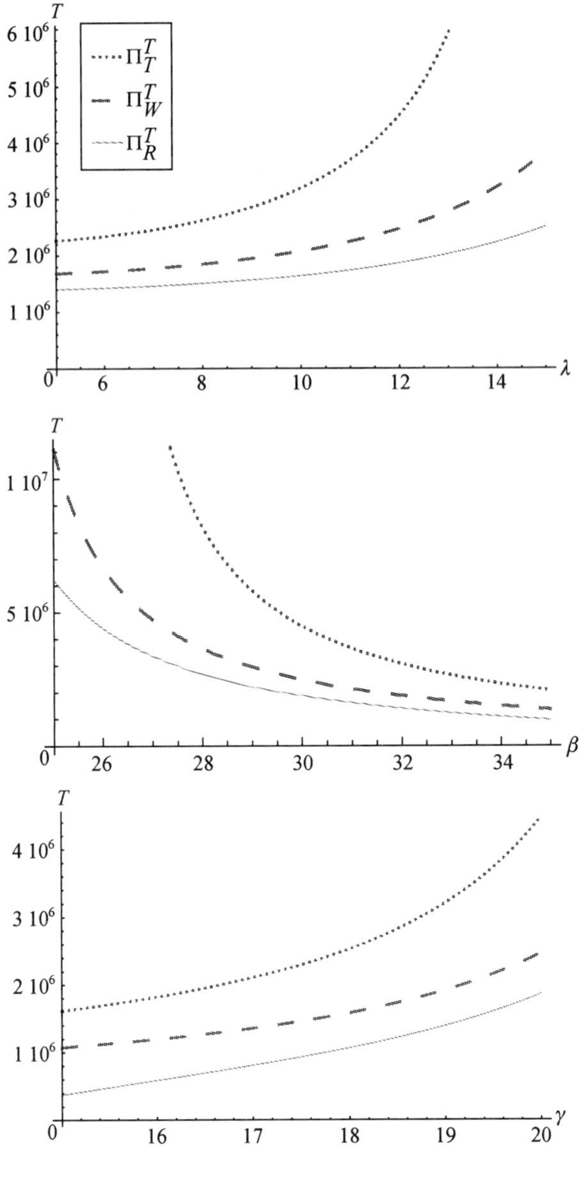

图 9－3　总利润随参数 $\boldsymbol{\lambda}$、$\boldsymbol{\gamma}$ 和 $\boldsymbol{\beta}$ 的变化情况

注：$\phi = 10000$，$\beta = 30$，$v = 20$，$\varepsilon = 0.1$，$\gamma = 20$，$\xi = 8$，$\omega = 10$。

$$\frac{\mathrm{d}\,\pi_W^{F*}}{\mathrm{d}\lambda} = -\frac{(\beta\varepsilon - \lambda)\xi(-v\beta + \phi)^2\omega^2}{(2\gamma^2\xi + (\beta^2\varepsilon^2 + \lambda^2 - 2\beta(\varepsilon\lambda + 2\xi))\omega)^2} > 0$$

,

$\frac{\mathrm{d}\pi_R^{F*}}{\mathrm{d}\lambda}=\frac{\beta^2(-\beta\varepsilon+\lambda)\xi(-\upsilon\beta+\phi)^2\omega^4}{(2\gamma^4\xi-4\beta\gamma^2\xi\omega+\beta(-\beta\varepsilon+\lambda)^2\omega^2)^2}>0$，同理可以得到 $\frac{\mathrm{d}\pi_W^{F*}}{\mathrm{d}\beta}<0$，$\frac{\mathrm{d}\pi_R^{F*}}{\mathrm{d}\beta}<0$。

由于$\frac{\mathrm{d}\pi_R^{F*}}{\mathrm{d}\gamma}=-\frac{4\gamma\beta\xi^2(-\upsilon\beta+\phi)^2\omega^2(-\gamma^2+\beta\omega)}{(2\gamma^4\xi-4\beta\gamma^2\xi\omega+\beta(-\beta\varepsilon+\lambda)^2\omega^2)^2}$，因此当 $\gamma<\sqrt{\beta\omega}$时，$\frac{\mathrm{d}\pi_R^{F*}}{\mathrm{d}\gamma}<0$；当 $\gamma>\sqrt{\beta\omega}$时，$\frac{\mathrm{d}\pi_R^{F*}}{\mathrm{d}\gamma}>0$。

从命题9－14可以看出，当 $\gamma<\sqrt{\beta\omega}$时农民的利润在收益共享契约中最高，而当 $\gamma>\sqrt{\beta\omega}$时农民的收益在批发价契约中最高。因此，对于农民而言，采取哪种契约模型取决于 γ 和$\sqrt{\beta\omega}$的关系。λ 的增加有利于农民利益的增加，而 β 的增加使得农民利益降低。在批发价契约模型中，γ 的增加有利于农民收益的增加。在收益共享契约模型中，当 $\gamma<\sqrt{\beta\omega}$，$\gamma$ 的增加使得农民收益降低；当 $\gamma>\sqrt{\beta\omega}$时，农民的收益随着 γ 的增加而增加。图9－4也证明了此命题。

命题9－15： $\pi_W^{E*}>\pi_R^{E*}$；$\frac{\mathrm{d}\pi_W^{E*}}{\mathrm{d}\lambda}>0$，$\frac{\mathrm{d}\pi_R^{E*}}{\mathrm{d}\lambda}>0$；$\frac{\mathrm{d}\pi_W^{E*}}{\mathrm{d}\beta}<0$，$\frac{\mathrm{d}\pi_R^{E*}}{\mathrm{d}\beta}<0$；$\frac{\mathrm{d}\pi_W^{E*}}{\mathrm{d}\gamma}>0$，$\frac{\mathrm{d}\pi_R^{E*}}{\mathrm{d}\gamma}>0$。

证明： 同命题9－14，略。

从命题9－15和仿真图9－5可以看出，制造商的利润在批发价契约中最高，且随着 λ、γ 的增加而增加，随着 β 的增加而降低。

农产品绿色供应链的协调研究对现代农业发展具有重要的现实意义。本书运用博弈理论分析了基于价格与农产品绿色水平的供应链协调问题，建立了集中决策、批发价契约与收益共享契约模型。研究结果表明，绿色水平与供应链总利润在集中决策时最高。在分散决策模型中，绿色水平与农民利润由 γ^2 和 $\beta\omega$ 关系决策。当 $\gamma^2<\beta\omega$ 时，批发价契约的绿色水平较收益共享契约较高，但农民利润相对较低。当 $\gamma^2>\beta\omega$ 时，结论则相反。

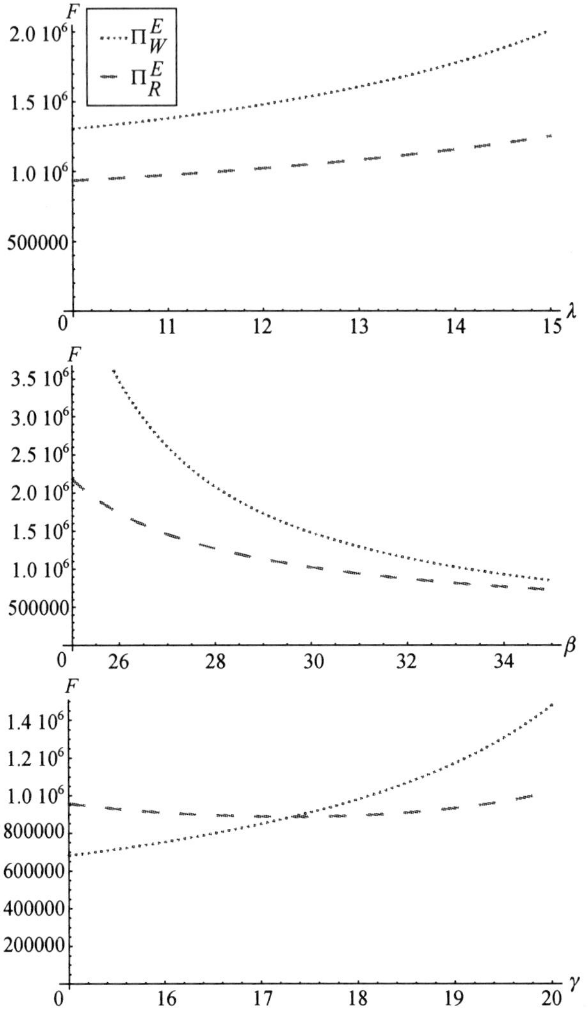

图 9－4　农民的收益随参数 λ、γ 和 β 的变化情况

注：$\phi=10000$，$\beta=30$，$v=20$，$\varepsilon=0.1$，$\gamma=20$，$\xi=8$，$\omega=10$。

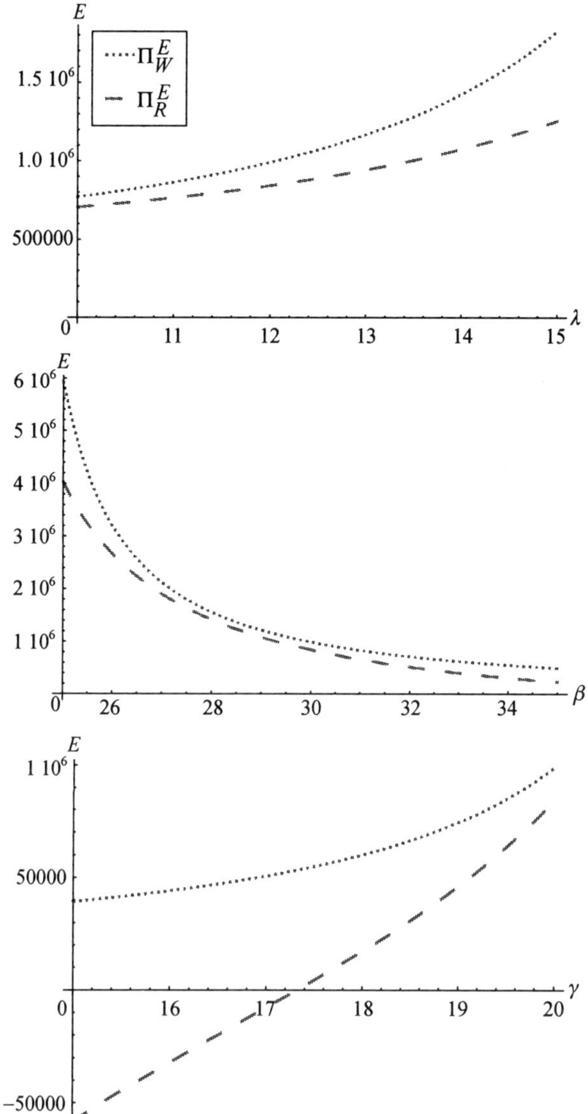

图 9－5　制造商利润随参数 $\boldsymbol{\lambda}$、$\boldsymbol{\gamma}$ 和 $\boldsymbol{\beta}$ 的变化情况

注：$\phi=10000$，$\beta=30$，$v=20$，$\varepsilon=0.1$，$\gamma=20$，$\xi=8$，$\omega=10$。

本章在供应链视角下，通过最优化理论与博弈论建立了农产品最优种植规模及最优质量模型，研究了如何在保证种植规模和产品质量的同时维护企业与农民利益的问题。在大多数模型只考虑农民获得收益的途径按交易额比例分配的情形下，结合实际情况，将合作社农民所获得固定工资、补贴融入模型，运用委托—代理理论，建立信息对称与不对称两种情形下的合作社内部激励机制模型，并提出了相应的对策与建议。最后运用博弈理论分析了基于价格与农产品绿色水平的供应链协调问题，建立了集中决策、批发价契约与收益共享契约模型。

附　录

复杂网络理论

20 世纪 90 年代以来，以 Internet 为代表的信息技术的迅猛发展使人类社会大步迈入了网络时代。从 Internet 到 www，从大型电力网络到全球交通网络，从生物体中的大脑到各种新陈代谢网络，从科研合作网络到各种经济、政治、社会关系网络等，可以说，人们已经生活在一个充满各种各样的复杂网络的世界中。如果将系统内部的各个元素视为节点，元素之间的关系视为连接，那么系统就构成了一个网络。例如 www、Internet、社会关系网络、经济网络、电力网络、交通网络、神经网络等，这里面的所有元素及其元素间的关系构成了一个复杂网络。更为重要的是，越来越多的研究表明，这些看上去各不相同的网络之间有着许多惊人的相似之处。

一般而言，网络系统的复杂性体现在以下几个方面：

（1）各种复杂性因素相互影响。实际的复杂网络会受到各种各样因素的影响和作用。例如，耦合神经元重复地被同时激活，那么它们之间的连接就会加强，这被认为是记忆和学习的基础。此外，各种网络之间也存在密切的联系，这使得对复杂网络的分析变得更为困难。例如，电力网络的故障可能会导致 Internet 流量变慢、金融机构关闭、运输系统失去控制等一系列不同网络之间的连锁反应。

（2）节点的复杂性。网络中的节点可能是具有分岔和混沌等复杂非线性行为的动力系统。如基因网络阵列中每个节点都具有复杂的时间演化行为。而且，一个网络中可能存在多种不同类型的节点。例如，位于企业集群内部的各个企业，有原料加工企业、成品制造企业、研究机构、中介机构等。

（3）结构复杂性。网络连接结构看上去错综复杂，极其混乱。而且网络连接结构可能是随时间变化的。互联网上单位时间内都不停地有页面和链接的产生和删除。此外，节点之间的连接可能具有不同的权重或方向。例如，神经系统网络中的节点突触有强有弱，可以是抑制的也可以是兴奋的。

一　复杂网络的统计性质

用网络的观点描述客观世界起源于1736年德国数学家Eular解决哥尼斯堡七桥问题。复杂网络研究的不同之处在于首先从统计角度考察网络中大规模节点及其连接之间的性质，这些性质的不同意味着不同的网络内部结构，而网络内部结构的不同导致系统功能有很大差异。所以，对这些统计性质的描述和理解是本文进行复杂网络相关研究的第一步。

1. 平均路径长度（the average path length）

网络中两个节点 i 和 j 之间的距离定义为连接这两个节点的最短路径上的边数。网络中任意两个节点之间的距离的最大值称为网络的直径（diameter），记为 D，即 $D=\max\limits_{i,j} d_{ij}$。

网络的平均路径长度 L 定义为任意两个节点之间的距离的平均值，即 $L=\dfrac{1}{\frac{1}{2}N(N+1)}\sum\limits_{i\geqslant j} d_{ij}$。

其中 N 为网络节点数，故若考虑节点到自身的距离，则 $\frac{1}{2}N$（$N+1$）表示网络中所有的边数。L 表示网络的平均路径长度也称为网络的特征路径长度。

2. 度分布（the degree distribution）

网络中节点 i 的度 k，为节点 i 连接的边的总数目，直观上看，一个节点的度越大就意味着这个节点在某种意义上越“重要”。所

有节点 i 的度 k 的平均值称为网络的平均度，定义为 $<k>$。网络中节点的度分布用分布函数 p（k）来表示，其含义为一个任意选择的节点恰好有 k 条边的概率，也等于网络中度数为 k 的结点的个数占网络结点总个数的比值。近几年的大量研究表明，许多实际的度分布明显地不同于 Poisson 分布。特别地，许多网络的度分布可以用幂律形式 P（k）$\propto k^{-\gamma}$来更好地描述。幂律分布也称为无标度（scale - free）分布，具有幂律分布的网络也称为无标度网络。在一个度分布为具有适当幂指数（通常为 $2\leqslant\gamma\leqslant3$）的幂律形式的大规模无标度网络中，绝大部分的节点的度相对很低，但存在少量的度相对很高的节点。因此，这类网络也称为非均匀网络（inhomogeneous network），而那些度相对很高的节点称为网络的“集线器”（hub）。例如，美国航空网就可近似看作是一个无标度网络，大部分机场都是小机场，但却存在少量连接众多小机场的非常大的机场。

3. 网络的聚类系数（the clustering coefficient）

网络的聚类系数 C 用来描述网络中节点的聚集情况，即网络中节点间的紧密关系，比如在社会网络中，你朋友的朋友可能也是你的朋友或者你的两个朋友可能彼此也是朋友。其计算方法为：假设网络中一个节点 i 通过 k_i 条边将它和其他节点相连，这 k_i 个节点就称为节点 i 的邻居。显然，在这 k_i 个节点之间最多有 k_i（k_i-1）/2 条边。而这 k_i 个节点之间实际存在的边数 E_i 和总的可能的边数 $k_i(k_i-1)/2$ 之比就称为节点 i 的聚类系数 C_i，即 $C_i=\dfrac{2E_i}{k_i(k_i-1)}$。

整个网络的聚类系数就是整个网络中所有节点的聚类系数的平均，很明显，$0\leqslant C\leqslant1$。显然，只有在全连通网络（每个节点都与其余所有的节点相连接）中，聚类系数才能等于 1，当且仅当所有的节点均为孤立节点，即没有任何连接边时，$C=0$。对于一个含有 N 个节点的完全随机的网络，当 N 很大时，$C=0$（N^{-1}）。然而实证结果却表明大部分大规模真实网络中的节点倾向于聚集在一起，尽管聚类系数 C 远远小于 1，但都远比 $C=O$（N^{-1}）大。事实上，在很多类型的网络中，如社会关系网络中，你的朋友的朋友同时也是你的朋友的概率会随着网络规模的增加而趋向于某个非零常数，即当 $N\to\infty$ 时，$C=O(1)$。

要理解网络结构与网络行为间的关系，而考虑改善网络的行为，就需要对实际网络的结构特征有很好的了解，并在此基础上建立合适的网络结构模型。在 Watts 和 Strogatz 关于小世界网络，以及 Barabasi 和 Albert 关于无标度网络的开创性工作之后，许多学者对存在于不同领域的大量实际网络的拓扑特征进行了广泛的实证研究。其中建立的基本模型包括规则网络、随机图、小世界网络、无标度网络、等级网络和局域世界演化网络模型。面对这几类基本模型，本书着重对小世界网络模型与无标度模型进行介绍。

二 小世界网络

小世界理论来源于 1967 年社会心理学家 Stanley Milgram（1967）通过社会调查后发现：地球上任意两个人之间的平均距离是 6。之后便提出“六度分离”假说，所谓“六度分离”，指在美国大多数人之间相互认识可以通过“朋友的朋友”进行联系，最多只要经过 6 次（人）“中转”即可实现，也就是说，平均中间只要通过 5 个人，你就能与地球上任何一个角落的任何一个人发生联系。2001 年哥伦比亚大学社会学系的瓦茨（Duncan Watts）教授组建一个研究小组，并建立了小世界项目的网络，开始在世界范围内进行一个检验“六度分离”假说是否正确的网上在线实验，2003 年 8 月该小组报道了他们的初步实验结果，每封邮件平均转发 5—7 次，即可到达目标对象。

确实，小世界网络这一特性能够表征现实社会中的大多数复杂网络，例如好莱坞演员合作网、科学家合作网、世界航空网和新陈代谢网络等。同时，小世界模型还具有小集团（高聚类系数）的特点，在社会网络中表现为存在朋友圈以及各种社会集团等。小世界网络的这些特性引起了人们的广泛兴趣，已经取得了一些有意义的成果。

Watts 和 Strogatz 于 1998 年提出一个小世界模型（WS 模型），该模型是一个具有高传递性并易于处理的网络模型。WS 模型的生成规则是以一定的概率随机地重新连接网络中的每个边，这样得到的网络拓扑结构具有大的聚类系数和小的最短路径。该理论是复杂性科学研究的一个新进展，通过科学家们大量有趣的试验，揭开了人们认为“世界很小”的谜团。它通过调节一个参数可以从规则网络向随机网络过渡。这个模型的构造算法是：从一个环状的规则网络开始，网络含有 N 个结点，每个结点向与它最近邻的 K 个结点连出 K 条边，并满足 $N > K > \ln N > 1$。对每一条边，以概率 P 改变它的目的连接点来重新连接此边，并保证没有重复的边出现，这样就会产生 $P\ N\ K/2$ 条长程的边把一个结点和远处的结点联系起来。改变 P 值可以实现从规则网络（$P=0$）向随机网络（$P=1$）转变。若网络中两点间的平均距离 L 随网络大小（网络中的节点数 N）呈对数增长，即 $L \sim \ln N$，当网络中节点数增加很快时，L 变化相对缓慢，则称该网络具有小世界效应。

1. 小世界网络的特征路径长度（characteristic path length）

在网络中，任选两个节点，连通这两个节点的最少边数，定义为这两节点的路径长度。网络中所有节点对的路径长度的平均值，为网络的特征路径长度。在朋友网络中，特征路径长度就是联系两个人的朋友个数。

2. 小世界网络的聚类系数（clustering coefficient）

网络中节点的聚类系数是指假设某个节点有 k 条边，则这 k 条边连接的节点（k 个）之间最多存在的边数为 $k(k-1)/2$，用实际存在的边数除以最多可能存在的边数得到的分数值。所有节点的聚合系数的均值为网络的聚合系数。网络聚类系数 C 用来描述网络中节点的聚集情况，即网络中节点间的紧密关系。在朋友（熟人）网络中，聚类系数反映了相邻两个人之间朋友圈子的重合度。

WS 小世界网络模型构造算法中的随机化过程有可能破坏网络的连通性。于是，Newman 及 Watts 分别提出 WS 改进模型，将“随机化加边”取代 WS 小世界模型构造中的“随机化重连”而得到的 NW 小世界网络模型，这样演化得到的网络拓扑同样具有小的平均最短路径和大的平均聚类系数。

建立一个有 N 个节点的 NW 小世界网络，每个节点代表一个个体，它只能影响和它相连的节点。其构造方法如下：

从规则图开始：考虑一个含有 N 个点的最近邻耦合网络，它们围成一个环，其中每个节点都与它左右相邻的各 $k/2$ 节点相连，k 是偶数。

随机化加边：以概率 P 在随机选取的一对节点之间加上一条边。其中，任意两个不同的节点之间至多只能有一条边，并且每一个节点都不能有边与自身相连。

当 P 足够小和 N 足够大时，NW 小世界模型本质上等同于 WS 小世界模型。小世界模型反映了社会关系网络的一种特性，即大部分人的朋友都是和他们在同一单位工作的同事或者是住在一起的邻居。另外，也有些人是住得较远的，甚至是远在异国他乡的朋友，这种情形则对应于 NW 小世界模型中通过加入连线产生的远程连接。

研究表明，在小世界网络模型中，以较小的概率 P 在网络中将少量边“断键重连”或直接加入少量捷径保持网络基本结构不变，而节点间的特征路径长度下降很快，该网络就同时具有短特征路径长度和高聚类系数特征，且只要改变很少的几个连接，就可以剧烈地改变网络的性能。同时，它也揭示了客观事物运动中某种最为快捷的信息传递方式和传导路径，可用来描述在一定时期内发生的、引人关注的诸多生活事件。

三　无标度网络

ER 随机图和 WS 小世界模型的一个共同特征就是网络的连接度分布可近似用 Poisson 分布来表示，该分布在度平均值处有一峰值，然后呈指数快速衰减。故这类网络又称为均匀网络或指数网络（exponential network）。近年来，在复杂网络研究上的另一重大发现就是许多复杂网络，包括 Internet、www 以及新陈代谢网络等的连接度分布函数具有幂律形式，由于这类网络的节点的连接度没有明显的特征长度，故称为无标度网络。

为了解释幂律分布的产生机理，Barabasi 和 Albert 提出了一个无标度网络模型，现被称为 BA 模型。它有两个重要特性：

（1）增长特性，即网络的规模是不断扩大的。其增长算法为从一个具有 m_0 个节点的网络开始，每次引入一个新的节点，并且连到 m 个已经存在的节点上，这里 $m \leqslant m_0$。

（2）优先连接特性，即新的节点更倾向于与那些具有较高连接度的“大”节点相连接。这种现象也称为“马太效应”（matthew effect）。一个新节点 j 与一个已经存在的节点 i 相连接的概率 Π_i 与节点 i 的连接度 k_i、节点 j 的度 k_j 之间满足如下关系：$\Pi_i = \frac{k_i}{\sum_j k_j}$。

如果在相同的时间间隔向网络中添加一个新的节点，那么在经过 t 个相等间隔时间后，就会产生一个有 $N = t + m_0$ 个节点、m_t 条边的无标度网络。由于无标度网络分布的极端非均匀性：绝大多数的节点的度都相对很小，而有少量节点的度相对很大。随机去掉无标度网络中的节点，如果多数节点的度相对都很小，那么除掉这些节点对整个网络的连通性不会产生大的影响。这就是指无标度网络具有极高的鲁棒性。但只要有意识地去除网络中极少量度最大的节点就会对整个网络的连通性产生大的影响，这也是这种非均匀性使得无标度网络对蓄意攻击具有高度的脆弱性。

Callaway 和 Cohen 等运用逾渗理论对网络鲁棒性作为理论分析。基于这些理论分析，Valente 等人推出对于随机和恶意攻击具有最优鲁棒性的网络中的节点的度最多只可能取自三个不同的值。通常我们把网络所具有的短平均路径长度和高聚类系数的特性称为小世界特性。小世界模型中网络的连接度分布可近似用 Poisson 分布来表示，该分布在度平均值有一个峰值，然后呈指数快速递减。这意味着当度 k 远远大于平均度时，度为 k 的节点几乎不存在。故这类网络也称为均匀网络或指数网络。而节点度服从幂律分布的特性称为无标度特性。无标度网络的连接分布极不均匀，网络中大量节点拥有少量的连接，而少量节点却拥有网络的大多数连接。知识在不同特性的网络传播，其传播特点也不一样。在小世界网络中传播，其传播有效率存在可能小于 1 但远大于 0 的临界值，而无标度网络，其临界值随着网络中节点数的不断增加，其传播临界值趋近于 0。

尽管小世界和无标度是许多实际网络的共同全局结构特征，但具有相似的全局结构的特性网络却可能具有非常不同的局部结构特征。以细胞网络为例，近年的研究表明，细胞的功能很可能是以一种高度模块化的方式实现的。许多实际系统中都包含模块，例如社会网络中的一群朋友或互联网上相似主题的网站等。每个社团内部的节点之间的连接相对非常紧密，但是各个社团之间的连接相对来说却比较稀疏。因此，理解网络的模块化结构及其产生机理对网络知识的传播也非常重要。

四 网络的模块性

互联网可以看成是由大量网站模块组成，其中同一个模块内部的各个网站所讨论的都是一些有共同兴趣的话题。类似地，在生物网络或者电路网络中，同样可以将各个节点根据其不同的性质划分为不同的模块。揭示网络中的模块结构，对于了解网络结构与分析网络特性都是很重要的。模块结构分析在生物学、物理学、计算机图形学和社会学中都有广泛的应用。模块是指可组成系统的具有某种确定功能的半自律性的子系统，通过标准化的界面结构与其他功能的半自律性子系统按照一定的规则相互联系而构成更加复杂的系统或过程。模块进行分解或整合的过程即为模块化，把一个复杂的系统或过程按照一定的规则分解为能够独立设计的半自律性子系统的过程称为模块的分解，而按照某种联系规则将可进行独立设计的子系统统一起来构成更加复杂的系统或过程则称为模块的整合。在模块化生产中，由于生产的分工精细化和产品标准化，以及交易的频繁性、重复性与非正式性信息是充分的，这种充分信息的存在既是促进集群内部竞争的重要力量，也是促进创新的手段保证。模块化最典型的应用领域则是计算机产业，一台电脑的生产完全可以分解为驱动系统、主板、显示屏、操作系统和沟通装置等模块，这些模块可以通过一定的界面规则联系起来，各模块保持相对的独立性。集群治理的关键是效率，这也是集群获取竞争优势的必要条件。当集群存在一个良好的治理结构时，就会有效地避免集群在其演进过程中的锁定而保持长期的活力和竞争力。模块化生产的激励机制为企业集群的治理提供了良好的思路。

模块是指可组成系统的具有某种确定功能的半自律性的子系统，通过标准化的界面结构与其他功能的半自律性子系统按照一定的规则相互联系而构成更加复杂的系统或过程。许多实际系统中都包含有模块，例如社会网络中的一群朋友或互联网上相似主题的网站等。

为了研究网络的模块性，本书需要相应的工具和度量以确定一个网络是否是模块化的，并且能够清晰地辨识一个给定网络中的模块以及模块之间的关系。当然模块辨识并不是一件容易的事，因为无标度性质和模块性看起来似乎是矛盾的。从定义看，模块意味着存在与系统其他部分相对孤立的节点组。而在无标度网络中，中心节点与网络中很大部分的其他节点相连，从而似乎不太可能存在相对孤立的模块。

模块是如何构成的呢？相关研究表明，模体可能是复杂网络的基本模块。与具有相同规模和度分布的随机网络相比，许多实际网络的聚类系数要高得多。网络的高聚类性表明网络在局部可能包含各种由高度连接的节点组构成的子图。这是出现单个功能模块的一个前提。子图描绘了从局部层次刻画一个给定网络的相互连接的特定模式。然而，在实际网络中，所有子图不都具有相同的重复性。

参考文献

艾兴政、唐小我:《两种产品竞争与扩散模型研究》,《电子科技大学学报》1998 年第 4 期。

艾兴政、唐小我:《广告媒介下两种产品竞争与扩散模型研究》,《管理工程学报》2000 年第 3 期。

曾明星、杨宗锦:《农民专业合作社利益分配模型研究》,《华东经济管理》2011 年第 3 期。

曾勇、唐小我:《购买行为分析与新产品最优广告和价格策略》,《控制与决策》1994 年第 2 期。

傅强、曾顺秋:《不确定需求下供应链合作广告与订货策略的博弈》,《系统工程理论与实践》2008 年第 3 期。

顾锋、黄培清:《基于信息差异化的价格竞争模型》,《系统管理学报》2007 年第 2 期。

韩俊:《推进"三化"同步发展开创"三农"工作新局面》,《中国国情国力》2011 年第 5 期。

胡本勇、彭其渊:《基于广告——研发的供应链合作博弈分析》,《管理科学学报》2008 年第 2 期。

李克克、唐小我:《广告竞争与市场进入壁垒》,《电子科技大学学报》1999 年第 6 期。

李烇、盛昭翰、姚洪兴:《一类广告竞争模型的延迟反馈混沌控制方法》,《预测》2003 年第 1 期。

梁云、左小德:《在位企业与进入企业的广告、价格决策分析》,《暨南大学学报》(自然科学版)2005 年第 5 期。

林英晖、屠梅曾:《供应链企业间合作广告的博弈分析》,《上海大学学报》（自然科学版）2005年第4期。
刘剑平、潘德惠：《控制理论在最优广告策略上的应用》，《系统工程理论与实践》1996年第6期。
刘新梅、张若勇、徐润芳：《非对称管制下垄断企业R&D投入决策研究》，《管理工程学报》2008年第2期。
鲁其辉、朱道立：《质量与价格竞争供应链的均衡与协调策略研究》，《管理科学学报》2009年第3期。
陆晓鸣、席酉民：《一个关于最优价格，质量和广告策略的动态最优控制模型》，《系统工程理论与实践》1996年第12期。
聂荣：《商品销售利润最大化模型及最优广告策略的确定》，《运筹与管理》2006年第4期。
任方旭、邵云飞、唐小我：《用需求弹性确定广告、产品价格竞争策略的研究》，《郑州航空工业管理学院学报》2001年第4期。
任方旭、邵云飞、唐小我：《寡头垄断市场下的广告竞争策略研究》，《河南科学》2002年第4期。
苏楠、杨学军、王辉：《农民专业合作社农户合作意愿分析——基于杨凌现代农业示范园的实证研究》，《中国农业资源与区划》2012年第1期。
孙宏艳：《市场视角下的合作社发展存在的问题及原因分析》，《中国农业资源与区划》2014年第3期。
谭智心、孔祥智：《不完全契约、非对称信息与合作社经营者激励农民专业合作社委托—代理理论模型的构建及其应用》，《中国人民大学学报》2011年第5期。
童纪新、裴明、李煌：《两强市场广告竞争混沌的参数调节反馈控制方法》，《河海大学学报》（自然科学版）2004年第33期。
万仲平、侯阔林、程露：《报童问题的扩展模型》，《武汉大学学报》（理学版）2008年第3期。
汪峻萍、周永务、杨剑波：《需求依赖广告费用和销售价格的newsboy型产品库存模型》，《控制与决策》2010年第1期。
汪小帆：《复杂网络理论及其应用》，清华大学出版社2006年版。

汪志强、冷原：《农户参加农民专业合作社行为影响因素研究——以日照市为例》，《中国农业资源与区划》2012 年第 3 期。
王安乐、杨连锁、丁浩哲：《商业广告竞争策略与规则》，辽宁人民出版社 1997 年版。
王磊、梁樑、吴德胜：《零售商竞争下的垂直合作广告模型》，《中国管理科学》2005 年第 2 期。
王圣东、周永务：《带有两种营销模式的供应链合作广告协调模型》，《系统工程学报》2008 年第 6 期。
王志凌、黎志成：《双寡头广告竞争的定性模拟技术研究》，《武汉理工大学学报》2002 年第 12 期。
文平：《损失厌恶的报童——预期理论下的报童问题新解》，《中国管理科学》2005 年第 6 期。
席酉民、陆晓鸣：《广告的动态最优控制模型》，《系统工程理论与实践》1998 年第 8 期。
辛良杰、李秀彬、朱会义：《农户土地规模与生产率的关系及其解释的印证——以吉林省为例》，《地理研究》2009 年第 5 期。
徐龙志、包忠明：《农民合作经济组织的优化：内部治理及行为激励机制研究》，《农村经济》2012 年第 1 期。
约翰·菲利普·琼斯著：《广告与品牌策划》，孙连永译，机械工业出版社 1999 年版。
约瑟夫·E. 斯蒂格利茨：《经济学》，中国人民大学出版社 1998 年版。
张德贤、戴桂林、王震：《Vidale - Wolfe 微分对策广告模型》，《青岛海洋大学学报》1999 年第 3 期。
张黎、蓝竣：《知识扩散场的构建，分析与应用》，《管理科学》2005 年第 4 期。
张荣、付宪法：《一类人广告竞争微分对策模型》，《管理学报》2011 年第 1 期。
张生太、李涛、段兴民：《组织内部隐性知识传播模型研究》，《科研管理》2004 年第 4 期。

张维迎：《博弈论与信息经济学》，上海三联书店、上海人民出版社 2004 年版。

赵启平、欧阳琦：《基于博弈模型的农民专业合作组织激励机制研究》，《科技管理研究》2014 年第 6 期。

周立群、曹利群：《商品契约优于要素契约》，《经济研究》2002 年第 1 期。

周永务、杨善林：《Newsboy 型商品最优广告费用与订货策略的联合确定》，《系统工程理论与实践》2002 年第 11 期。

周永务、杨善林：《最优均匀广告与订货策略的联合决策模型》，《系统工程学报》2004 年第 3 期。

朱少英、徐渝：《基于组织学习的知识动态传播模型》，《科研管理》2003 年第 1 期。

Agrawal V., Seshadri S., "Impact of Uncertainty and Risk Aversion on Price and Order Quantity in the Newsvendor Problem", *Manufacturing & Service Operations Management*, Vol. 2, No. 2, 2000.

Ashkan Hafezalkotob, "Competition of Two Green and Regular Supply Chains Under Environmental Protection and Revenue Seeking Policies of Government", *Computers & Industrial Engineering*, Vol. 82, No. 4, 2015.

Banker R. D., Khosla I., Sinha K. K., "Quality and Competition". *Management Science*, Vol. 44, No. 9, 1998.

Barari S., Agarwal G., Zhang W. J. C., "A Decision Frame Work for the Analysis of Green Supply Chain Contracts: An Evolutionary Game Approach", *Expert Systems with Applications*, Vol. 39, No. 3, 2012.

Barros A. I., R. Dekker, V. Seholten, "A Two – Level Network for Recycling Sand: a Case Study", *European Journal Operation Research*, Vol. 110, No. 2, 1998.

Baruch Keren, Joseph S. Pliskin, "A Benchmark Solution for the Risk – Averse Newsvendor Problem", *European Journal of Operational Re-*

search, Vol. 174, No. 2, 2006.

Bass, Frank M., "New Product Growth Model for Consumer Durables", *Management Science*, Vol. 15, No. L., 1969.

Bazan E., Jaber M. Y., Zanoni S., "Supply Chain Models with Greenhouse Gases Emissions, Energy Usage and Different Coordination Decisions", *Applied Mathematical Modelling*, Vol. 39, No. 17, 2015.

Benham Lee, "The Effect of Advertising on the Price of Eyeglasses", *Journal of Law and Economics*, Vol. 15, No. 2, 1972.

Bensoussan A., Bultez. A., Nat P., "A Generalization of the Nerlove – Arrow Optimality Condition", *European Inst. of Adv. Studies in Management Brussels*, Vol. 4, No. 5, 1973.

Bergen M., G. John, "Understanding Cooperative Advertising Participation Rates in Conventional Channels", *Journal of Marketing Research*, Vol. 34, No. 3, 1997.

Beullens P. D., Magliozzi T., "Optimal Co – Op Advertising Decisions in Direct – Mail Operations", *Journal of the Operational Research Society*, Vol. 43, No. 9, 1992.

Beullens P. D., "Vertical Cooperative Advertising Ventures", *Journal of Marketing Research*, Vol. 9, No. 3, 1972.

Beullens P. D., "Statistical Analysis of Cooperative Advertising Models", *Operational Research Quarterly*, Vol. 24, No. 2, 1973.

Bhaskaran S. R., Gilbert S. M., "Selling and Leasing Strategies for Durable Goods with Complementary Products", *Management Science*, Vol. 51, No. 8, 2005.

Bresnahan T., Reiss P., "Dealer and Manufacturer Margins", *Rand Journal of Econnomies*, Vol. 16, No. 2, 1985.

Burdet C., Sethi S. P., "On the Maximum Principle for a Class of Discrete Dynamical Systems with Lags", *Optimization Theory and Apply*, Vol. 19, No. 3, 1976.

Chauvin K. W., Hirschey M., "Advertising, R&D Expenditures and the

Market Value of the Firm", *Financial Management*, Vol. 22, No. 4, 1993.

Choi S. C., "Price Competition in a Channel Structure with a Common Retailer", *Marking Science*, Vol. 10, No. 4, 1991.

Choi S., Ruszczy Ński A., "A Risk – Averse Newsvendor with Law Invariant Coherent Measures of Risk", *Operations Research Letters*, Vol. 36, No. 1, 2008.

Conrad K., "Advertising, Quality and Information Ally Consistent Prices", *Zeitschrift Fur Gesamte Staatswissenschaft*, Vol. 138, No. 4, 1982.

Conrad K., "Quality, Advertising and the Formation of Goodwill Under Dynamic Conditions", *Optimal Control Theory and Economic Analysis*, Vol. 2, No. 5, 1985.

Cook M. L., "The Future of U. S. A Agricultural Cooperatives Neo – Institutional Approach", *American Journal of Agricultural Economics*, Vol. 77, No. 5, 1995.

Coughlan A. T., "Competition and Cooperation in Marketing Channel Choice Theory and Application", *Marking Science*, Vol. 4, No. 2, 1985.

Dan H., Mate K., "Dynamic Advertising Strategies of Competing Durable Good Producers", *Marketing Science*, Vol. 7, No. 4, 1988.

Dant R. P., Berser P. D., "Modelling Cooperative Advertising Decisions in Franchising", *Journal of the Operational Research Society*, Vol. 47, No. 9, 1996.

Dixita, Pindyck R. S., Sldal S., "A Markup Interpretation of Optimal Investment Rules", *The Economic Journal*, Vol. 109, No. 4, 1999.

Dorfman R., Steiner P. O., "Optimal Advertising and Optimal Quality: Mathematical Models in Marketing", *Springer Berlin Heidelberg*, Vol. 132, No. 5, 1976.

Dutta S., Bergen M., John G., "Variations in the Contractual Terms of

Cooperative Advertising Contracts: an Empirical Investigation", *Marketing Letters*, Vol. 6, No. L, 1995.

Elsner M. R., "Linear Feedback Strategies in Non – Zero Sum Differential Games", *International Journal of Systems Science*, Vol. 6, No. 6, 1975.

Erickson G. M., "A Model of Advertising Competition", *Journal of Marketing Research*, Vol. 22, No. 8, 1985.

Farris P. W., Albion M. S., "The Impact of Advertising on the Price of Consumer Products", *Journal of Marketing*, Vol. 44, No. 3, 1980.

Farris P. W., Rubinstein D. J., "How Prices, Ad Expenditures and Profits are Linked", *Harvard Business Review*, No. 12, 1979.

Federguen A. H., "Combined Pricing and Inventory Control Under Uncertainty", *Operation Research*, Vol. 47, No. 3, 1999.

Feichtinger G., Dockner D. I. E., "A Note to Jørgensen' s Logarithmic Advertising Differential Game", *Zeitschrift FüR Operations Research*, Vol. 28, No. 4, 1984.

Feichtinger G., Sethi S. P., "Dynamic Optimal Control Models in Advertising: Recent Developments", *Management Science*, Vol. 40, No. 2, 1994.

Ferguson J. M., "Comments on the Impact of Advertising on the Price of Consumer Products", *Journal of Marketing*, Vol. 46, No. 1, 1982.

Friedman L., "Game – Theory Models in the Allocation of Advertising Expenditures", *Operations Research*, Vol. 6, No. 5, 1958.

Fruchter G. E., Kalish S., "Closed – Loop Advertising Strategies in a Duopoly", *Management Science*, Vol. 43, No. 1, 1997.

Fruchter G. E., "The Many – Player Advertising Game", *Management Science*, Vol. 45, No. 11, 1999.

Gerchak Y., Parlar M., "A Single Period Inventory Problem with Partially Controllable Demand", *Computers & Operations Research*, Vol. 14, No. 1, 1987.

Ghosh D. , Shah J. , "A Comparative Analysis of Greening Policies Across Supply Chain Structures", *International Journal of Production Economics*, Vol. 135, No. 2, 2012.

Ghosha D. , Shahb J. , "Supply Chain Analysis Under Green Sensitive Consumer Demand and Cost Sharing Contract", *International Journal of Production Economics*, Vol. 164, No. 6, 2015.

GonzáLez – Torre P. L. , Adenso B. , Artiba H. , "Environmental and Reverse Logistics Policies in European Bottling and Packaging Firms", *International Journal of Production Economics*, Vol. 88, No. 1, 2004.

Gupta S. K. , Krishnan, "Mathematical Model in Marketing", *Operations Research*, Vol. 5, No. 11, 1958.

Guptas, Loulou R. , "Process Innovation, Product Differentiation, and Channel Structure: Strategic Incentives in a Duopoly", *Marketing Science*, Vol. 17, No. 4, 1998.

Hartl R. F. , "Optimal Dynamic Advertising Policies for Hereditary Processes", *Optimization theory and Applications*, Vol. 43, No. 1, 1984.

Hawkins C. J. , "On the Sales Revenue Baximization Hypothesis", *Journal of Industrial Economics*, Vol. 3, No. 8, 1970.

Herie M. , Martin G. W. , "Knowledge Diffusion in Social Work: a New Approach to Bridging the Gap", *Social Work*, Vol. 47, No. 1, 2002.

Huang Y. , Wang K. , Zhang T. , "Green Supply Chain Coordination with Greenhouse Gases Emissions Management: a Game – Theoretic Approach", *Journal of Cleaner Production*, Vol. 112, No. 3, 2015.

Ingene C. A. , Parry M. E. , "Channel Coordination When Retailers Compete", *Marketing Science*, Vol. 14, No. 4, 1995.

Ingene C. A. , Parry M. E. , "Coordination and Manufacturer Profit Maximization: the Multiple Retailer Channel", *Journal of Retailing*,

Vol. 71, No. 2, 1995.

Jeuland A. P., Shugan S. M., "Managing Channel Profits", *Marketing Science*, Vol. 2, No. 3, 1983.

Jørgensen S., Taboubi S., Zaccour G., "Retail Promotions with Negative Brand Image Effects: is Cooperation Possible?", *European Journal of Operational Research*, Vol. 150, No. 2, 2003.

Jørgensen S., Zaccour G., "Dynamic Cooperative Advertising in a Channel", *Journal of Retailing*, Vol. 76, No. 1, 2000.

Jørgensen S., "A Differential Games Solution to a Logarithmic Advertising Model", *Journal of the Operational Research Society*, Vol. 33, No. 5, 1982.

Kafoglis M., Bushnell R., "The Revenue Maximization Oligopoly Model: Comment", *Am Eco Rev*, Vol. 60, No. 3, 1970.

Khouja M., "The Single - Period News - Vendor Problem: Literature Review and Suggestions for Future Research", *Omega*, Vol. 27, No. 5, 1999.

Kotowitz Y., Mathewson F., "Informative Advertising and Welfare", *American Economic Review*, Vol. 69, No. 3, 1979.

Kreng V. B., Tsai C. M., "The Construct and Application of Knowledge Diffusion Model", *Expert Systems with Applications*, Vol. 25, No. 2, 2003.

Li Yao., Youhua Frank Chen, Houmin Yan, "The Newsvendor Problem with Pricing: Extensions", *International Journal of Management Science & Engineering Management*, Vol. 1, No. 1, 2006.

Mcguire T. W., Staelin R., "An Industry Equilibrium Analysis of Downstream Vertical Integration", *Marketing Science*, Vol. 27, No. 1, 2008.

Mills E. S., "Uncertainty and Price Theory", *Quarterly Journal of Economics*, Vol. 73, No. 2, 1959.

Moorthy K. S., "Managing Channel Profits: Comment", *Marketing Sci-*

ence, Vol. 6, No. 4, 1987.

Morone P., Taylor R., "Knowledge Diffusion Dynamics and Net - Work Properties of Face - To - Face Interactions", *Journal of Evolutionary Economics*, Vol. 14, No. 7, 2004.

Murata S., "The Role of Advertising in Marketing Mix", *Mita Business Review*, Vol. 13, No. 2, 1970.

Nerlove M., Arrow K., "Optimal Advertising Policy under Dynamic Conditions", *Economica*, Vol. 132, No. 29, 1976.

Newman M. E. J., Watts D. J., "Renormalization Group Analysis of the Small - World Network Model", *Physics Letters*, Vol. 263, No. 4, 1999.

Nicole D., Jason J. G., Robert H., "Environmental Management Systems and Green Supply Chain Management: Complements for Sustainability?", *Business Strategy & the Environment*, Vol. 17, No. 1, 2008.

Ozga S. A., "Imperfect Markets Through Lack of Knowledge", *Quarterly Journal of Economics*, Vol. 132, No. 74, 1976.

Petruzzi N. C., Dada M., "Pricing and the News Vendor Problem: a Review with Extensions", *Operations Research*, Vol. 47, No. 2, 1999.

Rishel R., "A Partially Observed Advertising Model", *Optimal Control Theory and Economic Analysis*, No. 2, 1985.

Salomon M., Thierry M., "Strategicissues in Product Recovery Management", *California Management Review*, Vol. 37, No. 2, 1995.

Sarkis J., "A Strategic Decision Framework for Green Supply Chain Management", *Journal of Cleaner Production*, Vol. 11, No. 4, 2003.

Schmalensee R., "A Model of Promotional Competition in Oligopoly", *Review of Economic Studies*, Vol. 43, No. 3, 1976.

Sethi S. P., "Optimal Control of a Logarithmic Advertising Model", *Operational Research Quarterly*, Vol. 26, No. 2, 1975.

Sethi S. P. , "Dynamic Optimal Control Models in Advertising: a Survey", *Social Science Electronic Publishing*, Vol. 19, No. 4, 2010.

Shakunmf, "Advertising Expenditures in Coupled Markets: a Game - Theory Approach", *Management Science*, Vol. 11, No. 4, 1965.

Somers T. M. , Gupta Y. P. , Herriott S R, "Analysis of Cooperative Advertising Expenditures: a Transfer - Function Modeling Approach", *Journal of Advertising Research*, Vol. 30, No. 1, 1990.

Sorger G. , "Competitive Dynamic Advertising: A Modification of the Case Game", *Journal of Economic Dynamics & Control*, Vol. 13, No. 1, 1989.

Spence M. , Starrett D. , "Most Rapid Approach Paths in Accumulation Problems", *International Economic Review*, Vol. 16, No. 2, 1975.

Spremann A. K. , "Optimale Preispolitik Bei Dynamischen Deterministischen Absatzmodellen", *Journal of Economics*, Vol. 35, No. 1, 1975.

Steiner R. L. , "Does Advertising Lower Consumer Price?", *Journal of Marketing*, Vol. 37, No. 4, 1973.

Strogatz S. H. , "Exploring Complex Networks", *Nature*, Vol. 410, No. 2, 2001.

Tapiero C. S. , "A Stochastic Model of Sales Response to Advertising", *Macroeconomic*, Vol. 29, No. 3, 1977.

Tapiero C. S. , "Optimum Advertising and Goodwill Under Uncertainty", *Operations Research*, Vol. 26, No. 3, 1978.

Taylor T. A. , "Supply Chain Coordination under Channel Rebates with Sales Effort Effects", *Management Science*, Vol. 48, No. 8, 2002.

Teng J. T. , Thompson G. L. , "Oligopoly Models for Optimal Advertising When Production Costs Obey a Learning Curve", *Management Science*, Vol. 29, No. 9, 1983.

Walter C. , "It's No Fad: Environmentalism is Now a Fact of Corporate Life", *Marketing News*, Vol. 24, No. 2, 1990.

Walton S. V., Handfield R. B., Melnyk S. A., "The Green Supply Chain: Integrating Suppliers into Environmental Management Processes", *Journal of Supply Chain Management*, Vol. 34, No. 2, 2006.

Wang C. X., Webster S., Suresh N. C., "Would a Risk – Averse Newsvendor Order Less at a Higher Selling Price ?", *European Journal of Operational Research*, Vol. 196, No. 2, 2009.

Wang C. X., Webster S., "The Loss – Averse Newsvendor Problem", *Omega*, Vol. 37, No. 1, 2009.

Weatherford L. R., Pfeifer P. E., "The Economic Value of Using Advance Booking of Orders", *Omega*, Vol. 22, No. 1, 1994.

Wilkins J., Wegen B. V., Hoog R. D., "Understanding and Valuing Knowledge Assets: Overview and Method", *Expert Systems With Applications*, Vol. 13, No. 97, 1997.

Yang D., Jiao J., Ji Y., "Joint Optimization for Coordinated Configuration of Product Families and Supply Chains by a Leader – Follower Stackelberg Game", *European Journal of Operational Research*, Vol. 246, No. 1, 2015.

Yang L., Wang M. Z., Li W. L., "Two Types of Risk – Averse Newsvendor Models with Limited Capacity", *Systems Engineering – Theory & Practice*, Vol. 28, No. 28, 2008.

Yue J., Austin J., Wang M. C., "Coordination of Cooperative Advertising in a Two – Level Supply Chain When Manufacturer Offers Discount", *European Journal of Operational Research*, Vol. 168, No. 1, 2006.

Zhang C. T., Liu L. P., "Research on Coordination Mechanism in Three – Level Green Supply Chain under Non – Cooperative Game", *Applied Mathematical Modelling*, Vol. 37, No. 5, 2013.

Zhu K., Zhang R. Q., Tsung F., "Pushing Quality Improvement along Supply Chains", *Management Science*, Vol. 53, No. 3, 2007.

Zusman P., "Constitutional Selection of Collective – Choice Rules in a

Cooperative Enterprise", *Journal of Economic Behavior & Organization*, Vol. 17, No. 3, 1992.

Ghosh D., Shah J., "Supply Chain Analysis under Green Sensitive Consumer Demand and Cost Sharing Contract", *International Journal of Production Economics*, Vol. 164, No. 2, 2015.

Arrow K. J., Karlin S., Scarf H., *Studies in Applied Probability and Management Science*, California: Stanford University Press, 1962.

Case James H., *Economics and the Competitive Process*, New York: New York University Press, 1979.

Corstjens M, Lal R, Cooperative Advertising and Channel Coordination, Research Paper#1071, Graduate School of Business, Stanford University, 1989.

Deal K., Sethi S. P., Thompson G. L., *A Bilinear - quadratic Differential Game in Advertising*, *Control Theory in Mathematical Economics*, NewYork: Marcel Dekker, 1979.

Olsder, Geert J., *Some Thoughts About Simple Advertising Models as Differential Games and the Structure of Coalitions*, New York: Plenum Press, 1976.